KB236842

백제와 백제 한자음 백제어

백제와 백제 한자음 백제어

저자 미즈노 슌페이

  1968년 일본 출생
  1990년 天理大學 朝鮮學科 졸업
  2001년 전남대학교 대학원 국어국문학과 박사과정 졸업
  현 北海商科大學 商學部敎授
  <주요논저>
  「『일본서기』에 나타난 한반도 고유명사 표기자의 특이성에 대한 小考」(『日本語文
  學』 7, 1999), 「『일본서기』 고대 한국어 차자 표기의 특징에 대한 고찰—특히 音假
  名의 聲母 分布를 중심으로」(『일본어문학』 11, 2001), 「『日本書紀』 ‘百濟史料’에
  의한 백제 한자음 특징 추정」(『日語日文學硏究(語學·敎育)』 40), 「『古事記』의 音
  假名 小考—‘カ’, ‘ニ’의 표기에 쓰인 音假名 분포에 대해」(『日本語語文學』 24,
  2005), 「由 ‘百濟史料’ 推測百濟漢字音的特徵(韓文)」(『韓國的中國語語源史料硏究』
  1, 2005)

백제와 백제 한자음 백제어

초판 인쇄 2009년 12월 1일 | **초판 발행** 2009년 12월 10일
지은이 미즈노 슌페이
펴낸이 이대현 | **편집** 추다영
펴낸곳 도서출판 역락 | **등록** 제303-2002-000014호(등록일 1999년 4월 19일)
주소 서울시 서초구 반포4동 577-25 문창빌딩 2층
전화 02-3409-2058(영업부), 2060(편집부) | **팩시밀리** 02-3409-2059
전자우편 youkrack@hanmail.net
ISBN 978-89-5556-733-5 93710

정가 15,000원

■잘못된 책은 교환해 드립니다.

백제와 백제 한자음 백제어

미즈노 슌페이

도서출판 역락

　서기 720년에 완성된 『일본서기』는 일본에서 가장 오래된 정사(正史)이다. 전 30권으로 구성되어 있으며 기원전 7세기인 신대(神代)로부터 서기 7세기 중엽인 持統 天皇代까지의 기사가 편년체로 기술되어 있다.

　그런데 그 기년(紀年)이나 기사 내용은 편찬자에 의해 많이 윤색(潤色)되었으며, 특히 繼體 天皇代(5세기 중엽~6세기 초엽) 이전의 기사는 정확성이 결여되어 있다. 따라서 繼體 天皇代 이전의 기사는 외국의 사료를 인용한 부분을 제외하고 신빙성에 의문을 제기할 수밖에 없고, 기사의 인용에 앞서 충분한 사료 비판을 거칠 필요가 있다.

　『일본서기』에는 많은 한반도 관련 기사가 실려 있으며, 한국사나 한일 고대사를 연구하는 보조 자료로 이용되어 왔다. 『일본서기』의 한반도 관련 기사에는 수많은 한반도 관련 고유명사를 찾아볼 수 있으며 이들은 한국어학, 특히 고대 한국어를 연구하는 보조 자료로 아주 유용할 것으로 보인다. 그러나 기존 연구에서는 이들 고유명사의 가치에 대해서는 대체로 인정하면서도, 그 고유명사를 고대 한국어를 규명하는 보조 자료로 적극적으로 활용하지 않았다. 그 이유는 앞에서 말한 『일본서기』의 사료적 성격 때문에 그 고유명사의 자료적 가치를 어느 정도 인정해야 할지 판단이 어려웠기 때문이라고 본다. 또한『일본서기』한반도 관련 고유명사가 과연 어떤 과정을 거쳐 표기되었는지, 다시 말해『일본서기』편찬자가 직접 표기하였는지 아니면 고대 한반도인이 쓴 자료에 실린 고유명사를 인용한 것인지가 분명하지 않았기 때문일 것이다.

이 책에서는 일단『일본서기』한반도 관련 고유명사 표기가 고대 한국어를 규명하는 자료적 가치를 지닌 것으로 보기로 했다. 그 이유는 한반도 관련 기사가 편찬 과정이나 한국 쪽 자료를 인용하는 과정에서 윤색되었을 가능성은 있으나, 한반도 관련 고유명사 자체는 그 표기를 바꿔야 할 필요성이 적다고 보기 때문이다. 따라서『일본서기』의 한반도 관련 고유명사의 상당 부분은 한반도인이 쓴 표기 그대로 인용되었다고 볼 수 있기 때문에 고대 한국어를 연구하는 좋은 보조 자료가 될 것으로 본다.

이 책에서는『일본서기』한반도 관련 고유명사 가운데 백제 고유명사에 대해 그 자료적 가치를 검증하고 그 표기를 이용해 백제 한자음 및 백제어 음운을 추정해 보았다. 백제 고유명사를 택한 이유는 한반도 관련 고유명사 가운데 백제 고유명사가 가장 많은 비중을 차지하고 있으며 『百濟記』, 『百濟新撰』, 『百濟本紀』 등 현존(現存)하지 않는 백제 관련 사서가 인용되었기 때문이다.

『일본서기』 백제 고유명사 표기의 자료적 가치 검증과 백제 한자음 추정은 본론(本論)에서 논의하였으며, 추정된 백제 한자음을 이용한 백제어 어휘 재구(再構) 및 백제 한자음을 둘러싼 제반 문제는 제6장에서 논의하였다.

이 책이 미약하나마 백제어 연구의 일조가 되기를 바라 마지않는다.

2009년 11월 미즈노 슌페이

차 례

1. 연구의 목적

서기 720년에 완성된 『일본서기』는 서기 712년에 완성된 『古事記』와 더불어 일본 고대사나 한국어사를 밝히는 데 매우 중요한 자료이다. 이 『일본서기』에는 일본에 관한 내용뿐만 아니라 고대 한국과 관련된 기사가 다량 수록되어 있다. 卷1(神代卷)에 기록된 신화에는 '曾尸茂梨'라는 신라 지명이 보이고, 卷5(崇神紀)에는 任那人인 '蘇那曷叱智'가 내조(來朝)하여 귀국할 때 신라인이 방해하였다는 설화가 전해지고 있으며, 卷6(垂仁紀)에서는 신라 왕자 '天日槍'이 내조하여 각종 진기한 보물을 전하였다는 기사가 보인다. 그밖에도 『일본서기』 전반에 걸쳐 적지 않는 양의 고대 한국과 관련된 기사를 찾아볼 수 있다. 또 『일본서기』에는 유교·불교·도가(道家) 사상·역학(曆學) 및 건축·조형(造形)·회화 등 다양한 기술이 한국에서 일본으로 전수된 과정이 기록되어 있다. 이러한 고대 한국과 관련된 기사에는 이와 관련된 수많은 고유명사가 나타난다. 이들 고유명사 표기나 음주(音註) 등은『삼국사기』,『삼국유사』등 한국 측 자료에 나타난 고유명사와 더불어 고대 한국의 한자음 연구나 고대 한국어의 차자 표기 체계 및 음운 연구에 인용되기도 하였다. 특히『일본서기』에는 백제 관련 기사가 많아 거기에 실린 백제와 관련이 있는 고유명사의 표기는 백제 한자음이나 백제어를 연구하는 데 좋은 보조 자료가 된다.

그러나 기존의 연구에서는『일본서기』에 기록되어 있는 한국 고유명사나 백제 관련 고유명사에 대해 그 자료적 가치는 인정하면서도 그것을 적극적으로 고대 한국어나 백제어 연구에 활용하려고 하지 않았다. 그 이유는 주로『일본서기』자체가 갖는 자료적 성격 때문이라고 보인다. 즉『일본서기』에 나타난 한국 고유명사를 연구에 활용하기에 앞서 기본적으로 이들 고유명사가 과연 고대 한국인에 의해 쓰였는가에 대한 사료 비판이 있어야 하고, 그 다음으로는『일본서기』와 한국 측 자료에 나타난 고유명사의 표기를 비교·검토하고 그 유사 여부를 찾아내는 작업이 선행되어야 한다. 이러한 자료를 검토하는 과정을 거치고 나서야 비로소『일본서기』에 나타난 한국 고유명사를 고대 한국어 연구에 활용할 수 있을 것이다.『일본서기』와 한국 측 자료에 나타난 고유명사의 표기 사이에 유사성이나 공통점이 발견되고, 동시에 일본 고유명사 표기와 뚜렷한 차이점이 발견되었을 때『일본서기』에 기록된 한국 고유명사는 고대 한국어의 연구 자료로 유용하다고 할 수 있겠다.

그러나 기존 연구에서는 이러한 검증 작업이 충분히 이루어지지 않았거나, 설령 이루어졌다 하더라도『일본서기』한국 고유명사의 자료적 가치를 충분히 밝히지 못하였다. 『일본서기』 한국 고유명사가 고대 한국어 연구에 적극적으로 이용되지 못했던 것은 바로 이러한 이유 때문으로 보인다.

이 책에서는 『일본서기』 한국 고유명사 가운데 백제의 고유명사를 일본의 고유명사와 비교하여 그 표기의 특수성을 밝힌 후, 그 특수성이 『삼국사기』, 『삼국유사』 등 한국 측 자료에 나타난 고유명사 표기에서도 찾을 수 있는가를 검증하는 작업을 통해 그 자료적 가치를 검증하고자 한다. 이러한 작업을 통해 『일본서기』 백제 고유명사의 자료적 가치가 입증되면 그 차자 표기를 이용해 백제 한자음의 특징을 추정하고 그 결과를 백제어 음운 추정에 활용하고자 한다.

2. 『일본서기』의 편찬 과정

『일본서기』는 일본에서 최초로 편찬된 편년체의 史書이며, 天武天皇의 세 번째 皇子인 舍人親王 등에 의해 편찬되어 720년에 완성되었다.[1] 그 편찬 과정을 서술한 서문이 없기 때문에 편찬의 경위나 과정은 자세히 밝혀진 바 없으나 『일본서기』(天武[下]10年3月17日條)에 川嶋·忍壁皇子 및 12명의 王臣에게 『帝紀』와 『上古諸事』(舊事)의 기술을 하명하였다는 기사로 보아 이것이 편찬 작업의 시작 단계로 여겨진다.[2] 그 후 持統天

---

1) 先是, 一品舍人親王奉勅修日本紀。至是功成奏上。紀卅卷系圖一卷。(『續日本紀』養老4年 [720年]5月辛酉)

2) 丙戌, 天皇御于大極殿, 以詔川嶋皇子·忍壁皇子·廣瀬王·竹田王·桑田王·三野王·大錦下上毛野君三千·小錦中忌部連首·小錦下阿曇連稲敷·難波連大形·大山上中臣連大嶋·大山下平郡臣子首, 令記定帝紀及上古諸事。大嶋·子首, 親執必以錄焉。(『日本書紀』天武10年 [691年]3月丙戌)

皇代에는 撰善言司가 계몽적인 역사서의 편찬을 시도했으며[3] 18개 유력 씨족(氏族)들이 각자의 묘지(墓誌)를 제출하여 그 전승이 기록되었다.[4] 元明天皇代에는 '風土記'를 제출시켜 각 지방의 전승을 수집하기도 했고[5] 紀淸人과 三宅藤麻呂에게 국사(國史)의 편집을 下命하기도 하였다.[6] 또한 『古事記』의 편찬 과정에서 太安萬侶에게 명령하여 稗田阿禮가 암송한 『帝皇日繼(=帝紀)』와 『先代舊事(=舊事)』를 편찬하게 하였다.[7] 이러한 일련의 작업은 『일본서기』의 편찬에 큰 영향을 미쳤다고 볼 수 있으며, 이러한 작업을 토대로 미루어 볼 때 『일본서기』의 편찬 작업에는 시작부터 완성까지 약 40여 년이라는 시간이 소요되었다고 추정할 수 있다. 그러나 현재까지는 최종 단계의 편찬자가 舍人親王이었다는 것 이외에 알려진 바가 없고 그 편찬 과정도 밝혀진 바가 거의 없다.[8]

---

3) 癸未, 以皇子施基, 直廣肆佐味朝臣宿那麻呂, 羽田朝臣齊勤廣肆伊余部連馬飼, 調忌寸老人, 務大參大伴宿禰手拍與巨世朝臣多益須等, 拜撰善言司。(『日本書紀』持統3年[689]6月癸未) '撰善言司'는 南朝宋의 范泰가 지은 『古今善言』을 참고로 설화를 수집한 것으로 황족·귀족 자제의 수양을 위해 조직되었다고 생각된다. 그러나 편찬 도중에 해산되어 그 고본(稿本)은 『일본서기』 편찬의 기초 자료가 되었다고 추정된다.

4) 八月己亥朔辛亥, 詔十八氏, (大三輪·雀部·石上·藤原·石川·巨勢·膳部·春日·上毛野·大伴·紀伊·平郡·羽田·阿部·佐伯·采女·穗積·安曇) 上進其祖等墓記。(『日本書紀』持統5年[711年]8月己亥朔辛亥)

5) 五月甲子, 畿內七道諸國郡鄕名, 着好字。其郡內所生, 銀銅彩色草木禽獸魚蟲等物, 具錄色目, 及土地沃塉, 山川原野名號所由, 又古老相傳舊聞異事, 載于史籍言上。(『續日本紀』和銅6年[713年]5月甲子)

6) 戊戌, 詔從六位上紀朝臣淸人, 正八位下三宅臣藤麻呂, 令撰國史。(『續日本紀』和銅7年[714年]2月戊戌)

7) 卽, 勅語阿禮, 令誦習帝皇日繼及先代舊辭。…和銅四年九月十八日, 詔臣安萬侶撰錄, 稗田阿禮所誦之勅語舊辭以獻上者, 詔旨, 子細採庶。『古事記』序文.

8) 『일본서기』의 표기에 쓰이고 있는 한자나 한문의 용법은 각 권마다 약간의 차이가 있다. 가령 역대 천황의 즉위나 정도(定都)에 관한 기사의 문장, 씨족의 시조를 표시하는 문자, '也', '矣', '焉', '於', '于' 등 조자(助字)의 쓰임, 가요에 쓰인 音假名의 종류, 분주(分註)의 분포 상황 등을 들 수 있다. 그 차이에 따라 30권을 분류하면 ① 卷1~2, ② 卷3, ③ 卷4~13, ④ 卷14~16, ⑤ 卷17~19, ⑥ 卷20~21, ⑦ 卷22~23, ⑧ 卷24~27, ⑨ 卷28~29, ⑩ 卷30과 같은 10개 구분, 또한 ②와 ③, ④와 ⑤를 같은 범주로 간주하는 8개 구분이 가능하다. 따라서 『일본서기』 30권은 많은 집필자가 분담해서 집필하여 정리 편찬한 것으로 생각되

『일본서기』는 총 30권으로 구성되어 있고, 여기에 계도(系圖) 한 권이 첨부되었다고 전해지고 있으나 소실되었다. 『일본서기』의 주요 내용을 살펴보면, 卷1과 卷2는 신화를 중심으로 한 '神代'(上·下)이며, 卷3부터 卷27까지는 神武天皇부터 天智天皇까지 38명의 天皇의 치적(治積)이 기술되어 있다. 또 卷28과 卷29에는 天武天皇(上·下), 卷30에는 持統天皇의 치적이 기술되어 있다.

『일본서기』의 편찬 자료는 앞에서 언급한 『帝紀』(帝皇日繼·先紀)와 『舊辭』(先代舊辭·上古諸事·本辭) 및 그 이본(異本)들이라고 생각된다. 먼저 『帝紀』는 『古事記』의 기술로부터 추측해 보면 역대 천황 이름, 황거(皇居)의 소재지, 치세 중의 중요한 사건, 후비(后妃)·황자녀(皇子女)의 이름 및 관련 사항, 향년(享年), 치세 연수, 산릉(山陵)의 소재지 등이 기록된 자료로 보인다. 『舊辭』도 역시 『古事記』에 기록된 내용을 근거로 추측해 보면 '神代'에 관한 여러 전승, 역대 천황에 관한 설화, 가요체(歌謠體)의 전설, 씨족들의 시초 계승 등이 주된 내용이었다고 생각된다. 그 외에 『일본서기』의 편찬 자료로 유력 씨족들의 전승이나 각 지방의 전승, 사원의 연기(緣起), 『魏志』와 같은 중국의 사서 등이 인용되고 있다. 또한 문장을 윤색하기 위해 『藝林類聚』, 『漢書』, 『後漢書』, 『文選』, 『金光明最勝王經』 등 중국의 문헌들도 인용되고 있다.

여기에서 가장 주목할 만한 것은 『일본서기』에 '百濟記', '百濟新撰', '百濟本記' 등 이른바 '百濟史料' 또는 '百濟三書'라고 불리는 자료가 인용되어 있다는 점이다. 이 중 '百濟記'는 應神·雄略紀, '百濟新撰'은 雄略·武烈紀, '百濟本記'는 神功·繼體·欽明紀에 각각 인용되어 있는데,

---

고 있다.

이들 '百濟史料'의 내용은 대부분 본문의 부연 설명인 분주(分註) 형식
으로 인용되어 있다. 이외에도 서명(書名)이 명시되어 있지는 않으나 본
문에도 백제 관련 자료가 인용된 흔적을 찾을 수 있으며, 특히 繼體紀
(卷17)·欽明紀(卷19)의 대부분은 '百濟本記'의 인용 기사가 차지하고 있
다. 또한 『일본서기』에는 '日本舊記', '舊本', '日本世紀',9) '伊吉博德連
書'10) 등 현존하지 않는 자료가 인용되어 있으며 그 인용 부분에는 적
지 않은 양의 고대 한국과 관련된 고유명사가 수록되어 있다.

3. 『일본서기』의 필사본·목판본·교주본

현재 『일본서기』는 여러 종류의 필사본·목판본으로 전해지고 있다.
먼저 필사본은 卜部 가문에 전승된 필사본과 그것을 바탕으로 하는 "卜
部系統本", 그것과는 계통을 달리하는 "古寫諸本系統本" 등 크게 3가지
부류로 나누어진다. "卜部系統本"과 "古寫諸本系統本" 중 주된 필사본
을 제시하면 다음과 같다.

<古寫諸本系統本>
池田本　　　　　卷1의 斷簡, 平安時代(794年~1192年) 초기 필사.
　　　　　　　　佐々木治綱氏 소장.
田中本　　　　　最古의 寫本으로 보인다. 田中穰氏 소장.
岩崎本　　　　　卷22·卷23, 平安時代 필사. '廣崎本'이라고도 한다.

---

9) 고구려 승려 道顯에 의해 편찬되었다고 전해지는 사서이며 『일본서기』 卷26(齊明紀)~卷
27(天智紀)에 걸쳐 인용되었다.
10) 伊吉博德에 의해 쓰인 기행문이며 『일본서기』 卷25(孝德紀)~卷26(齊明紀)에 걸쳐 인용
되었다.

	東洋文庫 소장.
前田本	卷11・卷14・卷17・卷20, 平安時代 後期 필사. 尊經閣文庫 소장.
宮內廳書陵部本	卷2・卷10・卷12~17, 院政期(1086年~1179年) 필사. 宮內廳書陵部 소장.
北野本	卷22~27, 院政期 필사.
鴨脚本	卷2, 嘉禎2年(1236年) 필사. '嘉禎本'이라고도 한다. 國學院大學 소장.

丹鶴叢書本 : 卷1, 卷2, 嘉元4年(1306年) 필사. 神宮文庫 소장.

<卜部家系統本>

弘安本	卷1・卷2, 弘安9年(1286年) 이전에 卜部兼方(懷賢)이 필사.
乾元本	卷1・卷2, 乾元2年(1303年) 卜部兼夏가 필사.
水戶(彰考館)本	卷1・卷2, 嘉曆3年(1328年) 曇春이 필사. 彰考館 소장.
卜部兼右本	卷3~卷30, 天文9年(1540年) 卜部兼右가 필사 교합(校合).
內閣文庫本	卷1~卷30, 卜部 家門의 소장본을 永正10年(1513年) 경 三條西實隆이 필사한 사본을 근세 초기에 다시 필사. 慶長15年(1610年)에 간행된 고활자본(古活字本)과 같은 계통으로 보인다.
熱田本	卷1~10・卷12~15, 승려인 嚴阿가 永和元年(1375年) 경 熱田神宮에 봉납(奉納).
北野本	卷1・卷3~13・卷15・17~21・卷28~30, 이중 卷3・6・11은 卜部兼永이 天文5年(1536年) 이전에 필사한 것으로 보인다. 기타 鎌倉時代(1192年~1333年)에 필사된 것으로 보이는 卷3, 南北朝 시대에 필사된 것으로 보이는 卷15, 江戶時代(1603年~1868年)에 필사된 것으로 보이는 1卷도 포함되고 있다. 卷2・卷14는 낙권(落卷)이다. 이 卜部本系 '北野本'과 古寫本系 '北野本'(卷22~27)은 별도의 자료이다.
穗久邇文庫本	卷3~15・卷17・卷18・卷20~29, 道祥・春瑜에 의해

應永30年(1423年) 경 필사. 卷3・卷24는 應永30~31年 (1423年~1424年) 경 道祥이 필사. '伊勢(神宮文庫) 本'이라고도 한다.

목판본은 주로 근세에 들어 간행되었으며 그 중 주요 판본을 제시하면 다음과 같다.

勅版本   神代上, 慶長4年(1599年) 간행.
古活字版本   卷1~卷30, 慶長15年(1610年) 木活字로 간행.
寬永版本   寬永年間(1624年~1644年)에 勅版本・古活字版本을 바탕으로 하여 훈점(訓點)을 넣어 간행.
寬文九年版本   寬文9年(1669年)에 永寬版本을 중각(重刻)・번각(飜刻). 이 寬文九年版本도 수차례 중각되어 널리 보급되었다.

이들 필사본・목판본을 교주하여 활자본으로 간행된 것으로는 "增補六國史第一・第二 『일본서기』(卷上・下)", "日本古典全書 『일본서기』(一~六)", "新訂增補國史大系第一卷上・下 『일본서기』(前篇・後篇)", "日本古典文學大系 67・68 『일본서기』(上・下)" 등이 있다. 이 책에서 저본(底本)으로 삼은 것은 "日本古典文學大系 『일본서기』"이며 아울러 "新訂增補國史大系 『일본서기』"도 참조하였다는 것을 미리 밝혀둔다.

"日本古典文學大系 『일본서기』"(이하 古典文學大系 『일본서기』)는 坂本太郎・家永三郎・井上光貞・大野晋 등이 교주하여 1965년과 1967년에 간행되었다. 卷1・2는 弘安本(卜部兼方本・大橋寬治氏所藏) 『일본서기』, 卷3~30은 卜部兼右本(天理圖書館所藏) 『일본서기』를 저본으로 하고 있다. 또한 田中本, 前田本, 宮內廳書陵部本, 北野本, 鴨脚本, 卜部兼夏本, 水戶本, 卜部兼

熙本, 卜部兼敎本, 丹鶴本, 熱田本, 伊勢本(神宮文庫本·穗久邇文庫本), 內閣文庫本 등 여러 필사본과 대조·교정하였다. 고유명사의 독법은 모두 奈良時代式으로 통일되어 있다. 내용은 본문과 훈독문(訓讀文), 두주(頭註), 보주(補註), 교이(校異) 등으로 구성되고 있다.

이 책에서 참조한 "新訂增補國史大系『日本書紀』"(이하 國史大系『일본서기』)는 黑板勝美·國史大系編修會 등에 의해 교주(校註)되었다. 國史大系『일본서기』는 원래 貫文9年(1669年) 목판본을 底本으로 하여『日本書紀通證』,『書紀集解』등을 참고로 교정한 "舊輯國史大系『日本書紀』"(1915年)로 간행되었다. 그 후 北野本, 醍瑚三寶院本, 前田本, 田中本, 熱田本, 向神社本, 三島神社本, 玉屋本, 丹鶴(叢書)本 등 여러 필사본과『日本書紀通釋』,『日本紀略』,『類聚史』,『舊事紀』등을 참고로 하여 개정되었으며 다시 東山御文庫本, 宮內廳書陵部本, 內閣文庫本, 水戶(彰考館)本, 伊勢本(神宮文庫本), 岩崎本, 無窮會本, 三條家本, 吉田家本, 鴨脚本, 御巫氏本, 阪本氏本 등 여러 필사본 및『日本書紀私記』,『續日本紀』등과 대조·교정하여 "新訂增補國史大系『日本書紀』"로 1951년과 1952년에 간행되었다.

4. 기존 연구 검토

『일본서기』에 기록된 한국 관련 고유명사 표기에 관한 연구는 크게 세 유형으로 나눌 수 있다. 첫 번째 유형은『일본서기』한국 고유명사 표기에 쓰인 音假名이 일본 차자 표기 체계에서 차지하는 위치를 밝히는 연구, 두 번째 유형은『일본서기』한국 고유명사 표기에 쓰인 音假名

을 추출하여 그 분포나 특수성을 밝히는 연구, 세 번째 유형은『일본서기』한국 고유명사 표기를 이용해 고대 한국어의 음운 현상을 추정하려고 하는 연구이다.11) 이 세 유형들은 모두 한국 고유명사 전체를 연구 대상으로 삼는 경우가 많기 때문에, 이들 연구 가운데 백제 고유명사 표기만을 대상으로 삼은 연구는 극히 일부이다. 따라서 여기에서 살펴본 선행 연구들은 백제 고유명사에 관한 연구라고 하기보다는『일본서기』한국 고유명사를 포괄적으로 취급한 연구가 대부분이라고 밝혀둔다. 이러한 유형에 속하는 여러 연구들에 대해 자세히 살펴보도록 한다.

첫 번째 유형에 속한 연구로는 春日政治(1933), 鮎貝房之進(1937), 小倉進平(1940) 등을 들 수 있다. 春日政治(1933)는『일본서기』에 인용된 '百濟史料'에 나타난 일본 인명 표기에 언급하고 그 표기에 나타난 音假名과 '推古遺文'에 나타난 音假名의 유사성에 대해 언급하였다. 春日政治(1933)는 '百濟史料'에 나타난 일본 인명 표기와 '推古遺文'에 공통적으로 쓰이고 있는 音假名은 20여 개가 된다고 지적하고 일본의 차자 표기가 백제에서 유래한 가능성에 대해 지적하였다. 鮎貝房之進(1937)은『일본서기』한국 고유명사 중 주로 지명의 어원을 중심으로 독자적인 해석을 시도하였으며, 小倉進平(1940)은『일본서기』에 나타난 고대 한국어를 '외래어'로 파악하고 고대 한국어 어휘, 한국어·일본어에서 공통적인 어원을 가진 어휘, 한국어에서 차용된 어휘로 분류하며 그 용례를 제시한 뒤 몇몇 어휘에 대해 언급하였다.

두 번째 유형에 속하는 연구로는 大野透(1962), 木下禮仁(1961a, 1961b,

---

11) 소위 借音 표기자에 대해 한국에서는 '음차자(音借字)', '借音字', 일본에서는 '字音假名', '音假名'과 같은 용어가 쓰이고 있다. 이 책에서는 편의상 한국 측 자료에 나타난 차음(借音) 표기자는 '음차자', 일본 측 자료에 나타난 차음 표기자는 '音假名'이라는 용어를 사용한다. '音假名'이라는 용어는 宋敏(1978), 李鍾徹(1980)에서도 사용된 바가 있다.

1964), 馬淵和夫(1960), 姜斗興(1982), 兪昌均(1983), 장세경(1988a, 1988b), 尹幸舜(1991), 李根雨(1994) 등을 들 수 있다. 먼저 大野透(1962 : 46~48)는 『일본서기』 한국 고유명사에 쓰인 音假名 230개를 제시하고[12] 그 중에 상대(上代) 일본어 자료에서 가장 일반적으로 쓰였던 音假名인 '常用假名' 및 '準常用假名' 94개가 포함되어 있다고 지적하였다.[13] 상대 일본어 자료에 쓰인 '常用假名', '準常用假名'은 모두 161개인데 그 중 『일본서기』 한국 고유명사에 쓰인 音假名은 58%에 달한다.

또한 大野透(1962 : 48~49)는 『일본서기』에 인용되어 있는 '百濟史料'에 나타난 한국 고유명사 音假名 가운데 상대 일본어 자료의 音假名과 일치하는 것은 45개이며, 이 중 상대 일본어 자료의 '常用假名'과 일치하는 것은 25개라고 지적하였다. 이러한 결과로부터 大野透(1962)는 『일본서기』 한국 고유명사에 쓰인 音假名은 일본의 音假名과 밀접한 관계가 있다고 보았다.

木下禮仁(1961a)은 『일본서기』에 인용된 '百濟史料'에 나타난 고유명사에 쓰인 音假名을 다음과 같이 제시하였다.

a(ア)	阿	i(イ)	伊, 尉, 移, 印	u(ウ)	有	e(エ)		o(オ)	意, 烏
ka(カ)	加, 我, 哥	ki(キ)	旣, 支, 岐	ku(ク)	久, 跪	ke(ケ)		ko(コ)	己, 胡, 旣
sa(サ)	沙, 佐	si(シ)	紫, 斯, 支, 資	su(ス)		se(セ)	酒	so(ソ)	麤

---

12) 다만 『일본서기』에 인용된 '百濟史料(百濟三書)'에 나타난 고유명사의 音假名은 제외되었다.

13) 일반적인 일본어사의 시대 구분은 다음과 같다. 고대 일본어(B.C.13000~A.D.600), 상대 일본어(600~784), 중고 일본어(784~1184), 중세 일본어(1184~1603), 근세 일본어(1603~1867), 근대 일본어(1868~1945), 현대 일본어(1946~1989).

ta(タ)	陀, 多	ti(チ)	直, 至, 致	tu(ツ)	都	te(テ)		to(ト)	奴, 都, 枕, 直
na(ナ)	那	ni(ニ)	尼, 爾	nu(ヌ)		ne(ネ)		no(ノ)	
fa(ハ)		fi(ヒ)	非, 比	fu(フ)	不	fe(ヘ)	跛	fo(ホ)	本
ma(マ)	麻	mi(ミ)	彌	mu(ム)	武, 慕	me(メ)		mo(モ)	
ja(ヤ)	移			ju(ユ)				jo(ヨ)	
ra(ラ)	羅	ri(リ)	利	ru(ル)	留, 魯	re(レ)	禮	ro(ロ)	鹵
u̯a(ワ)		u̯i(ヰ)	爲, 委	u̯u(ウ)		u̯e(ヱ)		u̯o(ヲ)	

木下禮仁(1961a)은 이들 音假名을 大野晋(1953)이 작성한 '日本書紀字音假名一覽'과 西宮一民(1951)의 '日本書紀歌謠假名字頻度表'를 대조하면서 大野晋(1953)의 일람표에 없는 音假名을 (a)류, 西宮一民(1951)의 頻度表에 없는 音假名을 (b)류, 양쪽 표에 모두 있는 音假名을 (c)류로 분류하였다.[14] 木下禮仁(1961a)의 일람표를 제시하면 다음과 같다.

(a)類	(b)類	(c)類
尉, 移, 印, 有, 我, 哥, 支(ki[キ]), 跪, 己, 旣, 紫, 支(si[シ]), 酒, 龗, 直, 至, 奴, 枕, 直, 非, 不, 本, 慕, 鹵	(a)의 音假名과 意, 旣, 移	阿, 伊, 加, 岐, 久, 胡, 沙, 佐, 斯, 資, 陀, 多, 致, 都(tu[ツ]), 都(to[ト]), 那, 尼, 爾, 比, 麻, 彌, 武, 羅, 利, 魯, 留, 禮, 爲, 委, 烏

木下禮仁(1961a)은 (a)類로 분류된 音假名이 '日本書紀字音假名一覽'에서 찾아볼 수 없는 것으로 보아 이를 '백제사료'의 차자 표기의 특수성으로 보았다. 또 (c)類에 속한 音假名은 일본과 백제에 공통된 音假名이므로 일본 고유명사의 표기에 쓰임과 동시에 한국 고유명사 표기에서

---

14) 大野晋(1953), 「日本書紀字音假名一覽」, 『上代假名遣の研究』, 岩波書店 ; 西宮一民(1951), 「日本書紀歌謠假名字頻度表」, 『藝林』 2／2.

중요한 역할을 담당한 音假名이라고 주장하였다.

木下禮仁(1961a)은 이 '百濟史料字音假名字' 58개를 '推古遺文', '佛足石歌碑', 『風土記』, 『萬葉集』 등 상대 일본어 자료에 쓰인 音假名과 비교하였다. 그 결과 '百濟史料字音假名字'는 '推古遺文'의 音假名과 많은 일치를 보였으며 이것은 '百濟史料'가 『일본서기』 편찬보다 훨씬 이른 7세기 초인 推古期에 성립되었기 때문이라고 보았다.[15]

木下禮仁(1961b)은 『日本書記』에 인용된 '百濟史料'에 나타난 백제 고유 명사를 추출하여 거기에 쓰인 音假名 55개를 『삼국사기』, 『삼국유사』에 나타난 백제 인명 음차자 40개와 대조하였으나 일치한 음차자는 10개에 불과하였다.[16]

木下禮仁(1964)에서는 조사의 범위를 『일본서기』 본문의 고유명사 音假名까지 확대하고 거기에서 (a), (c)類의 音假名이 어떻게 쓰였는지를 조사하였다. 그 결과 (a)類에 속한 音假名은 '百濟史料'가 인용된 '神功', '應神', '雄略', '武烈', '繼體', '欽明'의 6대 이외의 부분에서는 거의 나타나지 않았으며, (c)類에 속한 音假名도 '神功'부터 '欽明'에 이른 시기에서 가장 많이 출현하고 있음을 밝혔다.[17]

馬淵和夫(1960)는 『일본서기』 한국 고유명사 표기에 쓰인 音假名 중

---

15) 李根雨(1994 : 34)는 木下禮仁(1961)이 '百濟史料'의 세 자료를 성립 시기에 대한 고려 없이 하나의 문헌 자료로 파악한 것에 대해 문제를 제기하였다. 또한 '百濟史料' 자체 내에서도 시기적으로 용자법(用字法)의 변화가 있을 수 있으며 '百濟史料'의 音假名을 고찰하는 데 있어 陽聲韻字·入聲韻字를 제외한 것을 문제점으로 지적하고 있다.

16) 李崇寧(1982 : 88)이 제시한 '百濟人名表記體'를 말한다.

17) 이와 같은 推古遺文과 『일본서기』 한국 고유명사 차자 표기의 일치를 근거로 이른바 '百濟本記'를 비롯한 '百濟史料'가 推古期에 쓰였다고 보는 견해도 있다. 井上秀雄(1976 : 70)에서는 木下禮仁(1960)을 인용하면서 『일본서기』(推古10年10月條)에 나타나는 "(백제 승려 觀勒이)獻曆本及天文地理書併遁甲方術之書"라는 기사를 근거로 推古期에 『百濟本記』의 편찬 내지는 헌본(獻本)이 있었다고 보고 있다.

一音一字(開音節) 표기에 쓰인 音假名을 추출하여 '推古遺文'에 쓰인 音假名과 비교하였다. 馬淵和夫(1960)의 비교 결과를 제시하면 다음과 같다.

	백제	임나	신라	고구려	推古遺文
a	安阿	阿	安阿		阿
i	已伊	委夷移(印)	伊	伊	伊夷
u		于	宇于	有	宇汗宥
e					
o	意憶				意
ka	哿哥歌柯我加	伽	伽(干)	可加	加奇宜
ki	祈貴支旣枳	奇岐枳	鬼枳		支貴歸岐(吉)
ku	久	久跪			久
ke	奚解				
ko	古居己	己旣	古己許		
sa	佐沙姐	佐左娑	佐沙(致)	沙	自
si	志之施爾自斯 資次四	差舍師斯子雌(叱)	士斯子自(失)(叱)	之師	
su	須州受	須取酒	須	需	
se	齋世				
so	曾素疏卽		助		嗽楚
ta	多帶太陀哆	多他大陀哆	陁	(達)	多侈
ti	至致直知智	遲知智(叱)	知智遲至		知智至遲
tu	都津州洲	都		頭	都頭豆
te	氏弓		氏		氏代
to	都奴騰	等奴騰柔	刀		等止
na	奈那	奈那	那		奈那
ni	爾(仁)	爾二	爾尼		爾
nu	柔奴	奴	奴		奴蕤
ne					尼
no	怒	能		能	乃
fa	波巴(伴)		波		波
fi	皮菲跋比鼻	費備	比鼻		非比
fu	封不部(服)	不布	布富夫		布夫
fe	(辟)	跛	跛	陛抃	傀
fo	布烋富父	富	富	富	菩富

	백제	임나	신라	고구려	推古遺文
ma mi mu me mo	麻馬(末) 味彌 车武 莫	末磨麻 彌 车 母	麻(萬) 未微彌 车武 母毛		麻明 未彌 车 賣米 母
ja ji ju je jo	野 余			耶	夜移 由 余與己
ra ri ru re ro	羅 利梨唎 流留婁 禮(列) 魯盧鹵	羅 利唎里 禮 魯鹵	羅良 利 流 禮	唎利 婁	羅良 留 禮 里
ua ui uu ue uo	禾王曰 委		和		和 韋 乎

馬淵和夫(1960)는 이들 音假名은 대부분 『일본서기』를 편찬할 때 참조한 '百濟本記' 등의 외국 문헌의 표기나 외교 문서 등을 그대로 옮겨 쓴 것으로, 당시 한국에서 이루어진 표기로 간주할 수 있다고 보았다. 馬淵和夫(1960)는 그 근거로 '推古遺文'에 쓰인 音假名이 『일본서기』 한국 고유명사 표기에 쓰인 音假名과 거의 일치한다는 점을 지적하였다.

兪昌均(1983 : 22)은 『일본서기』에 인용된 '百濟史料'를 백제에 실제로 존재한 사서로 보고 木下禮仁(1961a)이 제시한 '百濟史料字音假名'을 '百濟史料'의 특수성을 나타내는 것으로 보았다. 兪昌均(1983 : 23)은 이러한 '百濟史料'에 나타난 백제 고유명사 및 그 音假名의 자료적 가치에 대해 일부는 일본인이 직접 듣고 적은 것도 있지만, 대부분은 백제 측의 사료나 외교 문서 등에서 전재(轉載)된 것으로 보고 『일본서기』에 나타난 백제 고유명사 및 관직명은 백제 한자음의 성격을 규정하는 데 매우 중요하다고 보았다.[18]

장세경(1988a)은 『일본서기』에 나타난 고구려·백제·신라 삼국의 왕명 54개에 쓰인 차자 표기자 87개 중 훈차자(訓借字) 4개를 제외한 83개를 상대 일본어 자료에 쓰인 音假名 및 『일본서기』에 쓰인 音假名과 비교하였다. 그 결과 38개(46%)가 상대 일본어 자료의 音假名과 일치를 보였고, 28개(34%)가 『일본서기』에 쓰인 音假名과 일치를 보였다. 장세경(1988b)은 이 현상을 한국 차자 표기법이 일본의 차자 표기법에 큰 영향을 주었기 때문이라고 파악하였다.

장세경(1991)은 『삼국사기』, 『삼국유사』에 나타난 백제 인명 표기자 211개를 『일본서기』의 백제 인명 표기자와 비교하였다. 그 결과 211개 가운데 『일본서기』의 백제 인명 표기에 쓰인 표기자는 100개에 달하였으며, 이것은 『삼국사기』, 『삼국유사』의 백제 인명 표기에 쓰인 표기자의 47.4%에 해당된다는 점을 지적하였다. 특히 『일본서기』 일본 인명 표기에 쓰이지 않는 音假名 42개 모두가 『삼국사기』, 『삼국유사』의 백제 인명 표기에 쓰여 있다는 점을 지적하였다. 그러나 그 일치는 주로 왕명이며 義慈王代의 고관(高官) 이름을 제외하고는 일치한 인명은 그리 많지 않다. 또한 장세경(1991)이 밝힌 일치 현상은 어디까지나 표기자의

---

18) 대체로 한국 연구자들도 兪昌均(1982)의 견해와 마찬가지로 '百濟史料'를 비롯해 『일본서기』 한국 고유명사의 자료적 가치를 인정하는 편이다. 가령 朴炳采(1989 : 51)는 "일본의 고사서에서는 '백제기(百濟記)', '백제본기(百濟本紀)', '백제신찬(百濟新撰)' 등 주로 백제에서 엮어진 고사서의 기록을 인용하고 있다. 여기에는 우리의 인명·지명·제도 등에 관한 어휘를 수록하고 있어 역시 귀중한 자료가 된다"고 언급하고 있다.

일치이지 음차자와 音假名의 일치가 아니다.[19)]

尹幸舜(1991)은 『일본서기』 필사본에 나타난 한국 고유명사의 音假名이 '推古遺文' 音假名과 밀접한 관련이 있다는 점, 중국 상고음(上古音)의 영향을 보여주는 音假名이 많다는 점, 音假名의 字音이 吳音系일 가능성 등을 지적하였다.

李根雨(1994 : 34)는 '百濟史料'에 나타난 일본 인명에 『일본서기』 본문에서는 보기 드문 '跪', '奴'와 같은 비속한 뜻을 가진 표기자가 쓰였다는 점과 '百濟史料'에 쓰인 音假名 중에 '推古遺文'에 쓰인 音假名과 일치하는 것이 많다는 점을 근거로 '百濟史料'의 원자료(原資料)가 백제에서 성립되었을 가능성을 제기하였다. '推古遺文'은 일본이 백제로부터 불경(佛經)을 받아들이면서 문자 기록을 시작한 당시에 형성된 자료이므로 백제의 영향 아래 성립된 '百濟史料'와 높은 일치성을 보인다는 것이다. 또 李根雨(1994)는 『일본서기』에는 한국 측 자료에서 극히 일부분밖에 확인되지 않는 복성(複姓)을 가진 백제 인명이 다수 등장한다고 지적하였다. 특히 『삼국사기』(百濟本紀)에 나타난 복성인 '眞木', '沙氏' 등은 '眞慕(牟)', '木羅', '沙宅' 등이 생략된 것임을 '百濟史料'의 인명 표기를 통해서 확인할 수 있다고 보았다. 그 외에도 한국 측 자료에 전혀 보이지 않는 '姐彌', '州利', '東城(子)', '己州', '日佐', '阿乇', '鼻利', '汝休', '木素', '鬼室', '谷那', '憶禮', '答㶱', '四比' 등의 복성을 '百濟史料'를 비롯한 『일본서기』 전반에서 확인할 수 있다고 밝혔다.

이와 같이 기존 연구에서는 대체로 『일본서기』 한국 고유명사 표기의

---

19) 『일본서기』에 나타난 삼국의 왕명이 한국 측 자료에 나타난 왕명과 일치한다는 사실은 都守熙(1994)에서도 확인된 바 있다. 都守熙(1994)는 『삼국사기』, 『삼국유사』와 『일본서기』, 『新撰姓氏錄』에 나타난 백제 왕명을 비교한 결과 일본 측 사서에서 왕명을 청취한 대로 표기하거나 동일한 표기자로 표기한 예가 많다고 지적하였다.

자료적 가치를 인정하고 있으나, 姜斗興(1982)은 '百濟史料'에 나타난 音假名을 근거로 '百濟史料'의 자료적 가치를 부정하고 있어서 주목을 끈다. 姜斗興(1982 : 136~137)은 『일본서기』에 인용된 '百濟史料'에 쓰인 音假名을 『삼국사기』(百濟本紀)의 백제 고유명사에 쓰인 음차자와 비교하였다. 그 결과 '百濟史料'의 인명 43개 가운데 표기가 완전히 일치한 고유명사는 1개뿐이고, 나머지는 부분적인 일치밖에 보이지 않았다. 부분적 일치를 보인 인명도 4자가 일치한 것이 1개, 3자가 일치한 것이 1개, 2자가 일치한 것이 8개, 1자만 일치한 것이 17개에 지나지 않았고 전혀 일치하지 않은 것이 14개나 있었다. 이것은 '百濟史料'의 고유명사 표기가 『삼국사기』(百濟本紀)의 고유명사 표기와 일치하지 않는다는 것을 의미하며 앞에서 본 木下禮仁(1961b)의 조사 결과와도 일치한다. 또한 姜斗興(1982)은 '百濟史料'에 쓰인 音假名과 상대 일본어 자료에 쓰인 音假名은 85%가 일치한다는 점을 들어 '百濟史料'는 오히려 일본 측 표기와 일치한다고 보았다. '百濟史料'에 쓰인 音假名 78개 가운데 '推古遺文'의 音假名과 일치하는 것이 31개, 白雉元年(650년)~『古事記』(712년) 시기의 일본어 자료에 쓰인 音假名과 일치하는 것이 12개, 和銅6년(713년)부터 『일본서기』(720년) 시기의 일본어 자료에 쓰인 音假名과 일치하는 것이 14개, 『일본서기』 본문의 音假名과 일치하는 것은 9개로 모두 68개가 일본어 자료와 일치한다. 즉 '百濟史料'의 音假名 대부분은 일본 音假名의 범주를 벗어나지 않았다는 것이다. 姜斗興(1982)은 이 점을 들어 '百濟史料'가 일본인에 의해 쓰였을 가능성을 거론하면서 '百濟史料'의 자료적 가치에 의문을 제기하였다. 姜斗興(1982)의 지적은 '百濟史料'의 인명 표기에 한정된 것이었으나, 그 동안 지적되지 않았던 『일본서기』 한국 고유명사 표기의 자료적 가치에 대한 문제 제기를 하였다는 점에서 주목을

끈다.[20)]

세 번째 유형에 속한 연구로는 馬淵和夫(1962, 1971), 柳玟和(1991, 1994) 등을 들 수 있다. 馬淵和夫(1962)는 『일본서기』에 나타난 백제·임나·고구려·신라의 고유명사에서 音假名을 추출하여 고대 한국어의 음운 체계를 재구하고 일본어의 음운 체계와 비교를 시도하였다. 馬淵和夫(1971)는 『삼국사기』, 『삼국유사』에 나타난 고구려·백제·신라의 인명·지명·관직명 중에서 음차자로 간주되는 표기자와 馬淵和夫(1960)에 제시된 『일본서기』 한국 고유명사의 音假名 266개를 비교하였다. 그 결과 백제 고유명사에 나타난 '意', '哿', '岐', '貴', '州', '氐', '怒', '流' 등은 『삼국사기』, 『삼국유사』보다 『일본서기』에서 현저하게 많이 나타나고 있으며 따라서 『일본서기』 한국 관련기사의 원자료가 『삼국사기』, 『삼국유사』의 원자료보다 오래된 것이라고 주장하였다.[21)] 이어서 馬淵和夫(1971)는 『일본서기』 한국 고유명사 표기에 쓰인 音假名과 『삼국사기』, 『삼국유사』의 고유명사 표기에 쓰인 음차자 사이에 공통적으로 쓰인 표기

---

20) 이러한 姜斗興(1982)의 주장에 대해 犬飼隆(1984)은 "'百濟史料'의 音假名에는 推古遺文에 쓰인 音假名과 일치하는 것이 많다. 출처를 알 수 없는 音假名도 있다. 이들은 저자가 주장하듯이 『일본서기』 편찬자가 萬葉假名을 써서 표기한 것인지도 모르나 지금은 망실된 고대 한국 문헌의 표기법에서 유래된 것일 수도 있다. 또한 비교 대상이 된 『삼국사기』(百濟本記)에 쓰인 표기자에 대해서도 『삼국사기』가 12세기에 성립된 문헌인 만큼 재검토의 여지가 있다"고 지적하였다. 또한 柳玟和(1999)도 "百濟史料의 고유명사 표기자가 한국 측 자료보다 양적으로 풍부한 萬葉假名 자료의 표기자와 많이 일치하는 것은 당연한 현상이다. '百濟史料'의 고유명사 표기자가 금석문 자료나 推古遺文과 일치하는 것에 대해서는 무시하고 있다"고 지적하였다.
21) 이와 비슷한 주장은 平野邦雄(1972)에서도 볼 수 있다. 平野邦雄(1972)은 『隋書』(卷81, 列傳39, 東夷百濟國)에는 "國中大姓有八族, 沙氏, 燕氏, 木氏, 劦氏, 眞氏, 國氏, 本氏, 苩氏"라는 기사가 보이며 '木劦'를 '木'과 '劦'의 두 개 성(姓)으로 보고 있으나 '劦氏'는 중국 사서, 『일본서기』, 『삼국사기』에서도 찾아볼 수 없기 때문에 『隋書』의 기록은 오류로 보았다. 또한 『삼국사기』가 "관위＋성명"의 순서로 정돈된 표기 방식을 보이고 있는데 비해 『일본서기』에서는 인명 말미에 '知', '智', '次' 등 칭호를 첨가하는 원초적인 형태를 보존하고 있다고 보았다.

자가 적은 점을 들어 그 원인을 역시 원자료의 성격 차이에서 찾았다. 馬淵和夫(1971)의 연구 결과는 木下禮仁(1961b)이 밝혔듯이 『일본서기』 한국 고유명사에 쓰인 音假名과 『삼국사기』, 『삼국유사』의 고유명사에 쓰인 음차자의 일치가 적다는 점을 재확인하였다는 점에서 관심을 끈다.

柳玟和(1991, 1994)는 연구 대상을 『일본서기』에 나타난 모든 한국 고유명사에 확대하여 그 표기자와 그 분포 상황을 조사하였다. 柳玟和(1991, 1994)는 『일본서기』 한국 고유명사 표기자의 분포에 『일본서기』 가요·訓註의 音假名 분포인 α·β群 구분을 적용할 수 없음을 밝혀냈으며, 그 표기를 바탕으로 고대 한국어의 음운 현상을 추정하였다. 다만 柳玟和(1991, 1994)에서는 『일본서기』 한국 고유명사의 표기자 모두를 연구 대상으로 삼았으며 정독자(正讀字)와 차자 표기자의 구분을 하지 않았다.[22]

이상 살펴보았듯이 세 가지 유형에 속한 연구는 모두 정도의 차이는 있어도 대체로 『일본서기』 한국 고유명사 및 그 표기의 자료적 가치를 인정하고 있다. 그 근거로 표기에 쓰인 音假名이 그 종류와 분포에 있어 일본 고유명사와 많은 차이점을 보이고 있다는 점, '推古遺文'과 많은 일치를 보이고 있다는 점 등을 들었다. 이러한 『일본서기』 한국 고유명사 표기의 音假名과 '推古遺文'의 音假名 사이에서 볼 수 있는 공통점을 근거로 일찍이 한국인이 차자 표기법을 일본에 전수하였을 가능성도 논의되고 있다. 그러나 이러한 연구 성과에도 불구하고 『일본서기』

---

22) 이 책에서 사용한 '정독자'란 鄕歌에 쓰인 '음독자(音讀字)', 萬葉集歌에 쓰인 '정음자(正音字)'와 동일한 개념을 나타낸다. 南豊鉉(1980 : 455)은 '음독자'에 대해 "音讀字는 '塔'을 '탑'으로, '功'을 '공'으로 읽는 것과 같이 한자를 음으로 읽으면서 그 뜻도 原意대로 사용하는 것이다"라고 설명하고 있으며 李鍾徹(1980 : 26, 30)에서는 '正音字'에 대해 "'塔'을 'tafu'로 '功'을 'kou'로 읽는 것과 같이 漢字를 음으로 읽으면서 그 뜻도 原意대로 사용한다"고 설명하고 있다. 다만 '음독자', '정음자'라는 용어는 '音假名', '음차자'라는 용어와 혼동을 일으키기 쉬우므로 여기에서는 편의적으로 '정독자'라는 용어를 사용하였다.

한국 고유명사 표기와 한국 측 자료에 나타난 고유명사의 차자 표기를 직접 비교해서 그 공통점을 찾아내려고 하는 시도는 큰 성과를 거두지 못하고 있다.

5. 기존 연구의 문제점

앞에서 살펴본 기존 연구들이 『일본서기』 한국 고유명사 표기의 성격을 어느 정도 밝힌 것은 사실이다. 그러나 그 표기가 가지고 있는 자료적 성격을 밝히는 데 있어 아직 미흡한 점이 많다. 기존 연구의 문제점을 몇 가지 지적하면 다음과 같다.

첫째, 대부분의 기존 연구가 '百濟史料' 및 『일본서기』 한국 고유명사의 일부만을 연구 대상으로 삼고 있다는 점이다. '百濟史料'에 나타난 고유명사 표기는 한국에서 유래된 자료에서 직접 인용되었을 가능성이 높다고 할 수 있으나, 그 수가 극히 한정되어 있으므로 연구 대상의 범위를 '百濟史料' 이외의 고유명사로 확장해야 할 것이다.

둘째, 대부분의 기존 연구가 『일본서기』에 나타나는 고구려·백제·신라의 고유명사를 함께 다루고 있으나, 고유명사의 양이나 차자 표기에 차이가 있는 만큼 각 나라별로 고유명사를 고찰할 필요가 있을 것이다.

셋째, 『일본서기』 한국 고유명사 표기에 쓰인 音假名을 연구하기 위해서는 거기에 쓰인 표기자를 정독자와 차자 표기자로 구분하는 작업이 필수적인데, 대부분의 연구에서는 이 작업을 소홀히 하고 있다. 물론 『일본서기』 한국 고유명사 표기는 일본의 차자 표기 체계인 萬葉假名의 범주에서 벗어난 표기자가 많아 정독자와 차자 표기자의 구분이 매우 어려운 것이 사실이다. 그러나 왕명이나 승려·비구니의 법명, 중국식 성명 등은 분명히 音假名으로 볼 수 없으므로 고찰 대상에서 제외해야 할 것이다.

넷째,『일본서기』한국 고유명사 표기에 쓰인 音假名을『삼국사기』,『삼국유사』등 한국 측 자료에 나타난 고유명사에 쓰인 음차자와 비교하며 그들 사이의 유사성이나 공통점을 찾아내는 작업이 필요하다. 몇몇 기존 연구에서도 그러한 작업이 시도되었으나 충분한 성과를 거두지 못하였다.『일본서기』한국 고유명사 표기에서 발견된 특수성을 한국 측 자료의 고유명사 표기에서 찾아낼 수 있을 때 비로소 그 자료적 가치를 인정할 수 있다고 하겠다.

이 책에서는『일본서기』한국 고유명사 가운데 백제 고유명사를 연구 대상으로 삼고, 다음과 같은 방법을 통해 그 특수성과 자료적 가치의 유무를 밝히고자 한다.

첫째,『일본서기』백제 고유명사 표기에 쓰인 音假名과 일본 고유명사 표기에 쓰인 音假名을 모두 추출하여 정리하고자 한다.

둘째, 추출된 音假名을 서로 비교하여『일본서기』백제 고유명사 표기의 특수성을 밝히며 그 특수성이 한국 측 자료에서도 찾을 수 있을지를 검증하고자 한다. 그 검증 방법은 다음과 같다.

1 『일본서기』백제 고유명사 표기의 특수성을 밝히기 위해 그 音假名 분포에 대해 森博達(1977)이 주장하는 α·β群 구분의 적용 여부를 검증하고자 한다.

2 『일본서기』백제 고유명사에 쓰인 音假名과 일본 고유명사에 쓰인 音假名을 '推古遺文'의 音假名과 비교하여 '推古遺文' 音假名과의 일치가 백제 고유명사 표기의 특수성이라고 할 수 있는지를 검증하고자

한다.

③『일본서기』백제 고유명사 音假名과 일본 고유명사 音假名을 한국 측 자료에 쓰인 음차자와 직접 비교하여 공통적으로 쓰인 표기자가 있는지를 검증하고자 한다.

④『일본서기』백제 고유명사에 쓰인 音假名과 일본 고유명사에 쓰인 音假名에 포함된 子音 韻尾字의 비율을 비교하여 차이가 있는지를 검증하고자 한다.

셋째, 위에서 시도한 검증 방법에 의해『일본서기』백제 고유명사 표기의 자료적 가치가 인정되었다고 판단될 경우 다음 세 가지 방법을 통해 백제 한자음의 특징을 추정하고자 한다.

①『일본서기』백제 고유명사 표기 가운데 同名 異表記로 나타난 고유명사를 비교하여 백제 한자음의 특징을 추정하고자 한다.

②『일본서기』에 인용된 '百濟史料'에 나타난 일본 인명 표기를 바탕으로 백제 한자음의 특징을 추정하고자 한다.

③『일본서기』백제 고유명사 표기에 나타난 '聯合假名[同音 重出表記]'를 이용해 백제 한자음의 韻尾에 관한 특징을 추정하고자 한다.

마지막으로 이상의 고찰을 통해 추정된 백제 한자음의 특징을 백제어 어휘 재구나 백제어 음운을 추정하는 데 적용하고자 한다.

제2장

『일본서기』 백제 고유명사 音假名의 추출 

1. 백제 고유명사의 추출

여기에서는 『일본서기』 백제 고유명사 표기에 쓰인 音假名을 모두 추출하고자 한다. 이 책에서는 선행 연구에서 작성된 『일본서기』 한국 고유명사 일람표에서 백제 고유명사를 추출해 그 표기자에서 音假名을 추출하는 방법을 택하였다. 『일본서기』 한국 고유명사 일람표는 柳玟和(2002)를 저본으로 삼았으나 편의상 다음과 같은 수정을 가하였다.[1]

첫째, 柳玟和(2002)의 일람표와 古典文學大系 『일본서기』 원문을 대조하여 발견된 표기나 기년(紀年), 출현 횟수의 오류, 고유명사의 누락을 수정하였다. 柳玟和(2002)가 사용하였던 저본은 國史大系 『일본서기』이지만 여기에서는 古典文學大系 『일본서기』의 표기에 따르기로 하였다.

둘째, 柳玟和(2002)와 六國史索引編集部(1969), 康仁善(1995)을 대조하여

---

[1] 柳玟和(2002)에는 고유명사 이외에 관직명 등 고유명사로 볼 수 없는 것도 포함되고 있으나 여기서는 편의상 "한국 고유명사 일람표"라고 부르기로 한다.

柳玟和(2002)에서 누락되거나 표기에 차이가 있는 고유명사를 古典文學大系『일본서기』 원문을 참고로 수정 후 추가하였다.

셋째, 國史大系『일본서기』에서는 "天武十一年三月是月條"의 "土師喚王"이하 457字가 '天武十四年九月'과 중복된 것으로 설명되고 있다. 그러나 柳玟和(2002)에서는 이 부분에 나타난 고유명사를 일람표에 포함시키고 있다. 여기에서는 중복된 부분에 나타난 고유명사는 삭제하였다.

넷째, 『일본서기』에서는 기년이 간지(干支)로 표시되어 있으나 편의상 古典文學大系『일본서기』에 표시되고 있는 날짜로 통일하였다.

이상과 같은 수정을 거친 『일본서기』 백제 고유명사 일람표를 이 책의 부록인 별첨에 제시하였다.

2. 백제 고유명사 표기 音假名의 추출

위와 같은 과정을 통해 추출된 백제 고유명사의 표기에서 音假名만을 가려내는 작업이 필요하다. 그러나 백제 고유명사 표기에는 일본 고유명사에는 전혀 쓰이지 않는 표기자가 포함되어 있기 때문에 정독자와 차자 표기자, 音假名과 訓假名의 구별이 잘 안 되는 것이 많다. 그러나 『일본서기』 고대 한국 고유명사 중에는 『삼국사기』, 『삼국유사』에 나타난 고유명사와의 대조를 통해 音假名을 식별할 수 있는 것도 있다.

가령 平野邦雄(1972)은 『일본서기』(繼體23年4月條)에 나타난 '久遲布禮'와 『삼국사기』(卷第二·新羅本紀第二)에 나타난 '居柒夫(大阿飡居柒夫)', 繼體23年4月條 등에 나타난 '伊叱夫禮知奈末(伊叱夫禮知干岐)'과 『삼국사기』(卷第二·新羅本紀第二) 등에 나타난 '異斯夫(伊飡異斯夫)'를 같은 인물을 가리

키는 것으로 보고 있다.

그런데 '居柒夫'에 관해서는 『삼국사기』 卷第44(列傳第4)에 "或云荒宗"이라는 기사가 나오기 때문에 "居柒 : 荒"이라는 대응이 성립된다. 따라서 '居柒'이 '荒(*거츨−)'의 차음(借音) 표기일 가능성이 크며 '久遲布禮'의 '久遲'도 '荒(*거츨−)'을 표기한 音假名일 가능성이 높다.

또 '異斯夫'에 관해서는 『삼국사기』 卷第44(列傳第4)에 "或云苔宗"이라는 기사가 나오기 때문에 "異斯 : 苔"라는 대응이 성립된다. 손희하(1991 : 434)에 따르면 『訓蒙字會』(예산문고본)에서 '苔'의 새김은 '잇'이며 『新增類合』(나손본)에서 '잇기'가 된다. 따라서 '異斯'가 '苔'(잇, 잇기)의 차음 표기일 가능성이 크며 '伊叱夫禮知奈末(伊叱夫禮知干岐)'의 '伊叱'은 '苔(잇, 잇기)'를 표기한 音假名일 가능성이 크다.

또한 『일본서기』(皇極元年2月條)에서는 '泉蓋蘇文'을 '伊梨柯須彌'라고 주음(註音)하고 있는데 여기서 "泉 : 伊梨"라는 대응을 찾을 수 있다.

都守熙(1989)는 『삼국사기』(卷第35·37)의 "於乙買日云泉井", "於乙買串一云泉井口"라는 표기에서 '泉'을 나타나는 백제어·고구려어는 '於乙'(*əri)이었다고 추정하였다. 따라서 '伊梨柯須彌'의 '伊梨'는 '泉(*əri)'을 표기한 音假名일 가능성이 크다.

그러나 이러한 대조를 통해 音假名을 식별할 수 있는 경우는 극히 드물고 백제 고유명사의 경우 대부분의 정독자와 차자 표기자, 音假名과 訓假名을 구별하기가 어렵다. 이러한 어려움 때문에 기존의 연구에서는 이들의 구별을 시도하지 않은 채 고유명사 표기에 쓰인 표기자 모두를 고찰의 대상에 포함시켰거나 音讀되고 있는 표기자를 일괄적으로 音假名으로 간주하기도 하였다. 그러나 고유명사에 쓰인 音假名만을 고찰 대상으로 삼을 경우에는 당연히 표기자 중에서 音假名만을 가려내는 일정한 기준이 필요하다. 여기에서는 백제 고유명사 표기에서 音假名을 가려내는 데에 있어 다음과 같은 기준을 세웠다.[2]

첫째, 먼저 별첨 백제 고유명사 일람표에서 音假名으로 보기 어려운 승려·비구니의 법명과 왕명 및 왕자명, 중국의 영향을 받은 것으로 보이는 한자 三字制 성명을 제외하였다. 다만 東城王 이전의 왕명에 대해서는 兪昌均(1975)의 견해에 따라 音假名으로 간주하였다.[3]

둘째, 馬淵和夫(1960)가 제시한 『일본서기』 백제 고유명사 표기에 쓰인 音假名 중 一音一字(開音節) 표기에 쓰인 音假名 113자, 大野透(1962)가 제시한 『일본서기』 한국 고유명사 표기에 쓰인 音假名 230자, 木下禮仁(1961a)이 제시한 '百濟史料'에 나타난 고유명사 표기에 쓰인 音假名 58자에 포함되어 있는 표기자는 일단 音假名일 가능성이 높은 것으로 보고 音假名으로 간주하였다.[4]

셋째, 세 개 이상의 표기자로 구성된 고유명사에서 그 중 두 개 이상이 馬淵和夫(1960), 大野透(1962), 木下禮仁(1961a)이 제시한 音假名일 경우에는 나머지 한 개도 音假名일 가능성이 높은 것으로 보고 音假名으로

---

2) 이와 같이 『일본서기』 한국 고유명사 표기자를 音假名과 정독자로 식별하여 구분하는 작업은 극히 어려우며 따라서 여기에서 시도한 구분도 절대적인 기준이라고 할 수 없다. 大野透(1962)가 작성한 '한국 고유명사 音假名' 일람표에도 音假名의 식별 기준에 대한 언급이 전혀 없다. 다만 大野透(1962 : 47)는 한국 고유명사 중 欽明15年2月條에 나타난 "曆博士 / 固德 / 王保孫"에 대해 "王保孫의 '保'字는 義字에 해당하는 것으로 보고 音假名으로 인정하지 않았다"고 언급하고 있으며, 持統元年9月9日條에 나타난 "級飡 / 金薩慕"에 대해 "金薩慕의 '慕'는 '摸'와 통한다"고 하며 '慕'를 音假名으로 보고 있다. 그러나 '王保孫', '金薩慕' 등은 天智紀 이후에 증가한 한자 三字制 성명으로 보이며, 따라서 '金薩慕'의 '慕'만을 音假名으로 인정하는 것은 타당하지 않다.
3) 兪昌均(1975)은 "溫祚부터 비롯하여 第23代 三斤王에 이르기까지는 그 王稱이 土着語式으로 되어 있는데 비하여 第24代 東城王부터는 漢語式으로 되어 있다. 이 무렵부터 一般人의 이름도 漢語式으로 되어간 것이 아닌가 생각된다. 事實 諱도 東城王을 除한 外에는 그 以前의 諸王의 이름과는 달리 漢語式으로 되어 있음이 注目된다"고 주장하였다.
4) 大野透(1962)가 제시한 音假名 230자에는 '百濟史料'에 나타난 고유명사 표기자는 포함되지 않는다.

간주하였다. 가령 顯宗3年條에 나타나는 '適莫爾解'의 '適'은 馬淵和夫 (1960), 大野透(1962), 木下禮仁(1961a)이 제시한 音假名이 아니지만 나머지 '莫', '爾', '解'는 音假名으로 간주되었기 때문에 남은 '適'도 音假名으로 간주하기로 하였다.

넷째, 상대 일본어 자료에도 나타나는 音假名들의 표음(表音)은 大野透 (1962 : 88~109)의 "常用假名·準常用假名" 일람표와 대조하며 '上代特殊假名遣'의 '甲·乙類'의 판별은 일단 이 일람표에 따르기로 하였다. 상대 일본어 표기에 나타나지 않은 音假名의 표음에 대해서는 일단 저본에 있는 표음을 그대로 표시하였다.[5]

이상과 같은 절차를 거쳐 백제 고유명사 표기에서 音假名일 가능성이 높은 것으로 판단되는 표기자만을 추출하였다. 그 결과 230개의 音假名이 추출되었다. 이들 230개 중에는 일본 차자 표기 체계인 萬葉假名에는 포함되지 않은 것도 다수 있기 때문에 그 모두가 音假名이라고 단정할 수는 없다. 그러나 일단 불완전이나마 音假名의 추출이 이루어졌다고 보고 여기에서는 이들 230개 音假名을 "백제 고유명사 音假名"으로 부르기로 한다.[6]

---

5) 上代 일본어에서는 현대 일본어에서는 한 음절로 인식되고 있는 'キ(ki)', 'ケ(ke)', 'コ(ko)', 'ソ(so)', 'ト(to)', 'ノ(no)', 'ヒ(fi)', 'ヘ(fe)', 'ミ(mi)', 'メ(me)', 'ヨ(jo)', 'ロ(ro)', 'ギ(gi)', 'ゲ(ge)', 'ゴ(go)', 'ゾ(zo)', 'ド(do)', 'ビ(bi)', 'ベ(be)' 등에 '甲類'과 '乙類'의 구별이 있었다. 712년에 성립된 『古事記』에서는 'モ(mo)'에도 '甲類'과 '乙類'의 구별이 존재하였다. 日本의 차자 표기인 萬葉假名에는 上代 일본어의 음운 현상이 반영되었으며 앞에 제시된 19개(20개)의 음절을 表音하는 音假名에도 '甲類'과 '乙類'의 구별이 존재하였다. 이것을 '上代特殊假名遣'라고 한다.

6) 여기에서는 '怒(nu)', '奴(no)'와 같이 같은 音假名이지만 그 표음이 다를 경우에는 별개의 音假名으로 취급하였다. 표에서 音假名 뒤에 '*'로 표시된 부분은 일본 고유명사에 용례가 없어 甲類·乙類의 판별을 못한다는 뜻이다.

加(ka)　哥(ka)　角(ro*ku)　干(kan)　甘(kamu)

甲(kafu)　蓋(kafu)　敬(ki*jau)　稽(kei)　契(ke*i)

高(kau)　古(ko)　谷(koku)　昆(ko*ni)　琨(ko*ni)

昆(ko*ni)　久(ku)　久(ko*)　久(ko*n)　國(ko*ku)

鬼(kuɥi)　貴(kuɥi)　糺(ku)　斤(ko*n)　金(ko*mu)

今(ko*mu)　己(kö)　奇(ka)　奇(ga)　祇(ki)

伎(ki)　岐(ki)　岐(gi)　其(go*)　吉(kiti)

奈(na)　那(na)　羅(ra)　難(nan)　郞(ra)

奴(nu)　怒(nu)　奴(no)　怒(no)　鹵(ro)

婁(ru)　多(ta)　段(dan)　答(tafu)　帶(tai)

大(dai)　臺(dai)　德(töku)　都(tu)　劦(ra)

敦(ton)　得(töku)　騰(tö)　登(tö)　麻(ma)

摩(ma)　馬(ma)　麻(mu)　馬(me)　莫(ma)

莫(maku)　萬(ma)　滿(ma)　萬(man)　末(ma)

昧(mai)　眛(mai)　昧(ma)　牟(mu)　慕(mu)

慕(mo)　母(mo)　木(moku)　武(mu)　茂(mo)

汶(mon)　文(mon)　尾(mï)　味(mï)　未(mï)

微(mï)　彌(mi)　彌(mu)　半(fan)　炑(fo)

背(fai)　白(faku)　白(bi*jaku)　辟(fe*)　寶(fou)

菩(bo)　福(fuku)　服(fuku)　部(fu)　富(fu)

夫(bu)　父(bu)　不(bu)　非(fi)　鼻(bï)

比(fi)　沙(sa)　射(za)　斯(si)　士(si)

四(si)　師(si)　尙(zijau)　塞(so*ku)　敘(sijo)

昔(sijaku)　宣(sen)　善(zen)　素(su)　素(so)

疏(so*)　速(so*ku)　孫(so*ku)　首(siju)　受(ziju)

首(su)　須(su)　雖(siɥi)　受(zu)　揍(reu)

淳(zijun)　新(si)　身(sin)　辛(sin)　信(sin)

室(situ)　阿(a)　我(ga)　安(an)　陽(jau)

楊(jau)　良(ra)　憶(oku)　言(go*n)　余(jö)

燕(en)　連(ren)　禮(rai)　禮(re)　屋(ɥoku)

曰(ɥo)　王(ɥa)　王(ɥau)　用(jo*u)　遠(ɥon)

尉(ẅï)　　有(u)　　柔(nu)　　留(ru)　　流(ru)

尹(in)　　尹(ẅïn)　　率(so*ti)　　意(o)　　爾(ni)

尼(ni)　　唎(ri)　　利(ri)　　仁(ni)　　日(niti)

任(ni)　　林(rimu)　　子(si)　　資(si)　　自(zi)

灼(jaku)　　齋(se)　　姐(sa)　　積(sijaku)　　嫡(tijaku)

適(tijaku)　　丁(tijau)　　帝(tai)　　提(dai)　　調(deu)

佐(sa)　　酒(siju)　　洲(su)　　州(tu)　　中(tiu)

卽(so)　　支(ki)　　支(si)　　之(si)　　知(ti)

智(ti)　　直(ti)　　直(to)　　津(sin)　　晋(sin)

眞(sin)　　辰(sin)　　集(sifu)　　執(sifu)　　次(si)

贊(sam)　　肖(seu)　　哆(ta)　　氐(tei)　　致(ti)

侵(simu)　　枕(to*mu)　　陀(da)　　毛(to*ku)　　太(da)

土(tu)　　波(fa)　　巴(fa)　　布(fo)　　皮(fi*)

避(fe*)　　解(ge*)　　奚(kei)　　許(kö)　　惠(ẅe)

呼(ko*)　　花(kuẅi)　　休(ki*u)　　休(ku)　　弓(te)

3. 일본 고유명사의 추출

앞 절에서는 백제 고유명사 표기에 쓰인 音假名을 추출하였으나 그
특수성을 밝혀내기 위해서는 『일본서기』에 나타난 일본 고유명사 音假
名과의 비교가 불가피하다. 그러므로 여기서는 『일본서기』 일본 고유명
사에 쓰인 音假名을 추출하기로 한다.

일본 고유명사 音假名의 추출은 松浦加壽美(1990)의 방법에 따라 六國
史索引編集部編(1969), 『日本書紀索引』이 분류한 『일본서기』 일본 고유명
사(지명·인명)를 모두 추출하고 그 중에서 音假名이 포함되어 있는 고유
명사만을 다시 추출하였다. 일본 고유명사의 표기와 독법(讀法)은 백제

고유명사의 경우와 동일하게 古典文學大系『일본서기』의 표기에 따르기로 하였다. 이렇게 해서 추출된 일본 고유명사를 원문과 대조하면서 연대에 따라 다시 배열하여 거기에서 音假名만을 추출하였다.

4. 일본 고유명사 표기 音假名의 추출

여기에서는 앞 절에서 논의한 순서에 따라 일본 고유명사에서 音假名을 추출하고자 한다. 音假名의 '甲·乙類' 판별과 '濁音假名'의 판별은 大野透(1962 : 88~109)의 "常用假名·準常用假名" 일람표에 따르기로 하였다. 다만 大野透(1962)의 표와 어긋나는 부분은 모두 저본의 訓註 표기를 그대로 사용하기로 하고 甲類·乙類의 판별이 어려운 것은 그대로 남겨 두기로 하였다.7) 또한 이『일본서기』에는 '百濟史料'에 인용된 일

---

7) 大野透(1962)의 표와 어긋나는 부분은 다음과 같다.
　得 : 大野透(1962)에서는 'tö(と)', 'tökö(とこ)'를 나타내는 音假名으로 표시되고 있으나 '鞍部得志'(皇極4年4月條), '得志'(皇極4年4月條), '伊吉博得'(孝德[白雉]5年2月條)', '筑紫三宅連得許'(天武[下]13年12月6日條)에서는 '得'은 'töku(とク)'로 나타나고 있다. '得'의 표음은 大野透(1962)에 의하면『養老5年[721年]戶籍(大日本古文書)』,『大寶2年[702年]戶籍 (大日本古文書)』,『일본서기』,『萬葉集』,『續日本紀』 등에서는 'tökö(とこ)'로 나타났다. 한편『일본서기』,『萬葉集』에서는 'と(tö)'로도 나타나 있는데 이것은 '聯合假名'으로 쓰인 용례이다.
　賂 : 이 音假名은 大野透(1962)에서는 찾아볼 수 없는 것이지만 '弊賂弁嶋'(齋明6年3月條)의 '賂'는 音假名 'ro(ロ)' 내지는 'rö(ろ)'로 보인다. 다만 다른 용례가 없으므로 甲·乙類 판별은 불가능하다.
　模 : 大野透(1962)에서는 'mu(ム)'를 나타내는 音假名으로 표시되고 있으나 '相模國'(天武[下]4年10月20日條, 天武[下]6年5月7日條, 持統6年7月2日條), 相模(景行40年條)에서는 'mi(ミ)'로 나타나고 있다. 다만 다른 용례가 없으므로 甲·乙類 판별은 불가능하다.
　沒 : 大野透(1962 : 464)에서는 '沒利嶋'(仲哀8年1月4日條)의 '沒'을 일단 二合假名인 'mötö(もと)'로 보고 있으나 二合假名 아닌 連合假名인 'mö(も)'일 가능성도 제기하고 있다. 여기서는 일단 二合假名으로 처리하였다. '二合假名'이란 '有濫(arikemu[アリケ ム])', '有兼(arikemu[アリケム])', '久良三(kurasamu[クラサム])', '越乞(ötiköti[おチこ

본 인명도 나타나는데, 이들 고유명사에 대해서는 뒤에서 논의하기로 하고 일단 '百濟史料'에 나타난 일본 인명은 고찰의 대상에서 제외하기로 한다. 이러한 절차를 거쳐 301개의 音假名이 추출되었다.

伽(ka)	訶(ka)	加(ka)	各(kaka)	肝(ka)
甘(kamu)	感(kamu)	甘(ka)	甲(ka)	居(kö)
渠(kö)	巨(kö)	苣(kö)	鷄(ge*)	鷄(ke)
計(ke)	古(ko)	考(kaᵤa)	高(ko)	庫(ko)
孔(ku)	玖(ku)	句(ku)	勾(ku)	傴(ku)
俱(ku)	區(ku)	具(gu)	久(ku)	群(guri)
蹶(guᵤi)	跪(ko*)	奇(kï)	奇(ga)	碕(ki)
岐(ki)	氣(kë)	己(kö)	企(ki)	奇(ka)
耆(ki)	基(kï)	伎(ki)	紀(kï)	吉(ki)
那(na)	娜(na)	羅(ra)	邏(ra)	儺(na)

チ])'와 같이 한 音假名으로 두 음절을 표음하는 표기법을 말한다.

甚 : 大野透(1962)에서는 'zimi(ジミ)'를 나타내는 音假名으로 표시되고 있으나 '伊甚'(安閑元1年4月條), '伊甚國造'(安閑元年4月條)에서는 'zimu(ジム)'로 나타나고 있다.

藝 : 大野透(1962 : 464)에서는 'gi(ギ)'를 나타내는 音假名으로 표시되고 있으나 '安藝(國)'(寶劍出現, 神武卽位前紀甲寅年12月27日條, 仁德38年7月條, 安閑元年閏12月條, 孝德[白雉]元年條)에서는 'agïnö(kuni)(アぎの[クニ])', '波區藝縣'(雄神38年7月條)에서는 'fakukïnöagata(ハクきのアガタ)'와 같이 'gi(ギ)' 내지는 'kï(き)'로 나타나고 있다.

瓦 : '瓦'는 大野透(1962)에서 찾아 볼 수 없지만 '膽香瓦臣安倍'(天武[上]元年6月24日條, 天武[上]1年7月2日條)의 '瓦'는 'go(ゴ)' 내자는 'gö(ご)'를 나타내는 音假名일 가능성이 있다. 다만 다른 용례가 없으므로 甲·乙類 판별은 불가능하다.

提 : 大野透(1962)에서는 'te(テ)'를 나타내는 音假名으로 표시되고 있으나 '膳臣巴提便'(欽明6年3月條), '膳臣巴提便'(欽明6年11月條), '巴提便'(欽明6年11月條)의 '提'는 'su(ス)'를 나타내는 音假名으로 나타나고 있다.

竹 : 大野透(1962)에서는 'tu(ツ)', 'tuku(ツク)'를 나타내는 音假名으로 표시되고 있으나 '釆女臣竹羅'(天武[下]10年7月4日條), '釆女朝臣竹羅'(天武[下]14年9月18日條)의 '竹'은 'tiku(チク)'를 나타내는 音假名으로 나타나고 있다.

築 : 大野透(1962)에서는 'tuku(ツク)'를 나타내는 音假名으로 표시되고 있으나 '築坂邑'(神武2年2月2日條)에서는 'tuki(ツキ)'를 나타내는 音假名으로 나타나고 있다.

荷 : '荷'는 大野透(1962)에서 찾아 볼 수 없는 것이지만 '恩荷'(齋明4年4月條)의 '荷'에서는 'ga(ガ)'를 나타내는 音假名으로 나타나고 있다.

奈(na)	樂(raka)	樂(ra)	難(nani)	迺(kö)
乃(na)	禰(ne)	奴(no)	奴(na)	努(no)
濃(no)	賂(ro*)	漏(ro)	婁(ro)	勒(rö)
能(nö)	多(ta)	但(tadi)	丹(tani)	丹(tadi)
檀(tano)	達(dati)	曇(tama)	曇(dumi)	當(tagi)
對(tusi)	德(tökö)	都(tu)	渡(do)	刀(to)
都(to)	覩(to)	度(do)	豆(tu)	斗(to)
豆(du)	得(toku)	等(tö)	登(tö)	麻(ma)
磨(ma)	馬(ma)	麼(ba)	摩(ma)	馬(me)
莫(ma)	滿(ma)	萬(ma)	望(magu)	每(më)
梅(më)	賣(me)	模(mi*)	模(mu)	牟(mu)
眠(si)	沒(moto)	務(mu)	武(mu)	茂(mo)
彌(mi)	糜(bï)	弭(mi)	瀰(mi)	美(mi)
弭(ba)	哶(me)	味(mï)	謎(me)	悶(mo)
博(faka)	芳(fa)	陪(fö)	倍(fö)	伯(fafa)
伯(feki)	幡(fa)	法(fo)	弁(bo)	邊(fe)
寶(fo)	菩(bo)	福(foki)	夫(bu)	富(fo)
不(fu)	弗(fu)	毗(fi)	飛(fi)	肥(fi)
比(fi)	備(bï)	斐(fi)	沙(sa)	斯(si)
紗(sa)	舍(sa)	師(si)	社(za)	士(si)
司(si)	娑(si)	薩(satu)	薩(sati)	祥(sa)
相(saga)	色(siko)	礒(ono)	勢(se)	蘇(so)
素(so)	須(su)	宿(suku)	僧(sö)	施(si)
信(sina)	辛(si)	甚(zimi)	我(ga)	阿(a)
婀(a)	餓(ga)	俄(ga)	安(a)	礙(gë)
埃(e)	掖(ja)	椰(ja)	野(ja)	夜(ja)
陽(ja)	良(ra)	飫(o)	於(o)	淤(o)
馭(gö)	億(o)	侶(rö)	呂(rö)	閭(rö)
餘(jö)	余(jö)	慮(rö)	然(ne)	豫(jö)
禮(re)	藝(gï)	吳(go)	烏(ɰo)	宇(u)
優(u)	禹(u)	鬱(utu)	遠(o)	越(ɰo)

委(ṷa)	偉(ṷi)	委(ṷi)	衛(ṷe)	韋(i)
留(ru)	喩(ju)	恩(o)	乙(o)	邑(ofo)
疑(gï)	理(ri)	伊(i)	泥(ne)	尼(ne)
珥(ni)	尼(ni)	移(ja)	爾(ni)	利(ri)
益(ja)	印(i)	因(ina)	壹(i)	紫(si)
慈(zi)	塹(zami)	藏(zasi)	杼(dö)	制(se)
提(te)	提(su)	佐(sa)	左(sa)	周(su)
竹(tiku)	竹(tuku)	駿(suru)	增(sö)	曾(sö)
智(ti)	脂(si)	遲(di)	志(si)	芝(si)
遲(ti)	枳(kï)	知(ti)	盡(zi)	讚(sanu)
迮(sa)	尺(saka)	筑(tuku)	築(tuki)	竺(tuku)
層(sö)	峙(si)	哆(ta)	致(ti)	治(di)
陀(da)	拕(ta)	託(ta)	驒(da)	太(da)
土(tö)	鬪(tu)	破(fa)	波(fa)	播(fa)
播(fari)	播(ba)	巴(fa)	婆(ba)	八(fati)
便(fi*)	平(fe)	閉(fë)	弊(fe)	布(fu)
褒(bo)	品(fomu)	避(fi)	何(ga)	荷(ga)
賀(ka)	賀(ga)	河(ga)	許(kö)	惠(ṷe)
胡(go)	乎(ṷo)	胡(ko)	弘(ṷo)	和(ṷa)
興(kögö)				

5. 고유명사 표기 音假名의 비교

이상과 같은 절차를 거쳐 『일본서기』 백제 고유명사 표기에 쓰인 音假名 230개와 일본 고유명사 표기에 쓰인 音假名 301개를 추출하였다. 가장 먼저 이들 音假名을 서로 비교하여 공통적으로 쓰인 音假名을 추출하기로 한다. 그런데 공통적으로 쓰인 音假名 중에서도 그 표음이 완전히 일치하는 것과 공통적으로 쓰이고 있어도 그 표음이 다른 것이 존재한다. 가령 '加'는 백제 고유명사와 일본 고유명사에서 'ka'를 표음하는 데 쓰이고 있다. 그러나 '吉'의 경우는 백제 고유명사와 일본 고유명사에서 공통적으로 쓰이고는 있으나, 전자에서는 'kiti'를, 후자에서는 'ki'를 표음하는데 쓰이고 있다. 일단 이러한 표음에 차이를 고려하지 않고 공통적으로 쓰이고 있는 音假名을 모두 제시하면 다음과 같다.

加, 甘, 甲, 高, 古, 久, 奇, 伎, 岐, 己, 吉, 奈, 那, 羅, 難, 奴, 婁, 多, 德, 都, 得, 登, 麻, 摩, 馬, 莫, 滿, 萬, 牟, 茂, 武, 彌, 味, 菩, 寶, 夫, 富, 不, 比, 沙, 士, 斯, 師, 素, 信, 阿, 我, 安, 陽, 良, 余, 禮, 遠, 留, 爾, 尼, 利, 提, 佐, 知, 智, 哆, 致, 陀, 太, 土, 巴, 波, 布, 避, 許, 惠, 胡

모두 73개의 音假名이 공통적으로 쓰이고 있으나, 그 비율은『일본서기』백제 고유명사 音假名 230개의 31.7%, 일본 고유명사 音假名 301개의 24.3%에 지나지 않는다. 이 결과는『일본서기』백제 고유명사 표기가 일본 차자 표기 체계에서 크게 벗어난 것이며 같은『일본서기』에 나타난 일본 고유명사의 표기와 비교해도 큰 차이가 있음을 의미하는 것이다. 이 사실은『일본서기』백제 고유명사 표기는 일본인이 아닌 백제인에 의해 이루어졌을 가능성이 크다는 것을 시사해 주는 것이다.

6. 일본 차자 표기 체계와의 대조

앞 절에서는『일본서기』백제 고유명사와 일본 고유명사에 쓰인 音假名을 비교하였으나 여기에서는 상대 일본 차자 표기 체계인 萬葉假名의

音假名 체계와 백제 고유명사 音假名을 비교하기로 한다. 먼저 백제 고유명사 표기에 쓰인 音假名을 상대 일본어의 음운에 맞추어서 분류한 다음 大野透(1962)가 제시한 萬葉假名 일람표를 참조하면서 다음과 같이 세 가지로 분류하였다.

　① 萬葉假名에서도 쓰이고 있고 표음도 일치하는 것.
　② 萬葉假名에서도 쓰이고 있으나 표음은 일치하지 않는 것.
　③ 萬葉假名에서는 쓰이지 않는 것.

그 결과를 표로 제시하면 다음과 같다.

밑줄도 ○표도 없는 音假名은 공통적으로 쓰이고 있으며 표음도 일치하는 것이며, 밑줄과 ○표가 달린 音假名은 공통적으로 쓰이고 있으나 표음이 일치하지 않는 것, 밑줄만 그어진 音假名은 공통적으로 쓰이지 않는 것, 다시 말해 백제 고유명사 특유의 音假名이다.

	a	i				u	e				o			
		甲類	一類	乙類	不明		甲類	一類	乙類	不明	甲類	一類	乙類	不明
a行	阿 安(an)。		尹(in)			有(u)	燕(en)						意憶		
ka行	哥加奇 高(kau) 甘(kamu) 干(kan)° 甲(kafu) 蓋(kafu)	伎祇岐支 吉(kiti)			敬(kijau) 休(kiu)	休紅久 貴(kuɥi)° 鬼(kuɥi)° 花(kuɥe)	奚(kei)° 稽(kei)°			契(kei)	古		己許	呼 今(komu) 國(koku) 現(kon) 谷(koku) 昆(koni) 昆(kon) 久(ko) 久(kon) 斤(kon) 金(komu)
ga行	我奇	岐								解				其 言(gon)
sa行	姐佐沙 贊(san)°		四士之師新 資次 子支斯 辰眞信°津 身晋辛(sin)° 昔(sijaku) 侵(simu) 室(situ) 集執(sifu) 首酒(siju) 積(sijaku)			洲素首須 雖(suɥi)		齋 肖(seu) 宣(sen)		素°				疏卽 孫(son) 塞(soku) 速(soku) 率(soti)
za行	射		自 尚(zijau) 敍(zijo) 受(ziju) 淳(zijun)			受		善(zen)						
ta行	多哆 帶(tai) 帝(tai) 答(tafu)		知致智直 適嫡(tijaku) 中(tiu) 丁(tijau)			土都州		弓					騰登 得(töku)° 德(töku)°	敦(ton) 枕(tomu) 毛(toku) 直(to)
da行	陀太 臺(dai) 大(dai)° 提(dai)° 段(dan)							調(deu)						

	a	i				u	e				o			
		甲類	一類	乙類	不明		甲類	一類	乙類	不明	甲類	一類	乙類	不明
na行	奈那 難(nan)°		尼仁爾任 日(niti)°			奴怒柔					奴怒			
fa行	波巴 牛(fan)° 背(fai)° 白(faku)	比			皮非	富部不 福(fuku)				辟避	布炑 寶(fou)°			
ba行				鼻 白(bijaku)		夫父 服(buku)°						菩(bo)		
ma行	摩馬末麻 萬昧°莫° 昧昧(mai) 滿(man)° 莫(maku) 萬(man)°	彌		未微味尾		慕°車武彌麻	馬				茂母慕 文(mon)° 木(moku)° 汶(mon)			
ja行	灼(jaku) 陽(jau) 楊(jau)°										用(jou)°		餘	
ra行	郎良刕羅 禮(rai)°	唎利 林(rimu)				留流婁	禮 捩(reu) 連(ren)°							鹵 角(roku)
ʋa行	王 王(ʋau)°	尉 尹(ʋin)°					惠				日 遠(ʋon)° 屋(ʋoku)			

이 표에서도 알 수 있듯이 萬葉假名에서 쓰이지 않거나 표음이 일치하지 않는 音假名이 상당수를 차지하고 있다. 이 사실은 비교 대상을 상대 일본어 차자 표기 체계 전체로 넓혀도 백제 고유명사 표기가 상당히 특이한 성격을 띠고 있다는 사실에는 변함이 없음을 보여주는 것이다.

이상과 같은 音假名의 비교를 통해 백제 고유명사 표기는 상대 일본어 차자 표기 체계에서 상당히 벗어난 것임을 알 수 있었고 이 사실은 백제 고유명사 표기가 백제인의 의해 이루어졌을 가능성을 한층 높여주는 것이다.

앞 장에서는 『일본서기』 백제 고유명사 音假名을 그 표음과 함께 제시하였다. 그러나 그 音假名을 백제 한자음의 추정이나 백제어의 음운 추정에 이용하기에 앞서, 먼저 音假名의 자료성에 대해 검증할 필요가 있다. 다시 말해 『일본서기』 백제 고유명사 音假名이 과연 백제인의 손으로 쓰였는가의 여부, 즉 백제 고유명사의 자료적 가치에 관한 검증 작업이 필요하다. 만약 이들 고유명사의 표기가 일본인의 손으로 쓰였다고 검증되면 거기에 쓰인 音假名도 자료적 가치를 상실하게 된다.

그러므로 여기에서는 森博達(1977)이 제시한 α·β群 구분 기준의 적용 여부, '推古遺文' 音假名과의 일치 여부, 한국 측 자료의 음차자와의 일치 여부, 音假名에 포함된 子音 韻尾字의 비율 등으로 『일본서기』 백제 고유명사 표기의 자료적 가치를 검증하고자 한다.

1. $\alpha \cdot \beta$ 群 구분에 의한 특수성 검증

먼저 이 절에서는 백제 고유명사 표기의 자료적 가치를 검증하기 위해 森博達(1991)이 제시한 α·β群 구분 기준을 적용해 보기로 한다.

1) $\alpha \cdot \beta$群 구분의 근거

"『일본서기』 α·β群 구분"은 森博達(1977)에 의해 처음으로 제기되었다. 森博達(1977)은 『일본서기』의 가요와 訓註는 중국 한자음인 唐代 北方音을 바탕으로 한 音假名으로 쓰인 α群과 일본 한자음인 '倭音'[1]을 바탕으로 한 音假名으로 쓰인 β群으로 양분할 수 있다고 주장하였다. 森博達(1977)의 이 주장은 有坂秀世(1955)의 주장을 바탕으로 한 것이다. 有坂秀世(1955 : 198)는 상대 일본어의 음가(音價)를 추정하기 위해 상대 일본어 자료에 쓰인 音假名을 이용할 경우 각별한 주의가 필요하다고 지적하였다. 가령 '歌', '訶', '軻', '加'는 隋·唐代의 한자음에서는 각각 [ka], [χa], [k'a], [ka]로 모두 다른 음이었다. 그러나 중국어에 비해 음운 구조가 단순한 일본어에서는 이들을 모두 'ka(カ)'로 인식할 수밖에 없었고, 이들 모두 'ka(カ)'를 나타내는 音假名으로 쓰게 되었다. 따라서 일본 한자음을 바탕으로 한 차자 표기 체계에서는 중국 한자음에서 다른 음가로 인식되던 한자가 같은 음가를 나타내기 때문에, 이들 音假名을 이용해서 당시의 일본어의 음가를 정확히 추정할 수는 없다고 보았다.

森博達(1977)은 『일본서기』에 실린 가요와 訓註에 쓰인 音假名을 조사하면서 『일본서기』 30卷이 한자음의 성격에 따라 卷1~13·卷22~23(β群)과

---

1) 일본 한자음을 가리킨다.

卷14~19·卷24~27(α群)로 양분된다고 보았다. 이 때 β群에서는 일본 한자음을 바탕으로 한 音假名이 쓰였고 α群에서는 중국 한자음인 唐代 北方音을 바탕으로 한 音假名이 쓰였다고 보았다. 森博達(1991 : 10~53)은 그 근거로 『일본서기』 α·β群 사이에 나타난 다음과 같은 용자법의 차이를 들었다. 그 차이점을 제시하면 다음과 같다.

첫째, ka(カ)行의 頭子音을 나타낼 때 β群에서는 牙音인 [k]系 한자뿐만 아니라 喉音인 [h]系 한자도 쓰이고 있다. 그러나 α群에서는 喉音인 [h]系 한자는 쓰이지 않았다.

둘째, 淸音(ka[カ]行, sa[サ]行, ta[タ]行, fa[ハ]行)을 표기할 때 β群에서는 全淸音인 한자와 次淸音인 한자가 같이 쓰이고 있으나(단 ka[カ]行은 예외), α群에서는 次淸音은 쓰이지 않았다.

셋째, a(ア)列의 모음을 나타낼 때 β群에서는 [歌]韻 즉 後舌[a]音을 가진 한자와 [麻]韻2等 즉 前舌[a]音을 가진 한자가 같이 쓰이고 있다. 그러나 α群에서는 [麻]韻을 가진 音假名은 쓰이지 않았다.

넷째, α群과 β群을 비교하였을 때 α群에 사용된 音假名의 韻母 종류는 β群의 그것보다 훨씬 적다. 그 차이는 'e(エ)列甲類'와 'e(エ)列乙類'에서 현저하게 나타난다.

다섯째, α群과 β群을 비교하였을 때 α群에 사용된 音假名의 聲母 종류는 β群의 그것보다 훨씬 적다.

여섯째, 有尾韻字의 陽聲韻(-m, -n, -ŋ)과 入聲韻(-p, -t, -k)의 사용 현황을 보면 α群에서는 陽聲韻 가운데 '-m', '-n' 韻尾字가 쓰이지 않았고, 入聲韻(-p, -t, -k)을 가진 音假名은 韻尾가 후속 음절의 頭子音에 흡수되는 이른바 '聯合假名'으로 쓰이고 있다.[2]

森博達(1977)은 이상과 같은 차이점을 들어 β群에서는 일본 吳音이나

漢音, 中國音을 原音으로 한 여러 音假名이 혼합되어 있으나 α群에서는 중국 한자음인 唐代 北方音에 바탕을 둔 音假名만이 사용되었다고 보았다. 즉 β群의 音假名은 혼합적이며 중국 한자음을 이용한 음미나 정돈을 거치지 않았으나, α群은 중국 한자음을 충실히 따른 音假名이라는 것이다. 森博達(1977)은 이러한 점을 들어 α群은 唐代 北方音을 모국어로 사용하는 중국인에 의해 표기되었다고 보았다.[3] 또한 森博達(1988)은『일본서기』본문인 한문 문장에 나타난 어휘나 어법의 특징을 근거로『일본서기』전체를 卷14~卷21, 卷24~卷27, 卷30(α群)과 卷1~卷13, 卷22~卷23, 卷28~卷29(β群)로 나누기도 하였다. 森博達(1977, 1988, 1991)의『일본서기』α·β群 區分說은『일본서기』가요와 訓註에 쓰인 音假名, 그리고 본문인 한문 문장에 나온 일본적인 어휘나 표기의 특징을 근거로 한 것이며 본문의 고유명사 音假名에 대해서는 언급하지 않았다. 그러나 森博達(1988)이 주장하였듯이『일본서기』α群이 중국인에 의해 쓰였다면 α群

---

2) 春日政治(1933)에 따르면 일본 차자 표기 체계인 萬葉假名에는, 앞의 音假名의 韻尾를 後續하는 頭子音에 중복(重複)시키는 '聯合假名'이라는 표기법이 있다. 가령 '吉多斯比彌'(法隆寺天壽國曼茶羅繡帳銘)의 '吉多'는 '吉'의 韻尾 '-t'를 後續音인 '多'의 聲母와 중복시킨 것이다. 大野透(1962)는 春日政治(1933)를 인용하면서 聯合假名의 정의에 약간의 보충을 하였다. 즉 聯合假名을 "후속하는 音假名(예외적으로 訓假名, 義字)과 연합해서 단음절 音假名처럼 기능하는 有子音尾字를 가리키며, 그 子音尾와 후속 음절의 頭子音과의 調音點이 유사한 것으로 假名의 연합이 형성된 것"이라고 정의하였다.

3) 중고 한자음의 규범이 되는 것은 610년에 찬술(撰述)된『切韻』이라는 운서(韻書)이다. 다만『切韻』은 망실되었기 때문에 일반적으로 절운계(切韻系) 운서의 최종판인『廣韻』(1008년 찬술)으로 대신할 경우가 많다.『切韻』은 6세기 말엽의 북방인 洛陽이나 鄴都의 한자음을 기반으로 하여 남방인 金陵音도 감안한 규범적인 표준음이었다는 견해가 유력하다. 唐代에도 절운계 운서는 字音의 규범을 제시하는 것으로 그 권위를 유지하고 있었다. 그러나 수도인 長安의 지위가 문화적으로 향상됨에 따라 秦音[長安音]의 세력이 신장되었다. 長安을 중심으로 하는 唐代 北方音의 특징은 다음과 같다. 첫째, 유성음이었던 切韻의 全濁 聲母가 무성음으로 바뀌었다. 둘째, 切韻의 鼻音聲母에서 鼻音 요소가 약화되었다. 즉 [明]母는 "m → mb", [泥]母는 "n → nd", [娘]母는 "ɳ → ɳʐ", [日]母는 "ń → ńʑ", [微]母는 "ɱ → ɱv"와 같은 변화를 거쳤다. 이 현상은 '非鼻音化'라고 한다. 셋째, 脣音에서는 兩脣 閉鎖音인 重脣音과 脣齒 摩擦音인 輕脣音이 생겼다.

에 나오는 고유명사 표기에까지 그 영향을 미쳤을 가능성이 있다. 만약 백제 고유명사 표기도 α群 부분에서 위에 제시한 α群의 특징을 보인다면, 그 부분은 중국인의 손에 의해 쓰였을 가능성이 높아 그만큼 표기의 자료적 가치는 떨어진다고 할 수 있을 것이다. 그러므로 여기에서는 백제 고유명사 표기에 '『일본서기』 α・β群 구분'을 적용할 수 있는지를 검증하고자 한다.[4]

2) ka(カ)行에서의 喉音字의 분포

먼저 α・β群 구분 기준 중 첫 번째인 喉音字의 ka(カ)行音 사용 여부를 살펴보기로 한다. 백제 고유명사 표기에서 ka(カ)行에 쓰인 音假名 중 喉音에 속한 音假名을 제시하면 다음과 같다.

音假名	聲母	表音	出現數	1~13 (β)	14~2 1(α)	22~23 (β)	24~27 (α)	28~29 (β)	30 (α)
奚	[匣]	kei(ケイ)	1	1	0	0	0	0	0
呼	[曉]	ko*(コ*)	1	0	0	0	0	0	1
花	[曉]	kuɥe(クエ)	4	4	0	0	0	0	0
休	[曉]	ku(ク)	1	0	1	0	0	0	0
休	[曉]	ki*u(キ*ウ)	1	0	1	0	0	0	0

---

4) 이러한 검증은 이미 柳玟和(1991, 1994)에 의해 시도된 바가 있다. 이 책에서도 柳玟和 (1991, 1994)에 따라 첫 번째~세 번째 기준과 여섯 번째 기준의 적용 여부만을 검증하였다. 柳玟和(1991, 1994)는 『일본서기』에 나타난 한국 고유명사 표기자에 森博達(1977)이 주장하는 α・β群 구분을 적용할 수 없다고 지적하였으며, 『일본서기』 한국 고유명사 표기자가 한국인에 의해 쓰였거나 한국 자료에서 유래되었을 가능성을 제기하였다. 柳玟和 (1991, 1994)는 森博達(1977)이 제시한 α・β群 구분 기준 ①~⑥ 중 ①, ②, ③, ⑥이 한국 고유명사 표기자에는 적용할 수 없다고 보았다. 그러나 柳玟和(1991, 1994)에서는 한국 고유명사에 쓰인 모든 표기자를 검증 대상으로 삼았으며 그 중에는 音假名으로 볼 수 없는 正音字도 포함되고 있었던 만큼 여기에서 다시 "α・β群 구분"의 적용 여부를 검증할 필요가 있다고 생각한다.

백제 고유명사 표기의 ka(カ)行에 쓰인 音假名의 수가 극히 적어 성급한 결론을 내릴 수는 없으나, 일단 α群에 속한 권(卷)에도 喉音이 분포되어 있으므로 α·β群 구분 기준은 적용하기 어려워 보인다.

3) sa(サ)行, ta(タ)行, fa(ハ)行에서의 次淸音字의 분포

이번에는 α·β群 구분 기준 가운데 두 번째 기준인 sa(サ)行, ta(タ)行, fa(ハ)行에서의 次淸音字 사용 여부를 살펴보기로 한다.5) 『일본서기』 백제 고유명사 표기에 쓰인 音假名 가운데 次淸音字를 聲母 별로 분류하고 표로 제시하면 다음과 같다.

	聲母	音假名	表音	出現數	1~13 (β)	14~21 (α)	22~23 (β)	24~27 (α)	28~29 (β)	30 (α)
舌頭音	[透]	土	tu(ツ)	1	0	0	0	0	0	1
唇輕音	[敷]	辟	fe*(ヘ*)	2	2	0	0	0	0	0
脣重音	[滂]	炋	fo(ホ)	3	0	0	0	0	3	0
齒頭音	[淸]	次	si(シ)	11	0	11	0	0	0	0
		侵	simu(シム)	1	1	0	0	0	0	0
舌上音	[徹]	哆	ta(タ)	1	0	1	0	0	0	0

전반적으로 출현수가 적기 때문에 결정적인 결론을 내릴 수 없으나 표에서 확인할 수 있다시피 次淸音字가 α群에 쓰이고 있음을 알 수 있다. 따라서 α·β群 구분 기준 가운데 두 번째 기준은 백제 고유명사 표기에는 적용하기 어려워 보인다.

---

5) [溪], [透], [徹], [滂], [敷], [淸], [穿], [曉]母(聲韻)를 가진 音假名이 여기에 해당된다.

4) a(ア)列에서의 [麻]韻字 분포

여기에서는 α·β群 구분 기준 중 세 번째인 a(ア)列 音假名의 韻母 분포 상황을 살펴보기로 한다. 『일본서기』의 가요·訓注 가운데 β群에서는 [歌]韻, 즉 後舌[a]音韻 가진 音假名과 [麻]韻2等, 즉 前舌[a]音을 가진 音假名이 같이 쓰이고 있으나, α群에서는 [麻]韻을 가진 音假名은 쓰이지 않았다. 백제 고유명사 音假名 중에서 a(ア)列에 쓰이고 있는 [麻]韻類([麻]開2, [馬]開2, [禡]開2, [麻]開3, [馬]開3, [禡]開3)에 속한 音假名을 제시하면 다음과 같다.

音假名	表音	韻母	出現數	1~13 (β)	14~21 (α)	22~23 (β)	24~27 (α)	28~29 (β)	30 (α)
加	ka(カ)	[麻]開(2)	5	0	4	0	1	0	0
沙	sa(サ)	[麻]開(2), [禡]開(2)	8	1	7	0	0	0	0
姐	ma(サ)	[馬]開(3)	2	0	2	0	0	0	0
哆	ma(マ)	[麻]開(2), [禡]開(2)	1	0	1	0	0	0	0
巴	fa(ハ)	[麻]開(2)	1	0	0	0	1	0	0
麻	ma(マ)	[麻]開(2)	30	3	24	2	1	0	0
馬	ma(マ)	[馬]開(2)	2	0	2	0	0	0	0

α群에 해당되는 권에서도 [麻]韻類에 속한 音假名이 쓰이고 있음을 알 수 있다. 따라서 α·β群 구분의 세 번째 기준은 백제 고유명사 표기에는 적용할 수 없다.

5) 陽聲韻字와 入聲韻字 분포

마지막으로 α·β群 구분 기준 가운데 여섯 번째 기준인 陽聲韻字의 사용 상황을 살펴보기로 한다. 이 구분 기준은 "α群에서는 陽聲韻 가운데 '-m', '-n' 韻尾字가 쓰이지 않았다"는 내용이었다. 먼저 백제 고유명사 표기에서 '-m', '-n' 韻尾를 가진 音假名의 분포를 보면 다음과 같다.6)

	表音	韻母	出現數	1~13 (β)	14~21 (α)	22~23 (β)	24~27 (α)	28~29 (β)	30 (α)
甘	kamu(カム)	[談](1)	1	0	1	0	0	0	0
金	ko*mu (コ*ム)	[侵](3)	3	0	0	0	3	0	0
今	ko*mu (コ*ム)	[侵](3)	2	0	2	0	0	0	0
林	rimu(リム)	[侵](3)	4	0	4	0	0	0	0
任	ni(ニ)	[侵](3), [沁](3)	2	0	0	0	2	0	0
侵	simu(シム)	[侵](3)	1	0	1	0	0	0	0
枕	tomu(トム)	[寢](3), [侵](3)	4	3	0	0	1	0	0
干	kan(カン)	[寒]開(1)	3	0	3	0	0	0	0
昆	ko*ni(コ*ニ)	[魂]合(1)	2	0	2	0	0	0	0
昆	ko*n(コ*ン)	[魂]合(1)	1	0	1	0	0	0	0
琨	ko*n(コ*ン)	[魂]合(1)	2	0	2	0	0	0	0
斤	ko*n(コ*ン)	[欣]開(3)	7	5	2	0	0	0	0
難	nan(ナン)	[寒]開(1), [翰]開(1)	1	1	0	0	0	0	0
段	dan(ダン)	[換]合(1)	2	0	2	0	0	0	0
敦	ton(トン)	[魂]合(1), [圂]合(1)	4	0	4	0	0	0	0

---

6) '陽聲韻'이란 韻尾가 -m, -n, -ŋ과 같은 鼻音으로 끝난 韻을 말한다.

	表音	韻母	出現數	1~13 (β)	14~21 (α)	22~23 (β)	24~27 (α)	28~29 (β)	30 (α)
連	ren(レン)	[仙]開(3)	6	0	6	0	0	0	0
滿	ma(マ)	[寒]開(1)	2	2	0	0	0	0	0
萬	ma(マ)	[願]合(1)	1	0	0	0	1	0	0
萬	man(マン)	[願]合(1)	1	0	0	0	0	0	1
汶	mon(モン)	[問]合(3), [文]合(3)	5	0	2	3	0	0	0
文	mon(モン)	[文]合(3)	22	0	17	5	0	0	0
半	fan(ハン)	[換]合(1)	1	1	0	0	0	0	0
宣	sen(セン)	[仙]合(3)	5	0	5	0	0	0	0
善	zen(ゼン)	[獮]開(3)	5	0	1	0	1	0	1
孫	so*n(ソ*ン)	[魂]合(1)	1	0	1	0	0	0	0
身	sin(シン)	[眞](3)	1	0	1	0	0	0	0
辛	sin(シン)	[眞](3)	2	1	1	0	0	0	0
信	sin(シン)	[震](3)	29	0	4	0	24	0	1
安	an(アン)	[寒]開(3)	2	0	2	0	0	0	0
言	go*n(ゴ*ン)	[元]開(3)	2	0	2	0	0	0	0
燕	en(エン)	[霰]開(3), [先]開(4)	1	0	1	0	0	0	0
遠	ųŏn(ヲン)	[願]合(3), [阮]合(3)	1	0	0	0	0	0	1
尹	in(イン)	[準](3)	1	0	1	0	0	0	0
尹	ųin(ヰン)	[準](3)	1	0	1	0	0	0	0
仁	ni(ニ)	[眞](3)	6	5	0	0	1	0	0
辰	sin(シン)	[眞](3)	3	3	0	0	0	0	0
津	sin(シン)	[眞](3)	2	0	2	0	0	0	0
晋	sin(シン)	[震](3)	2	0	0	0	2	0	0
眞	sin(シン)	[眞](3)	4	0	0	3	1	0	0

위의 표에서 보듯이 백제 고유명사 표기에서는 α群에 '-m', '-n' 韻尾
가 쓰이고 있음을 알 수 있다. 따라서 백제 고유명사 표기에는 α·β群

구분의 여섯 번째 기준을 적용할 수 없다.

6) "α·β群 구분" 적용이 불가능한 이유

이상에서 살펴본 바와 같이 森博達(1977, 1988)이 주장한 "『일본서기』 α·β群 구분"은 『일본서기』 백제 고유명사 표기에는 적용할 수 없다. 따라서 『일본서기』 백제 고유명사 표기는 α·β群 구분과는 무관하게 표기되었을 것으로 보이며 α群에 속한 백제 고유명사라도 唐代 北方音 을 기준으로 쓰이지 않았을 것으로 보인다. 『일본서기』 백제 고유명사 표기에 'α·β群 구분 기준'을 적용할 수 없는 이유로 여러 가지 요인을 들 수 있다.

첫째는 고유명사 표기와 가요·訓註 표기의 성격 차이를 들 수 있다. 고유명사 표기에서는 같은 고유명사는 최대한 표기를 통일하려는 원칙 이 있어 각 권(卷)마다 표기가 다르게 나타나지 않는다.

둘째로 가요·訓註와 본문에서는 고유명사 표기가 다르게 나타난다 는 점을 들 수 있다. 가령 본문에서는 '壹岐'(iki[イキ]), '伊勢'(ise[イセ]), '甲斐'(kafi[カヒ])와 같이 표기된 지명도 가요에서는 '以祇'(iki[イキ]), '伊齊'(ise[イセ]), '伊制'(ise[イセ]), '柯彼'(kafi[カヒ])와 같이 표기되고 있다. 이 와 같은 가요와 본문의 표기 차이를 고려할 때 지명 표기에 α·β群 구 분을 적용할 수 없는 것은 자명한 일이다.

셋째로 백제 고유명사가 『일본서기』에 인용된 과정을 들 수 있다. 가 요·訓註는 일본어로 읊어진 가요나 일본어로 된 주석을 音假名으로 표 기한 것이다. 그러나 『일본서기』 백제 고유명사는 가요·訓註와는 그 성격이 다르다. 백제 고유명사의 일부는 일본인의 손으로 쓰였을 가능성도 있으나, 백제인의 손으로 쓰였거나 백제 사료에서『일본서기』에 인용되었을 가능성도 높다. 2장에서 이미 확인한 바와 같이 백제 고유 명사 音假名이 일본 차자 표기 체계에서 크게 벗어나 있다는 사실은 이 러한 가능성을 뒷받침해 준다. 만약 그럴 경우 백제 고유명사의 표기는 일본 音假名의 체계와 무관하게 이루어졌을 것이며 당연히 백제 고유명 사 표기에는 α·β群이라는 구분 기준도 적용할 수 없을 것이다.

7) 백제 고유명사 주음의 성격

그런데 앞 절에서 지적한 가요·訓註 및 일본 고유명사와 백제 고유 명사의 성격 차이는 보다 근본적인 문제를 내포하고 있다.

앞 절에서는『일본서기』백제 고유명사 표기에 쓰인 音假名을 그 표음과 함께 제시하였다. 그런데 이들 백제 고유명사는 기본적으로 일 본 한자음으로 주음되어 있으며 앞에 제시한 音假名 역시 그 표음은 일 본 한자음을 바탕으로 한 주음에서 비롯되었다는 점에 유의할 필요가 있다. 이것은『일본서기』백제 고유명사 표기에 소위 '濁音假名'이 쓰였 다는 것으로도 알 수 있다. 일본어의 유성음인 ga(カ)行·za(ザ)行·da(ダ) 行·ba(ハ)行 음은 무성음인 ka(カ)行·sa(サ)行·ta(タ)行·fa(ハ)行音과 변별 적 대립을 이루고 있으며, 전자를 '淸音' 후자를 '濁音'이라고 한다. 전 자를 표기하는 音假名이 '淸音假名'이고 후자를 표기하는 音假名이 '濁 音假名'이다. 그런데『일본서기』백제 고유명사 표기에는 '奇(ga[ガ])', '我(ga[ガ])', '岐(gi[ギ])', '其(go[ゴ])' 등 유성음인 'g'를 나타내는 音假名 이 쓰이고 있다. 그러나 이러한 淸濁音의 대립을 바탕으로 한 '濁音假 名'은 어디까지나 일본어의 음운 체계를 반영한 현상이지, 백제어 음

운 체계를 반영한 것이 아니다.7) 즉『일본서기』백제 고유명사 표기에 소위 '濁音假名'이 나타난 이유는 백제에서 이루어진 차자 표기를 일본 한자음으로 주음하였기 때문이지, 백제 한자음의 음가를 반영한 결과가 아니다. 따라서 백제 고유명사 표기에 쓰인 音假名의 표음은 대부분 백제 한자음을 반영한 것이 아니라고 할 수 있다.『일본서기』의 한국 고유명사의 주음이 일본 한자음을 바탕으로 하고 있다는 사실은 다음 신라 고유명사의 주음을 통해 더욱 구체적으로 알 수 있다.

> 韓阿湌(天武天皇2年閏6月15日條 등)
> 韓奈末許滿(持統天皇4年2月26日條)
> 韓奈末(天武天皇2年閏6月條, 2年8月20日條 등)

이들 표기에 나타난 '韓奈末'은 신라의 제17관등 중의 하나로『삼국사기』에서의 '大奈末'을 나타내는 것이며 '韓阿湌'은 신라의 제17관등 중 제5관등으로『삼국사기』에서의 '大阿湌'을 나타내는 것이다. 李基文(1967 : 101)은『삼국사기』(卷第38)의 "大舍或云韓舍, 大阿湌或云韓阿湌"이라는 기사를 바탕으로 '大'를 나타내는 신라어 '韓'을 재구하며 중세 한국어의 '한'과의 일치를 지적하였다. 따라서 '大奈末', '韓阿湌'이라는 표기에 나타난 '韓'은 '大'를 의미하는 '*han'을 나타내는 것이다. 그러나 이 '韓'은『일본서기』에서는 'kan'으로 주음되었다. 주음의 과정에서 일본 한자음으로 읽혀 'kan'으로 주음된 결과이다.

따라서『일본서기』에 수록된 한국 고유명사는 그 표기가 한국에서 비

---

7) 朴炳采(1971 : 99)는『訓蒙字會』등의 한자음 표기로 보아서 고대 한국 한자음에서는 원래 淸濁의 구분이 없었다고 지적하고 중국 한자음의 濁聲은 한국어 한자음에서 원칙적으로 淸聲에 합류되어 실현되었다고 주장하였다.

롯된 것이더라도 그 음주는 일본 한자음을 바탕으로 해서 이루어진 것이며 당연히 본론에서 논의하는 백제 고유명사의 음주 역시 일본어 한자음을 바탕으로 해서 이루어진 것이다. 이것은 『일본서기』 백제 고유명사의 음주가 백제 한자음의 음운 현상을 추정하는 데 유용하지 않음을 의미하는 것이다.[8]

2. '推古遺文' 音假名과의 일치

2장에서 이미 언급하였듯이 기존 연구에서는 『일본서기』 한국 고유명사의 音假名과 推古遺文 音假名의 일치가 지적되고 있다. 특히 일부 선행 연구에서는 이 일치를 가지고 『일본서기』 한국 고유명사 표기가 推古代에 이루어졌다는 주장을 펴기도 하였고, 어떤 선행 연구에서는 이 일치를 근거로 백제 사료의 자료성에 의문을 제기하기도 하였다.[9] 여기에서는 백제 고유명사 音假名과 推古遺文 音假名의 일치가 『일본서기』 백제 고유명사의 특수성이라고 할 수 있는지를 검증하고자 한다. 그리기 위해서는 먼저 『일본서기』 일본 고유명사 音假名과 推古遺文 音假名을 비교할 필요가 있다. 만약 『일본서기』 백제 고유명사 音假名과

---

8) 『일본서기』 필사본에는 '南(arifisi・アリヒシ)', '下(arosi・アロシ)', '女子(efasito・エハシト)', '下(oto・オト)', '王(kisi・キシ)'와 같은 고대 한국어를 직접 표기한 것으로 보이는 음주도 나타난다. 이들은 고대 한국어를 연구하는데 귀중한 자료라고 할 수 있으나 이 책의 연구 대상은 어디까지나 音假名에 한정되기 때문에 여기서는 이들 음주는 고찰 대상에서 제외하기로 한다.

9) 井上秀雄(1978 : 70)에서는 木下禮仁(1960a, b)의 주장과 『일본서기』 推古10年10月條에 보이는 "(백제 승려 觀勒이) 獻曆本及天文地理書。併遁甲方術之書。"라는 기사를 인용하면서 推古期에 '百濟本記'의 편찬 내지는 헌본(獻本)이 있었다고 보고 있다.

推古遺文 音假名의 일치가 『일본서기』 일본 고유명사 音假名과 推古遺文 音假名의 일치보다 많다면 推古遺文과의 일치를 백제 고유명사 音假名의 특수성으로 인정할 수 있을 것이다.

먼저 『일본서기』 일본 고유명사와 推古遺文을 비교하기에 앞서 推古遺文의 연대 범위와 그 音假名을 정확히 정해 두고자 한다. 원래 推古遺文이란 推古天皇代(593~629)를 중심으로 하는 시기의 금석문 자료를 널리 가리키는 말로, 그 시기나 자료는 연구자에 따라서 약간의 차이가 있다. 현재까지 推古遺文으로 알려져 있는 금석문 자료들은 대략 다음과 같다.10)

> 隅田八幡宮鏡銘(443), 癸未年銘人物畫像鏡(503), 銀象嵌銘鐵刀(507~531), 稻荷山辛亥年銘金象嵌鐵劍銘(531), 元興寺露盤銘(596), 伊豫道後溫泉碑文(596), 法興寺元卅一年銘法隆寺金銅釋迦如來像光背(623), 戊子年銘法隆寺金銅釋迦如來像光背(628), 宇治橋碑(646), 法隆寺金堂木造多聞天像(650), 法隆寺辛亥年銘觀音造像銘(551), 河內觀心寺阿彌陀佛光背銘(650), 西琳寺阿彌陀佛像(659), 天壽茶羅繡張銘, 船首王後墓志(668), 元興寺丈大釋迦佛光背銘, 山名村碑(689), 采女氏墓域碑(692), 鰐淵寺觀音菩薩造像記(692), 那須國造碑(700), 上宮記逸文, 上宮太子系譜

각 자료의 명칭도 연구자에 따라 차이가 있기 때문에 여기서는 崔殷緝(1998)의 분류에 따르기로 한다. 원자료에 차이가 있는 만큼 연구자에 따라 推古遺文 音假名에도 약간씩 차이가 있다.11) 이 책에서는 崔殷緝

---

10) 이들 금석문 자료를 宇治橋碑(646)를 기준으로 전후로 나누어 宇治橋碑 이전의 자료를 '推古遺文', 이후의 자료를 '白鳳遺文'으로 부르기도 한다. 여기서는 편의상 崔殷緝(1998)의 '推古遺文' 자료를 제시하였다.

11) 崔殷緝(1998)은 '呂'를 'ro(ㅁ)'(甲類)로 보고 있으나 築島裕(1981)의 일람표에서는 'rö(ろ)'(乙類)로 보고 있다. 大野透(1962 : 107)도 '呂'를 'rö(ろ)'(乙類)로 보고 있다. 또한 『古事記』에서는 'mo'에 甲·乙의 구별이 존재하였으며 '母'는 『古事記』에서는 'mö(も)'(乙類)에

(1998)이 제시한 推古遺文 音假名과 『일본서기』 일본 고유명사 音假名, 백제 고유명사 音假名을 비교하기로 한다. 崔殷爀(1998)이 제시한 推古遺文의 音假名은 다음과 같다.

推古遺文의 萬葉假名表記(5C－645年)

	ア列 -a	イ列(甲) -i	イ列(乙) -ï	ウ列 -u	エ列(甲) -e	エ列(乙) -ë	オ列(甲) -o	オ列(乙) -ö
ア行・ø-	阿	伊, 夷		汙, 宇, 有			意	
カ行・k-	加	支, 岐, 吉, 己, 鬼	歸	久	介	氣, 居, 擧, 希		
ガ行・g-	奇, 宜					義	古	
サ行・s-	佐, 作, 沙	斯, 支, 之					楚, 嗽	
ザ行・z-		自						
タ行・t-	多, 太, 侈	知, 智, 至		都				等, 止
ダ行・d-	陀	遲			代			
ナ行・n-	奈, 那	爾		奴, 蘂	尼			乃
ハ行・f-	波	比	非	布	傀		凡, 菩	富
バ行・b-				夫				
マ行・m-	麻, 末, 明	彌	未	无, 牟	賣	米		母
ヤ行・j-	夜, 移			由				余, 與, 已
ラ行・r-	良, 羅	利		留, 鹵	禮			里

해당된다.

推古遺文の萬葉假名表記(650年～700年)

	ア列 -a	イ列(甲) -i	イ列(乙) -ï	ウ列 -u	エ列(甲) -e	エ列(乙) -ë	オ列(甲) -o	オ列(乙) -ö
ワ行・u̯-	和, 獲	韋					乎	
ア行・ø-	安, 阿	伊		汙, 宇			意	
カ行・k-	迦	吉					故, 古	
ガ行・g-								
サ行・s-	娑, 沙	之, 斯		須				
ザ行・z-		自						
タ行・t-	大, 多							
ダ行・d-	太, 陀	治					刀, 等	
ナ行・n-	奈, 那				禰			
ハ行・f-		比		福, 布				
バ行・b-								
マ行・m-	麻		尾, 美					賣
ヤ行・j-				由				
ラ行・r-	羅, 良		利, 理					呂
ワ行・u̯-		韋					乎	

崔殷燗(1998)이 제시한 두 개의 일람표에 나타난 音假名을 종합하고 중복된 音假名을 합산하면 다음 99개가 된다.

加, 迦, 介, 居, 擧, 古, 故, 傀, 久, 歸, 鬼, 奇, 岐, 己, 氣, 吉, 奈, 那, 羅, 乃, 禰, 奴, 鹵, 多, 代, 大, 刀, 都, 等, 理, 里, 麻, 末, 賣, 明, 母, 牟, 无, 尾, 彌, 未, 米, 美, 凡, 福, 夫, 富, 比, 非, 娑, 斯, 沙, 嗽, 須, 阿, 安, 夜, 良, 呂, 余, 與, 禮, 汗, 宇, 韋, 留, 有, 由, 蕤, 意, 義, 宜, 尼, 伊, 夷, 已, 爾, 移, 利, 自, 作, 佐, 之, 支, 智, 止, 知, 至, 遲, 楚, 侈, 治, 陀, 太, 波, 布, 乎, 和, 獲, 希

먼저 『일본서기』 일본 고유명사 音假名을 이 推古遺文 音假名과 비교하였다. 그 결과 推古遺文 音假名과 일치하는 音假名은 63개였으나, 그 중 표음이나 甲·乙이 일치하지 않는 音假名은 9개였다. 먼저 표음과 甲·乙이 완전히 일치한 音假名은 다음 54개이다.

阿(a·ア)　　安(a·ア)　　伊(i·イ)　　宇(u·ウ)　　加(ka·カ)
奇(ga·ガ)　　吉(ki·キ)　　岐(ki·キ)　　支(ki·キ)　　久(ku·ク)
氣(ke·け)　　古(ko·コ)　　沙(sa·サ)　　娑(sa·サ)　　佐(sa·サ)
斯(si·シ)　　須(su·ス)　　多(ta·タ)　　太(da·ダ)　　陀(da·ダ)
智(ti·チ)　　至(ti·チ)　　知(ti·チ)　　治(di·ヂ)　　都(tu·ツ)
等(tö·と)　　那(na·ナ)　　奈(na·ナ)　　奴(na, no·ナ, ノ)　　爾(ni·ニ)
尼(ne·ネ)　　禰(ne·ネ)　　波(fa·ハ)　　比(fi·ヒ)　　布(fu·フ)
富(fo·ホ)　　夫(bu·ブ)　　麻(ma·マ)　　彌(mi·ミ)　　牟(mu·ム)
賣(me·メ)　　夜(ja·ヤ)　　移(ja·ヤ)　　由(ju·ユ)　　與(jö·よ)
羅(ra·ラ)　　良(ra·ラ)　　理(ri·リ)　　利(ri·リ)　　留(ru·ル)
禮(re·レ)　　呂(rö·ろ)　　和(ɰa·ワ)　　韋(ɰi·ヰ)

音假名은 일치하였으나 표음이나 甲·乙이 다른 音假名은 '義'(gi[ぎ]), '居'(kö[こ]), '己'(kö[こ]), '遲'(ti[チ]), '刀'(to[ト]), '乃'(na[ナ]), '福'(foki[ホキ]), '菩'(bo[ボ]), '美'(mi[ミ]) 등 9개이다. 이들을 모두 합하면 63개가 된다.

한편 『일본서기』 백제 고유명사에 쓰인 音假名을 推古遺文 音假名과 비교한 결과 일치하는 音假名은 다음 39개이다.

阿(ア·a)　　有(ウ·u)　　意(オ·o)　　加(カ·ka)　　岐(キ·ki)
支(キ·ki)　　久(ク·ku)　　古(コ·ko)　　佐(サ·sa)　　斯(シ·si)
支(シ·si)　　之(シ·si)　　須(ス·su)　　自(ジ·zi)　　多(タ·ta)
智(チ·ti)　　知(チ·ti)　　都(ツ·tu)　　陀(ダ·da)　　那(ナ·na)
奈(ナ·na)　　爾(ニ·ni)　　奴(ヌ·nu)　　波(ハ·fa)　　比(ヒ·fi)
非(ひ·fi)　　夫(ブ·bu)　　麻(マ·ma)　　末(マ·ma)　　彌(ミ·mi)

牟(ム・mu)   母(モ・mo)   尾(み・mï)   未(み・mï)   良(ラ・ra)

羅(ラ・ra)   利(リ・ri)   留(ル・ru)   禮(レ・re)

音假名은 일치하였으나 표음이나 甲·乙이 다른 音假名은 安(アン・an), 吉(キチ・kiti), 鬼(kuɥi[クヰ]), 久(ko[コ]), 彌(mu[ム]), 久(ko*n[コ*ン]), 己(kö[こ]), 岐(gi[ギ]), 太(da[ダ]), 大(dai[ダイ]), 富(fu[フ]), 福(fuku[フク]), 布(fo[ホ]), 麻(mu[ム]), 禮(rai[ライ]), 鹵(ro*[ロ*]) 등 16개이다. 이들을 모두 합하면 55개가 된다.

이와 같이 『일본서기』 백제 고유명사 音假名과 '推古遺文' 音假名의 일치는 『일본서기』 일본 고유명사 音假名과 '推古遺文' 音假名의 일치와 거의 같다. 물론 숫자상으로만 보면 15개라는 차이가 보이지만, 일본 고유명사 표기에 쓰인 音假名이 301개인데 비해 백제 고유명사 표기에 쓰인 音假名이 230개인 것을 감안하면 상대적으로 백제 고유명사와 推古遺文 사이의 일치도가 높다고 할 수 있겠다.12)

3. 한국 측 자료에 나타난 음차자와의 비교

여기에서는 『일본서기』 백제 고유명사 音假名 및 일본 고유명사 音假名을 『삼국사기』의 백제 고유명사에 쓰인 음차자와 직접 비교하여 그

---

12) 일본 고유명사도 推古遺文과 많은 일치를 보이고 있으므로 '推古遺文' 音假名과의 일치를 백제 고유명사 표기만의 특이성이라고 할 수 없다. 백제 고유명사에 '推古遺文'에 쓰인 音假名이 많이 포함된 것은 사실이지만 이것은 일본 고유명사 표기에서도 볼 수 있는 현상이다. 이러한 결과는 일본 고유명사에서도 '推古遺文'에 쓰인 오래된 音假名이 많이 쓰였기 때문이다. '推古遺文' 音假名은 수는 적지만 推古期 이후에도 상당 기간 그 명맥을 유지하고 『일본서기』를 비롯한 후대의 자료에서도 널리 쓰이고 있다.

특수성을 검증하고자 한다. 만약 비교 결과『삼국사기』백제 고유명사와 보다 많은 일치가 확인되면『일본서기』백제 고유명사의 표기가 백제 측 자료에서 유래했을 가능성이 그만큼 높아진다.

　『삼국사기』등 한국 측 자료에 나타난 고유명사 음차자와『일본서기』한국 고유명사 표기의 音假名을 비교한 선행 연구로는 앞에서 살펴본 木下禮仁(1961a), 馬淵和夫(1971), 姜斗興(1982) 등을 들 수 있다. 木下禮仁(1961a)은『일본서기』에 인용된 ‘百濟史料’에 나타난 백제 고유명사 音假名을『삼국사기』, 『삼국유사』에 나타난 백제 인명 음차자와 비교하였고, 비교 대상으로 李崇寧(1982 : 88)이 제시한 ‘百濟人名表記體系’를 이용하였다. 그러나 비교 결과 일치한 音假名이 극히 일부였다는 사실은 이미 앞에서 언급하였다. 그 이유로 ‘百濟人名表記體系’에 제시된 음차자가 지명 표기 등을 제외한 인명 표기의 음차자만을 대상으로 하였다는 점을 들 수 있다. 馬淵和夫(1971)도『일본서기』의 한국 고유명사 音假名을 한국 측 자료에 나타난 고유명사 음차자와 비교하였으나, 音假名의 추출 기준이 주관적이라는 점, 音假名과 訓假名의 구별 기준이 명확히 제시되지 않았다는 등의 문제점을 안고 있다.13) 또한 姜斗興(1982)은 ‘百濟史料’ 音假名을 한국 측 자료에 나타난 음차자를 모은 ‘開音節吏讀文字表’와 비교하였으나 이 표의 출처나 작성 과정에 대한 언급이 전혀 없다.

　『삼국사기』, 『삼국유사』 등 한국 측 자료에 나타난 고유명사의 차자 표기는 음차자와 훈차자(訓借字), 정훈자와 정독자를 가려내기가 어렵기 때문에 자연히 여러 연구자의 해석에 따를 수밖에 없다. 따라서 여기서

---

13) 馬淵和夫(1971)에서는 표음적 표기로 간주된 한자가 포함된 용례를 모두 수집한 후 출현 횟수가 2번 이상인 한자와 그 한자와 결합된 한자를 표음적 표기에 쓰인 한자, 다시 말해 音假名으로 보고 있다.

는 木下禮仁(1961a)의 방법에 따라 李崇寧(1982 : 68~69, 75)이 제시한 "地名表記法의 用字體系" 중 백제 지명 음차자와 李崇寧(1982 : 88)의 "百濟人名表記體系"에 제시된 음차자 일람표를 참고로 하였다. 또한 朴炳采(1968)가 제시한 "삼국 지명에서 고구(考究)한 어휘", 都守熙(1977 : 49~55)가 제시한 "백제어의 단어 구성"에서 재구된 백제어 어휘에 쓰인 음차자를 추출하여 비교 대상으로 삼았다. 먼저 李崇寧(1982 : 68~69, 75)이 제시한 "地名表記法의 用字體系"에 나타난 삼국지명과 거기에 쓰인 음차자는 다음과 같다.

阿(a~)	阿冬, 阿冬兮, 阿老, 阿老谷, 阿莫山, 阿英山, 阿次山, 阿火屋, 阿斯達山, 阿尸兮, 阿尸良國, 阿那伽倻
阿(~a~)	乙阿旦, 勿阿兮, 甘勿阿縣, 難珍阿, 烏阿忽, 仍利阿
於(~ŏ)	於谷所, 於乙買, 於斯買, 於斯內, 於支呑
於(~ŏ~)	實於山, 古所於, 冬於忽, 斤乙於
烏(o~)	烏山, 烏斯含達, 烏斯回, 烏斯押, 烏阿忽, 烏也山, 烏次, 烏斤乃, 烏岳山, 烏刀山, 烏禮山, 烏兒
于(~o~)	于烏, 朱烏村, 近烏兄邊, 近烏支, 滅烏
(吾[~o~]	吾乙古介院, 吾乙未串, 吾音會, 吾火里山城, 吾兒島, 吾時川, 吾叱列島, 吾豆頭山, 吾非浦, 吾羅退, 吾里川, 吾老村古城)
于(~u~)	于召渚, 于珍也, 于冬於忽, 于烏, 于尸
亐(u~)	亐籠耳, 亐音島, 亐谷城, 亐介, 亐羅漢嶺, 亐里島
亐(~u~)	山亐島, 下亐山島, 古亐伊, 所亐音山
伊(i~)	伊西, 伊珍買, 伊城, 伊文
伊(~i~)	熊閉伊, 古亐伊, 高思易伊, 麻耕伊, 買伊, 買珍伊, 付珍伊, 百伊, 沙熱伊, 水入伊, 甄大伊, 世伊倉, 豆尸伊, 武尸伊
(耳[~i~]	加耳島, 阿耳堡, 沙吾耳洞, 只耳浦, 馬朗耳島, 亐籠耳, 牛耳山, 佐耳山, 者羅耳)

也(ya~)　也而伊, 也尸買, 也尸忽, 也次忽

也(~ya~)　闕也山, 熱也山, 切也火, 加也鄕, 于珍也, 勿也部曲, 烏也山

耶(~ya~)　所耶江, 耶耶

加(ka~)　加支達, 加乙山所, 加羅城, 加頭山, 加乙頭, 加火押, 加也鄕, 加林, 加知奈, 加乙乃, 加害, 加召, 加主火

居(kŏ~)　居知化, 居知山, 居邊所, 居叱勿所, 居老, 居列, 居列城, 居斯勿, 居陁

(巨[kŏ~]　巨乙雙山, 巨乙亡浦, 巨次島, 巨次羅山, 巨叱大山, 巨呑川, 巨末訖山)

古(ko~)　古尸伊, 古尸山, 古良夫里, 古陁耶, 古叱達, 古所於, 古斯馬, 古彌, 古西伊, 古龍, 古馬彌知, 古沙夫里, 古祿只, 古寧

高(ko~)　高林, 高伊部曲

仇(ku~)　仇史部曲, 仇次禮, 仇乙, 仇刀, 仇知, 仇知只山

只(ki~)　畓只, 只良肖, 只伐只

只(~k[g]i~)　所力只, 畓只, 熊只, 古祿只, 多只, 仇知只山, 吐只河, 奴只, 豆夫只, 巴只, 伐首只, 夫只

皆(kai~)　皆次山, 皆伯, 皆火, 皆品部曲

奈(na~)　奈生, 奈吐, 奈靈, 奈己, 奈兮忽

奈(~na~)　冬音奈縣, 月奈, 月奈山

乃(na~)　乃山銀所, 乃忽, 乃火院, 乃火石所, 乃梯所地

乃(~na~)　豆乃山, 骨乃川, 加乙乃, 烏斤乃

奴(no~)　奴音竹, 奴只, 奴斯火, 奴同覓, 今勿奴, 仍伐奴, 骨衣奴

尼(ni~)　尼山, 尼火村

多(ta~)　多斯只, 多知忽, 多只, 小多沙禮, 韓多沙

刀(tŏ~)　刀冬火, 刀良, 刀腦

道(tŏ~)　道臨, 道際, 道武, 道西

都(tŏ~)　都乙漢, 都豆池, 都磨, 都也尼峴, 都羅山, 都里院

豆(tu~)　豆陵尸城, 豆月兮, 豆乃山, 豆尸伊, 豆毛浦, 豆夫只, 豆里山, 豆乙外大嶺

知(ti~)   知乃彌知縣, 知品川, 知六

知(~ti~)   多知忽, 仇知只山, 仇知, 居知火, 首知衣, 首知, 居知山, 古馬彌知, 加知奈

羅(~r[l]a~)   加羅城, 沙羅鄕, 斯羅, 召羅, 耽羅, 毛羅, 阿瑟羅州, 發羅

老(~r[l]o~)   阿老谷, 阿老, 居老, 冬老, 馬老

里(~r[l]i~)   美里, 音里火, 古良夫里, 豆里山, 富里, 沙里津, 買仇津, 所里山

利(~r[l]i~)   仍利阿, 馬利, 波利, 時利, 一利縣

馬(ma~)   馬尸山, 馬利, 馬山, 馬訾, 馬西良, 馬老, 馬斤押, 馬忽, 馬斯良

毛(mo~)   毛良夫里, 毛羅, 毛琶岳

武(mu~)   武珍岳, 武珍, 武冬彌知, 武尸伊, 武靈, 武州

武(~mu)   往武, 道武, 今武

未(mi~)   未冬夫里, 未乙省, 未谷

未(~mi~)   內未忽, 沙乙未

彌(mi~)   武冬彌知, 松彌知, 知乃彌知, 古馬彌知, 古彌, 仇彌峴

買(~mai~)   買忽, 買伊, 買仇里, 買就次, 買珍伊, 買谷, 買省, 買吐部曲

賣(~mai)   也尸買, 於乙買, 於斯買, 伊珍買, 仍買, 南買

波(pa~)   波朝, 波利, 波夫里

巴(pa~)   巴只, 巴叱部曲, 巴川部曲, 巴乙串所

甫(p[b]o~)   甫伊院, 普音灘, 甫耳古介山城

夫(p[b]u~)   夫如, 夫只, 夫斯波衣(夫毛里, 夫夫里, 未冬夫里, 波夫里, 半奈夫里, 所夫里, 爾陵夫里, 古良夫里……)

富(p[b]u~)   富山部谷, 富尺伊, 富利

比(p[b]i~)   比火, 比衆, 比自火, 比斯伐, 比列忽, 比史城, 比兒城, 比豊, 比斯火

比(~p[b]i~)   甲比古次, 習比谷, 助比谷, 助比川

沙(sa~)   沙村, 沙伐, 沙弗, 沙等村部曲, 沙羅鄕, 沙非斤乙, 沙熱伊, 沙乙未, 沙伏忽, 沙里津

沙(sa~, sha~)   韓多沙, 小多沙

西(sŏ~, siŏ)   西火, 西述

西(~sŏ~, ~siŏ~) 伊西, <u>也西伊</u>, 古西伊, 道西, 馬西良, 河西良

所(so~, si~)　　所勿達, 所坡嶺, 所耶江, 所利山, <u>所夫里</u>, <u>所非兮</u>, 所乙
　　　　　　　夫, <u>所力只</u>, 所邑豆

所(so~, si~)　　居邊所, 居叱勿所, 於谷所, 永州梨旨銀所, 乃山銀所, 加
　　　　　　　乙山所, 古所於

首(su~, siu~)　首知, <u>首冬山</u>, 首乙呑, 首智, 首知

時(si~)　　　　時利, 時介, 時兒島

斯(~sa~)　　　多斯只, 居斯勿, 古斯馬, 烏斯含達, 烏斯回, 烏斯押, 夫
　　　　　　　斯波衣, 於斯買, 於斯內, 奴斯火, 冬斯忽, 冬斯肹, <u>馬斯
　　　　　　　良</u>(斯羅, 斯盧, 斯同火)

史(sạ~)　　　史丁火, 史等伊川, 史勿, 史丁所, 史冬部曲, 史呑鄉

助(čŏ~)　　　助比川, 助乙浦, <u>助助禮</u>, 助音浦, 助火院, 助是池, 助大
　　　　　　　山部曲, 助尼浦, 助馬部曲, 助邑浦, 助羅浦, 助立部曲

主(č~)　　　　主夫吐, 主谷部曲, 主善部曲, 主乙長伊所, 主屹山, 主勿
　　　　　　　淵津

(朱[č~]　　　朱烏村, 朱乙溫保, 朱乙省)

支(či~)　　　果支, 闕支, 於支呑, 加支達, 斤烏支, <u>栗支</u>, 三支

次(čạ~)　　　皆次山, <u>阿次山</u>, 也次忽, 甲比古次, <u>仇次禮</u>

吐(t'o~, ~t'o~) 吐上(句), 吐谷部曲, 吐只河, 吐旨處

吐(t'o~)　　　奈吐, 漆吐, 買吐部曲

河(ha~)　　　河西良, 河八, 河衣島

許(hŏ~)　　　許於里部曲, 許內島

許(hŏ~)　　　虛修羅川, 虛川

厚(hu~)　　　厚知, 厚致峴, 厚理山

李崇寧(1982) 삼국 지명 표기(이중 모음)

也(~ya~)　　　闕也山, <u>熱也山</u>, 切也火, 加也鄉, 于珍也, 勿也部曲, 烏也山

耶(~ya~)　　　所耶江, 耶耶

倻(~ya~)　　　伽倻津, 伽倻國

皆(kai~)　　　皆次山, 皆伯, 皆火, 皆品部曲

內(nai~)　　　內浦, 內未忽, 內乙買, 內爾美, 於斯內

內(~nai~)   南內, 仍斤內

禮(~r[l]ŏi~)   烏禮山, 慰禮城, 仇次禮, 助助禮

買(mai~)   買忽, 買伊, 買仇里, 買就次, 買珍伊, 買谷, 買省, 買吐部曲

買(~mai)   也尸買, 於乙買, 於斯買, 伊珍買, 仍買, 南買

叱(-s-, -t-)   居叱勿所, 古叱達, 時叱間山城, 毛叱知院, 注叱島, 買叱
                 浦, 所叱達山, 于叱浦, 仇叱里峴, 仇叱浦, 巨叱穴山

乙(-l-)   於乙買, 加乙山所, 加乙乃, 斤乙於, 內乙買, 達乙新, 助
                 乙浦, 頭乙外大嶺, 未乙省, 沙乙未, 首乙呑

阿(-l-)   加阿島, 注兒山, 馬兒彌, 比兒城

尸(-l-)   于尸, 斤尸波, 古尸伊, 豆陵尸城, 也尸忽, 古尸忽, 大尸
                 忽, 豆尸伊, 馬尸山, 阿尸兮

音(-m-)   奴音竹, 東仍音, 冬音奈

隱(-n-)   難隱別, 內隱金串

邑(-p-)   所邑豆, 助邑豆, 仇邑浦, 沙邑峴

兮(-h-)   奈兮忽, 阿兮, 阿冬兮, 阿尸兮, 丘斯珍兮, 豆月兮, 芼兮,
                 勿阿兮, 密波兮, 省大兮, 草大兮, 秋子兮, 所非兮

良(-[l]ang, -r[l]a-) 月良, 阿尸良國, 烏良友, 只良肖, 刀良, 毛良夫里, 挿良
                 州, 推良, 河西良, 劦良買, 難等良, 古良夫里, 甲火良谷,
                 馬斯良, 大良川

等(-tŭl-, -tŭn-) 史等也山, 黃等也山, 無等山, 沙等村部曲, 難等良

밑줄을 친 지명은 『삼국사기』 卷第36, 卷第37에 나타난 백제 지명과 일
치하는 것이다. 백제 지명에 쓰인 음차자를 모두 추출하면 다음과 같다.

加, 皆, 居, 古, 仇, 羅, 奈, 乃, 老, 多, 道, 豆, 等, 里, 馬, 毛, 武, 彌, 未,
夫, 比, 斯, 西, 所, 首, 尸, 阿, 也, 良, 於, 烏, 于, 伊, 利, 助, 知, 只, 支,
知, 次, 波, 兮

李崇寧(1982 : 88)이 "百濟人名表記體系"에 제시한 백제 인명과 거기에

쓰인 음차자는 다음과 같다.

阿(아)	阿示夫人, 阿莘王, 阿芳
烏(오)	烏于, 沙烏
于(우)	烏于, 訖于, 于召
優(우)	優台, 優豆, 優福
友(우)	因友
可(가)	眞可
加(가)	苩加
古(고)	肖古王, 素古, 古爾王, 莫古解
高(고)	高壽, 高興
仇(구)	仇首王, 解仇
丘(구)	解丘
奇(기)	苩奇
昆(곤)	昆奴, 昆支
奴(노)	召西奴, 昆奴
多(다)	多婁
豆(두)	優豆, 豆知, 沙豆
知・智(디)	豆知, 國智牟
羅(로)	羅昌
老(로)	眞老, 高老
婁(루)	多婁, 解婁, 己婁, 蓋婁王
流(류)	沸流, 枕流王
摩(마)	摩牟, 斯摩
馬(마)	馬黎
牟(무)	素牟, 牟大, 摩牟, 國智矛
武(무)	眞武, 武寧王
彌(미)	祖彌
比(비)	比流王
毗(비)	毗有王, 毗陁

沙(사)	沙伴王, 沙若恩, 沙烏, 沙乞, 沙叱相如
西(서)	召西奴, 汾西王
素(소)	素牟, 素古
召(소)	召西奴
須(수)	貴須, 八須夫人, 解須
高(고)	高壽
首(수)	仇首王, 興首
斯(ᄉ)	辰斯王, 斯有
祖(조)	祖彌
周(주)	文周王
支(지)	腆支 昆支 階古
解(해)	解婁, 莫古解, 訓解, 解忠, 解須, 解丘, 解仇, 解明

李崇寧(1982 : 88)이 재구한 백제 인명 표기에 쓰인 음차자의 표음을 제시하면 다음과 같다.

母音 初聲	아	어	오	우	유	이	ᄋ	애
母音	阿		烏	于優友				
k	加可		古高	仇丘		奇		
n	那		奴					
t(d)	多			豆		知智		
r, l	羅		老	婁	流			
m	摩馬		牟	武		彌		
p(b)						比毗		
s	沙	西	素召	須壽首			斯	
č			祖	周		支		
h								解

　결국 李崇寧(1982)이 추출한 백제 지명·인명 표기에 쓰인 음차자를
모두 합치면 60개가 된다.

　朴炳采(1968)는 『삼국사기』 卷第34~37에 나타난 신라, 백제, 고구려
의 지명으로부터 신라어·백제어·고구려어 어휘를 재구하였는데 그 중
백제 지명 표기와 재구의 근거가 된 지명, 재구된 어휘, 뜻, 중세국어
어휘를 제시하면 다음과 같다.[14)]

伐	完山州一云比斯伐一云比自火	pəl, pɐl	州	
買	甘買縣一云林川	mai	水, 川	
己·只	城悅城縣本百濟悅己縣,	ki,	城,	
	儒城縣本百濟奴斯只縣	či	嶺	
阿	仍利阿縣一云海濱	a(ka)	邊	又(邊)
[珍]惡	石山縣本百濟珍惡山縣	turak tolk	石	돌
烏	孤山縣本百濟烏山縣	o	孤	외
所比	赤島縣本百濟所比浦縣	sopi	赤	
述	陰峯一云陰岑本百濟牙	sjul	峯	
忽·屈	寶城郡本百濟伏忽郡	ol(kol, kul)	城	
碧	金堤郡本百濟碧骨縣	pjək	陽	볕
雨	高澤縣本百濟雨澤縣	u	高, 上	우ㅎ
比史	栢舟縣本百濟比史縣	pisi	舟	비
古尸伊	押岬城郡本百濟古尸伊縣	koli	岬	
[珍]兮	珍原縣本百濟丘斯珍兮縣	tolhəi	原	드르ㅎ, 들ㅎ
所非兮	森溪縣本百濟非兮縣	sopihəi	森	숲, 숩, 수플
夫里	原富里縣本百濟波夫里郡	puli	里	
實於	鐵冶縣本百濟實於山縣	silə	鐵	쇠

---

14) 이 표에서 훈차자는 제외하였으나 음차자와 복합적으로 쓰이고 있는 훈차자는 ‘[ ]’ 안
　 에 넣어서 표시하였다.

豆肹	曾津縣本百濟豆肹縣	tuhəl	二	둘ㅎ
馬老	晞陽縣本百濟馬老縣	malo-	晞	므르-(晞 乾)
翰	翰山縣本百濟大山縣	han	大	하-
勿居	清渠縣本百濟勿居縣	miɾkə-	清	묽-
發羅	錦山縣本百濟發羅郡	pal-	錦	붉-(明)
沙尸	新良縣本百濟沙尸良縣	sʌl	新	새(新,曙)

都守熙(1977 : 39~55)는 『삼국사기』, 『삼국유사』, 『일본서기』, 『周書』 등으로부터 백제어 어휘를 재구하였는데 그 표기와 재구의 근거가 된 지명, 재구된 어휘, 뜻, 중세국어 어휘를 제시하면 다음과 같다. 다만 『삼국사기』, 『삼국유사』 이외의 자료에 근거해서 재구된 어휘는 제외하였다.[15]

阿	魯山縣本甘勿阿	*ka(>a)	邊	ᄀᆞ
	咸悅縣本甘勿阿縣			
	利城縣本百濟乃利阿縣			
	鎭安縣本百濟難珍阿縣			
	務安郡本百濟勿阿兮郡			
加知	市津縣本百濟加知奈縣	*kati	枝	*가디
馬西良	沃溝縣本百濟馬西良縣	*kərə,	馬	
		*kura, *kora		
古尸·古眇	古阜郡本百濟古眇(沙)夫里郡	*kol,*kos	串, 押	
	岬城郡本百濟古尸伊郡		古尸伊	
甘勿阿·金馬	咸悅郡本百濟甘勿阿縣	*koma, *kuma	熊	곰
	金馬郡本百濟金馬渚郡			
	仇知·仇智當山縣本仇知只山	*kuti(>kuri)	金, 銅	

---

15) 이 표에서 훈차자는 제외하였으나 음차자와 복합적으로 쓰이고 있는 훈차자는 ‘[ ]’ 안에 넣어서 표시하였다.

	金溝縣本百濟仇知只山縣		
埃	九皐縣本百濟埃坪縣	*kutor aku	炕, 口
己	悅城縣本百濟悅己縣	*ki	城
	潔城郡本百濟結己郡		
	儒城縣本百濟奴斯只縣		
乃利(阿)	利城縣本百濟乃利阿縣	*nəri	川, 河 나리
奈乃	市津縣本百濟加知奈縣	*nay	川 내
	加知奈一云加乙乃		
突	馬靈縣本百濟馬突縣	*tər	靈
冬音	耽津縣本百濟冬音縣	*tam,tum	圓
突	馬靈縣本百濟馬突縣	*tura	野
[珍]惡	石山縣本百濟珍惡縣	*turak	石
知	地育縣本百濟知六縣景德王改名今北谷縣	*ti~*tuy	
馬	馬山縣本百濟縣景德王改州郡名	*mer~	多, 衆
	及今並因之翰山縣	*muri	
買	甘買縣一云林天	*may	川
	喜安縣本百濟欣良買縣		
	買仇里縣一云海島也		
毛良	高敞縣本百濟毛良夫里縣	*muraŋ	高
		~təraŋ<təra	
(今)勿	今武縣本百濟今勿縣景德王改名	*mir	水
	今德豐縣		
夫里	靑正縣本百濟古良夫里縣	*puri	原
	古阜郡本百濟古眇(沙)夫里郡		
	澮尾縣本百濟夫夫里縣		
	玄雄縣本百濟未冬夫里縣		
	潘南郡本百濟半奈夫里縣		
	高敞縣本百濟毛良夫里縣		

爾陵夫里縣一云竹樹夫里一云仁夫里

陵城郡本百濟爾陵夫里

爾陵夫里縣一云仁夫里

爾陵夫里縣一云竹樹夫里

富利縣本百濟波夫里縣

甘蓋縣本古莫夫里

夫餘郡本百濟所夫里郡

扶蘇	扶蘇山	*pusa	松	
比	比豊郡本百濟雨述郡	*pi	雨	
比史	栢舟縣本百濟比史縣	*piza	柏	
所泗	夫餘郡本百濟所夫里郡(泗沘)	*say~*sɐy	東	
斯摩	第二十五虎寧王名斯摩	*syəma	嶋	
	(『三國遺事』卷1 王曆)			
	武寧王諱斯摩(或云隆)牟大王之第二子也(『三國史記』卷第26)			
所力	沃野郡本百濟所力只縣	*sop	裏	
實	鐵冶郡本百濟實實於山郡	*soy	鐵	
所非	森溪縣本百濟所非兮縣	*supi>*sup	林	
實	任實郡本百濟郡景德王改名	*sir	谷	
	州郡名及今竝因之			
陰	陰峯縣本百濟牙述縣	*əm	牙	엄
于召	紆洲縣本百濟于召渚縣	*uc	上	
只良	礪良縣本百濟只良肖縣	*čira>*čia	礪	
忽骨屈	斌城縣本百濟賓屈縣	*hol~*kul	城	
	金堤郡本百濟碧骨縣			
	寶城郡本百濟伏忽郡			
豆肹	會津縣本百濟豆肹縣	*tuhir	二	둘ㅎ
溫	溫祚(百濟始祖 王號)	*on	百	온
豆(乃)	萬頃縣本百濟豆乃山縣	*tumən	萬	

古良	靑正縣本百濟古良夫里縣	*koraŋ	靑	
居屈	安波縣本百濟居知山縣居一作屈	*kir	長	길다
	景德王改名今長山縣			
勿居	淸渠縣本百濟勿居縣	*mərke	淸	묽다
沙	新平縣本百濟沙平縣	*say~*sɐy	新	새
	新良縣本百濟沙尸良縣			
所比	赤鳥縣本百濟所比浦縣	*supi	赤(鳥)	
阿次	壓海郡本百濟阿次山縣	*acha	厭, 困	아첨
鳥	孤山縣本百濟鳥山縣	*oy	孤	
加乙	加知奈縣一云加乙乃	*kar-<karɐ	分	
[入]伊	水川縣一云水入伊	*tɨri	入	드러
馬老	晞陽縣本百濟馬老縣	*maru-~	乾	므르다
		*maro		

李崇寧(1982), 朴炳采(1968), 都守熙(1977 : 49~55)가 제시한 백제 인명·지명에 쓰인 음차자는 다음과 같다.

李崇寧(1982) (인명·지명)	可, 加, 皆, 居, 高, 古, 昆, 丘, 仇, 奇, 奈, 羅, 乃, 老, 奴, 婁, 多, 道, 豆, 等, 里, 摩, 馬, 毛, 牟, 武, 未, 彌, 夫, 比, 毗, 斯, 沙, 西, 召, 所, 素, 首, 須, 尸, 阿, 也, 良, 於, 鳥, 于, 友, 優, 流, 利, 伊, 助, 祖, 周, 知, 支, 只, 次, 波, 解, 兮(60개)
朴炳采(1968) (지명)	居, 古, 屈, 己, 羅, 老, 豆, 里, 馬, 買, 勿, 發, 伐, 碧, 夫, 非, 比, 沙, 史, 所, 述, 尸, 實, 阿, 惡, 於, 鳥, 雨, 伊, 只, 翰, 兮, 忽, 肹(34개)
都守熙(1977) (지명)	加, 甘, 居, 古, 骨, 仇, 郡, 屈, 金, 今, 己, 乃, 奈, 老, 突, 埃, 冬, 豆, 里, 摩, 馬, 買, 毛, 眇, 勿, 夫, 扶, 比, 非, 斯, 泗, 沙, 史, 西, 所, 蘇, 召, 尸, 實, 阿, 惡, 良, 力, 鳥, 溫, 于, 乙, 陰, 音, 利, 伊, 只, 智, 知, 次, 忽, 肹(57개)

李崇寧(1982), 朴炳采(1968), 都守熙(1977 : 49~55)가 제시한 백제 인명·지

명에 쓰인 음차자를 『일본서기』 일본 고유명사 音假名, 백제 고유명사 音假名과 비교해 공통적으로 나타난 것을 제시하면 다음과 같다.

	일본 고유명사	백제 고유명사
李崇寧 (1982)	加, 居, 古, 高, 奇(ki), 奇(ga), 奇(ka), 羅, 奈, 乃, 奴(no), 奴(na), 婁, 多, 豆, 等, 馬(ma), 馬(me), 摩, 车, 武, 彌, 夫, 毗, 比, 沙, 斯, 素, 須, 阿, 良, 於, 烏, 優, 利, 伊, 周, 知, 波	加, 高, 古, 昆(koni), 昆(kon), 奇(ka), 奇(ga), 奈, 羅, 奴(nu), 奴(no), 婁, 多, 馬(ma), 馬(me), 摩, 车, 武, 未, 彌(mi), 彌(mu), 夫, 比, 沙, 斯, 素(su), 素(so), 首(sju), 首(su), 須, 阿, 良, 流, 利, 支(ki), 支(si), 知, 次, 波, 解
朴炳采 (1968)	居, 古, 己, 羅, 豆(tu), 豆(du), 馬(ma), 馬(me), 夫(bu), 比(fi), 沙(sa), 阿(a), 於(o), 烏(u̯o), 伊(i)	阿, 古, 金, 己, 沙, 比, 非, 夫, 馬(ma), 馬(me), 羅
都守熙 (1977)	加, 甘(kamu), 甘(ka), 居, 古, 己, 奈, 乃, 豆(tu), 豆(du), 馬(ma), 馬(me), 摩, 夫, 比, 沙, 斯, 蘇, 阿, 良, 烏, 乙, 伊, 利, 智, 知	阿, 加, 甘, 古, 金, 今, 己, 沙, 斯, 次, 智, 知, 奈, 比, 非, 夫, 摩, 馬(ma), 馬(me), 良, 利

두 가지 이상의 표음에 쓰인 音假名도 있으나 이들을 모두 합친 수를 제시하면 다음과 같다.

	李崇寧(1982)	朴炳采(1968)	都守熙(1977)
일본 고유명사	39(35)	15(13)	26(23)
백제 고유명사	40(33)	11(10)	21(20)

위에 제시한 표에서 볼 수 있듯이 한국 측 자료에 쓰인 음차자와의 일치는 큰 차이가 없다. 그러나 일본 고유명사에 쓰인 音假名이 301개, 백제 고유명사에 쓰인 音假名이 230개라는 점을 고려하면 상대적으로 백제 고유명사 音假名과 한국 측 자료에 쓰인 음차자의 일치가 높은 비

율로 나타났다고 볼 수도 있다. 다시 말하면 백제 고유명사와 한국 측 자료 사이의 일치는 9.1~17.4%인데 비해 일본 고유명사와 한국 측 자료 사이의 일치는 6.4~13.0%로 나타났다. 이것은 일단 『일본서기』 백제 고유명사 표기가 『일본서기』 일본 고유명사 표기보다 한국 측 자료의 표기에 약간 가깝다는 것을 의미한다.

한국 측 자료에 나타난 음차자와 일치를 보인 백제 고유명사 音假名 중에는 일본 차자 표기 체계에서 찾아볼 수 없는 특수한 音假名이 포함되어 있다. 가령 '昆', '斤', '金', '解' 등은 상대 일본어 音假名에서 찾아볼 수 없는 音假名인데, 이들이 한국 측 자료 음차자와 일치하는 것으로 보아서 이들 音假名이 백제인에 의해 표기되었을 가능성이 큰 것으로 보인다.16)

4. 有韻尾字 비율 비교를 통한 특수성 검증

이 절에서는 『일본서기』 백제 고유명사 音假名과 일본 고유명사 音假名에 포함되는 子音 韻尾字의 비율을 산출하여 백제 고유명사 표기의 특수성을 밝히고자 한다. 森博達(1985)은 『三國志』(魏志倭人傳)에 나타난 54개의 '倭人語'의 차자 표기에 쓰인 146개의 한자를 조사한 결과, 음운에 관해서는 7세기 후반의 일본어와 거의 같다는 결론을 내리고 있다. 森博達(1985)은 '倭人語'의 표기에 사용된 한자를 중고음(中古音)을 기

---

16) 藤井茂利(1974)는 『일본서기』 한국 고유명사에 나타난 音假名인 '金'이 'komu(コム)'으로 주음되고 있는 이유를 한국 한자음에 찾고 있다. 즉 '金'의 중국 상고음은 'kiəm'이었으나 고대 한국에서는 이미 'komu(コム)'이었으며 '金' 姓을 가진 한반도 도래인(渡來人)들이 일본에 들어가 'komu(コム)'이라는 한자음을 일본에 정착시켰다고 보고 있다.

준으로 분류할 경우, 146개의 표기자 중 陰聲字가 128개를 차지하고 陽聲字는 8개, 入聲字는 10개밖에 쓰이고 있지 않았음을 밝혔다. 따라서 陽聲字와 入聲字를 합친 子音 韻尾字의 비율은 전체의 12%에 지나지 않는다는 사실을 끌어냈다.

森博達(1985)은 『三國志』(魏志烏丸鮮卑東夷傳)에서는 삼한의 여러 국명에 많은 차자 표기자가 사용되고 있음을 지적하고 馬韓 54개국, 辰韓 11개국, 弁韓 12개국의 국명에 쓰인 차자 표기자의 韻尾를 조사하여 그 결과를 『三國志』(魏志倭人傳)에 대한 조사 결과와 비교하였다.

馬韓·弁韓·辰韓 국명과 倭人語 표기자의 韻尾

		倭人		馬韓		弁韓		辰韓	
		字種	延字數	字種	延字數	字種	延字數	字種	延字數
陰聲	-ø	21	58	16	32	8	13	4	4
	-i	22	7	18	44	3	3	3	3
	-u	5	13	5	10	4	7	7	10
	小計	48	128	39	86	5	23	14	17
陽聲	-m	0	0	8	8	1	1	2	2
	-n	2	2	13	22	3	3	4	4
	-ŋ	5	6	2	2	1	2	1	1
	小計	7	8	23	32	5	6	7	7
入聲	-p	1	1	2	2	0	0	0	0
	-t	5	6	4	8	1	1	1	1
	-k	3	3	8	11	2	2	0	0
	小計	9	10	14	21	3	3	1	1
總計		64	146	76	139	23	32	22	25

三韓 가운데 가장 많은 음차자가 쓰인 馬韓의 국명 표기를 보면 전체 字數 139개 중 子音 韻尾字는 53개이며 그 비율은 38%나 된다. 이 비

율은 弁韓의 국명에서는 28%, 辰韓의 국명에서는 32%에 달해 倭人條의 12%라는 수치가 상대적으로 극히 낮은 것임을 알 수 있다. 森博達(1985)은 이 결과를 바탕으로 그 당시의 일본어에서는 閉音節이 존재하지 않았을 가능성이 높다고 지적하고 있다.

이 森博達(1985)의 추정에 따른다면 三韓의 국명에 쓰인 표기자 중 子音 韻尾字의 비율이 높다는 것은 그 당시 삼한에서 사용되고 있었던 언어에는 閉音節이 존재하였다는 추정이 가능하다. 즉 이와 같은 子音 韻尾字의 비율 차이는 그 언어의 음절 구조의 차이를 반영한 것이라고 할 수 있다. 그렇다면 한국어를 표기한 음차자와 일본어를 표기한 音假名 사이에서는 분명히 子音 韻尾字의 비율에 차이가 존재할 것이다. 이것을 검증하기 위해 향가에 쓰인 음차자와 『古事記』·『일본서기』 가요에 쓰인 音假名을 그 韻尾 별로 분류해 보았다.

향가 음차자에서는 金完鎭(1980), 俞昌均(1994) 모두 陰聲韻字가 61~62% 정도인데 비해 『古事記』·『일본서기』 가요는 88%라는 높은 비율을 보이고 있다. 또한 『古事記』·『일본서기』 가요에서는 入聲韻字 중 -t 韻尾字와 -k 韻尾字가 거의 쓰이지 않았으나 향가에서는 각각 8.6%·9.4%, 4.3%·6.0%가 쓰인 것으로 나타났다.

	陰聲	陽聲			入聲		
	-ø	-m	-n	-ŋ	-p	-t	-k
金完鎭(1980) 향가 음차자	62.3	0.9	14.5	6.8	0.0	9.4	6.0
俞昌均(1994) 향가 음차자	61.2	1.1	17.2	6.4	1.1	8.6	4.3
古事記 가요(125字)	88.0	0.0	6.4	5.6	0.0	0.0	0.0
일본서기 가요(465字)	88.6	0.0	1.9	6.7	0.0	1.5	1.3

(단위 : %)

이 결과는 한국어와 일본어의 음절 구조의 차이가 그대로 차자 표기자에 반영된 결과라고 할 수 있다. 따라서 이 차자 표기자의 韻尾 구성 비율은 『일본서기』 백제 고유명사 표기의 특수성을 밝히는 척도로 이용할 수 있다. 즉 『일본서기』 백제 고유명사 표기 音假名에 포함된 子音韻尾字의 비율이 높을수록 그만큼 백제 고유명사 표기가 백제에서 유래된 가능성이 높아지는 것이다. 『일본서기』 백제 고유명사 표기 音假名과 일본 고유명사 音假名을 韻尾별로 분류하면 다음과 같다.[17]

	陰聲	陽聲			入聲		
	-∅	-m	-n	-ŋ	-p	-t	-k
백제 고유명사	140 (60.9%)	6(2.6%)	35(15.2%)	13(5.7%)	4(1.7%)	5(2.2%)	27(11.7%)
일본 고유명사	202 (67.1%)	8(2.7%)	29(9.6%)	20(6.6%)	3(1.0%)	11(3.7%)	28(9.3%)

이 결과를 보면 백제 고유명사 표기에 쓰인 音假名은 일본 고유명사에 쓰인 音假名에 비해 陰聲韻字의 비율이 낮고 陽聲音字와 入聲音字의 비율이 높다는 것을 알 수 있다. 다만 그 비율 차이는 앞에서 살펴본 향가와 『일본서기』, 『古事記』 가요의 비교에서 나타난 결과보다 크지 않다.

다만 일본 고유명사 音假名에서 入聲韻字인 -t 韻尾字를 가진 音假名의 비율이 백제 고유명사 音假名보다 높게 나타난 것은 앞에서 본 향가와 『日本書紀』, 『古事記』 歌謠의 비교에서 나타난 결과와 어긋난다. 일단 陰聲韻字 音假名의 비율이 백제 고유명사 표기에서 높게 나타난 것

---

17) 앞에서 살펴본 향가와 『일본서기』, 『古事記』 가요의 비교 결과는 표기자의 종류, 즉 개별적인 字數에 대한 비율이다. 그리고 여기에서는 같은 音假名이 두 개 이상의 표음으로 쓰였을 경우라도 별개의 音假名으로 보고 비율을 산출하였다.

은 백제 고유명사 표기의 특수성이라고 간주해도 무방할 것 같다.

5. 백제 고유명사 표기의 특징

이상 『일본서기』 백제 고유명사 표기를 일본 고유명사와 비교하여 그 특수성에 대해 살펴보았다. 그 결과 다음과 같은 백제 고유명사의 특수성이 밝혀졌다.

1. 백제 고유명사 표기에는 상대 일본어 자료에서 찾아볼 수 없는 音假名이 많이 포함되어 있으며 일본 차자 표기 체계에서 크게 벗어나 있다.
2. 백제 고유명사 표기에 쓰인 音假名의 분포에는 森博達(1977)이 주장하는 "『일본서기』 α·β群 구분"을 적용할 수 없다. 따라서 α群에 속한 音假名도 唐代 北方音을 기준으로 표기되었다고 볼 수 없다. "α·β群 구분"을 적용할 수 없는 이유는 같은 표기를 유지하려고 하는 고유명사의 표기 원칙, 백제에서 이루어진 표기가 『일본서기』에 그대로 실린 인용 과정 때문으로 보인다.
3. 백제 고유명사와 '推古遺文' 音假名의 수량적인 일치는 백제 고유명사 표기만의 특수성이라고 단정짓기 어렵다. 다만 비율로 볼 때 백제 고유명사 音假名과 推古遺文 音假名의 일치가 약간 높게 나타난다. 그리고 '推古遺文'과 일치하는 音假名 중에는 주로 백제 고유명사 표기에만 쓰인 특수한 音假名도 포함되어 있다.
4. 백제 고유명사 音假名을 『삼국사기』 백제 고유명사 음차자와 비교한 결과, 백제 고유명사 音假名의 9.1~17.4%가 일치를 보였다. 이 비율은 일본 고유명사 音假名과 『삼국사기』 백제 고유명사 음차자의 일치보다 약간 높다.
5. 백제 고유명사 音假名 중 子音 韻尾字가 차지하는 비율은 일본 고유명사보다 약간 높게 나타났다.

이와 같은 특수성으로 볼 때 『일본서기』 백제 고유명사 표기는 일본 고유명사의 표기와 성격을 달리한다고 볼 수 있다. 특히 백제 고유명사 표기에는 상대 일본어 자료에서 찾아볼 수 없는 音假名이 많이 포함되어 있으며, 일본 차자 표기 체계에서 벗어나 있다는 점은 백제 고유명사 표기의 큰 특징으로 볼 수 있다. 이 사실은 상당수의 백제 고유명사 표기가 백제인에 의해 표기된 가능성을 시사해 주는 것이다. 다만 백제 고유명사 표기에 쓰인 音假名이 『삼국사기』, 『삼국유사』에 나타난 백제 고유명사의 음차자와 완전히 일치하지 않는다는 사실로 미루어 볼 때 그 일부를 일본인이 썼을 가능성을 부정할 수는 없다.

지금까지 살펴본 백제 고유명사 표기의 특징으로 볼 때 백제 고유명사는 백제인에 의해 쓰였을 가능성이 높고, 백제 한자음이나 백제어 음운을 연구하는 보조 자료로서의 가치를 지니고 있다고 사료된다.

제4장

『일본서기』 백제 고유명사에 의한 백제 한자음 추정

　3장에서 『일본서기』 백제 고유명사 표기의 자료적 가치에 대해 검증을 시도해 본 결과 백제 고유명사 표기가 백제인에 의해 쓰였을 가능성이 높으며, 백제 한자음이나 백제어 음운을 연구하는 데 보조 자료로 이용할 수 있는 자료적 가치가 있음을 입증하였다.

　그러나 백제 고유명사 표기의 자료적 가치가 어느 정도 입증되었다고 해서 그 표기나 음주를 백제 한자음이나 백제어의 음운 추정에 바로 이용할 수 있는 것은 아니다. 그 이유는 앞에서도 언급하였듯이 『일본서기』 백제 고유명사 표기의 음주는 일본 한자음을 바탕으로 한 것이기 때문이다. 따라서 백제 고유명사에 달린 음주는 백제 한자음이나 백제어 음운을 추정하는 데에 도움을 주지 못한다. 일단 여기에서는 음주를 고찰의 대상에서 제외하고, 대신 同名 異表記, '百濟史料'의 일본 인명 표기, 同音 重出表記 등을 통해 백제 한자음을 추정해 보고자 한다.

1. 同名 異表記

백제 한자음을 추정하는 유용한 수단으로 같은 고유명사를 다른 音假名으로 표기한 이른바 同名 異表記를 들 수 있다. 『일본서기』 백제 고유명사 표기에는 이와 같은 同名 異表記가 나타나는데, 이들 同名 異表記에 쓰인 音假名과 중국 중고(中古) 한자음을 대조하면 백제 한자음의 특징을 어느 정도 추정할 수 있다. 여기에서는 백제 고유명사 표기의 同名 異表記에 쓰인 음차자를 통해 백제 한자음의 특징을 살펴보고자 한다.

1) 백제 고유명사의 同名 異表記

『일본서기』 백제 고유명사 표기에 나타난 同名 異表記를 모두 추출해 異表記된 音假名, 즉 통용(通用)된 音假名 별로 제시하면 다음과 같다.[1]

(1)	固 : 護	固德 : 欽明10-6-7, 欽明11-2-10, 欽明14-8-7, 欽明15-2(6)
		護德 : 欽明4-9, 欽明6-9(2)
(2)	琨 : 昆	琨支(王·王子) : 武烈4(3)
		昆支(君·王) : 雄略5-2, 雄略23-4
(3)	那 : 怒	久麻那利 : 雄略21-3(3)
		久麻怒利 : 齊明6-9-5(1)

---

1) 괄호 속의 숫자는 출현 횟수를 나타낸다.

(4)	須 : 首	貴須王 : 神功64(1)
		貴首王 : 欽明2-4, 欽明2-7(2)
(5)	己 : 其, 連 : 掾	己連 : 欽明5-2, 欽明5-3, 欽明5-11(4)
		其掾 　: 欽明6-5(1)
(6)	① 麻 : 莫 ② 牟 : 武	麻奇牟 : 欽明4-9(1)
		莫奇武 : 欽明15-12(1)
(7)	次 : 進	馬次文 : 欽明10-6-7(1)
		馬進文 : 欽明11-2-10(1)
(8)	① 昧 : 麻 ② 奴 : 那	昧奴 : 欽明2-4(1)
		麻那 : 欽明23-3(1)
(9)	佐 : 沙	彌麻佐 : 欽明5-3, 欽明5-3(1)
		彌麻沙 : 欽明5-11(7)
(10)	岐 : 伎	阿直岐 : 應神15-8-6, 應神15-8-6(5)
		阿直伎 : 應神15-8-6(1)
(11)	怒 : 奴	余怒 : 敏達12(1)
		余奴 : 敏達12(1)
(12)	進 : 信	余自進 : 齊明6-9-5(2)
		余自信 : 天智2-9-24, 天智8, 天智10-1(3)
(13)	爾 : 次	州利卽爾 : 繼體7-6(1)
		州利卽次 : 繼體10-9(1)

　이들 同名 異表記로 나타난 고유명사 중에는 音假名 표기로 간주할 수 없는 것들도 포함되어 있다. 가령 (12)의 '余自進'과 '余自信'은 이 책에서 音假名 표기로 간주하지 않았으나, 여기에서는 일단 고찰의 대상에 포함시키기로 한다. 이들 同名 異表記 중에서 異表記된 音假名, 다시 말해 통용된 音假名과 그 聲母·韻母를 제시하면 다음과 같다.

	音假名	聲母	韻母
(1)	固：護	[見]：[匣]	暮合(1)：暮合(1)
(2)	琨：昆	[見]：[見]	魂合(1)：魂合(1)
(3)	那：怒	[尼]：[尼]	哿開(1)：暮合(1)
(4)	須：首	[心]：[審]	虞合(3)：有開(3)
(5)-①	己：其	[見]：[見]	止開(1)：之開(1)
(5)-②	連：㥄	[來]：[來]	仙開(3)：蒸開(3)
(6)-①	麻：莫	[明]：[明]	麻開(2)：鐸開(1)
(6)-②	牟：武	[明]：[微]	尤開(3)：虞合(3)
(7)	次：進	[清]：[精]	至開(3)：震開(3)
(8)	昧：麻	[明]：[明]	隊合(1)：麻開(1)
(9)	奴：那	[尼]：[尼]	模合(1)：哿開(1)
(10)	佐：沙	[精]：[疏]	箇開(1)：麻開(1)
(11)	等：登	[端]：[端]	等開(1)：等開(1)
(12)	怒：奴	[尼]：[尼]	暮合(1)：模合(1)
(13)	爾：次	[日]：[清]	紙開(3)：至開(3)

　　그런데 古典文學大系『일본서기』와 國史大系『일본서기』 사이에서 同名 異表記에 대해 약간의 차이를 찾아볼 수 있다. 표기의 차이가 보이는 고유명사를 제시하면 다음과 같다.

(2)	琨：昆：混	混攴(王・王子)：武烈4(3)
		崐攴(君)：雄略5-2(1)
		琨攴(君)：雄略5-7(1)
		昆攴(王)：雄略23-4(1)
(6)	① 麻：莫 ② 哿：哥 ③ 牟：武	麻哿牟：欽明4-9(1)
		莫哥武：欽15-12(1)

2) 同名 異表記에 의한 백제 한자음의 추정

이들 同名 異表記에 나타난 音假名들은 일단 백제 한자음에서 같은 음가를 가졌기 때문에 통용되었다고 볼 수 있다. 가령 (4)의 '貴首王' : '貴須王'에 나타난 '首'와 '須'는 聲母가 [心]母와 [審]母, 韻母가 [虞]韻과 [尤]韻에 따로 속하지만 일단 동일한 고유명사에서 서로 통용되었기 때문에 백제 한자음에서는 같은 음가를 지닌 것으로 추정된다.

그런데『일본서기』자체가 일본에서 편찬된 사서이기 때문에 그 표기가 일본인에 의해 이루어진 가능성도 배제할 수 없다. 따라서 위에 제시한 同名 異表記도 어느 한 쪽 또는 양 쪽이 일본인에 의해 쓰였을 가능성을 완전히 부정할 수 없다. 실제로 선행 연구에서는 몇몇 同名 異表記에 대해 그러한 의문을 제기하고 있다.

장세경(1988b)은 (7) 次 : 進, (10) 沙 : 佐, (12) 進 : 信은 한국 한자음으로는 통용하기가 어렵지만 일본 한자음으로는 음상(音相)이 유사하기 때문에 통용이 가능하다고 보았다. 장세경(1988b)에서는 이들 백제 고유명사가 일본인에 의해 표기된 것으로 보고 있다.

大野透(1962 : 48)는 (10) 沙 : 佐에 대해 '彌麻佐'라는 표기가 '百濟史料'가 주로 인용된 欽明紀에 나타나 있기 때문에 백제인에 의해 표기된 가능성은 부정할 수 없으나, [審]母인 '沙'와 [精]母인 '佐'의 어느 한 쪽이 일본인에 의해 표기되었을 가능성을 제기하고 있다.

이와 같이 同名 異表記의 어느 한쪽이 일본인에 의해 쓰였을 가능성이 있기 때문에 위에 제시된 同名 異表記가 모두 백제 한자음의 특징을 반영하고 있다고 보기는 어렵다.

장세경(1990)은『삼국사기』,『삼국유사』에 나타난 同名 異表記 중에서 통용된 음차자를 聲母·韻母別로 제시하고 있는데 실제로 위에서 제시한 同名 異表記의 통용 현상과 일치하는 것은 많지 않다. 그러나 한국 측 자료와 일치를 확인할 수 있는 통용 현상은 백제인에 의해 표기된 가능성이 높고 그만큼 자료적 가치가 높다고 할 수 있겠다.

먼저 (1)은 牙音인 [見]母와 喉音인 [匣]母가 통용된 예이다. (2)는 古典文學大系 『일본서기』에서는 [見]母字끼리 통용되고 있으나, 國史大系 『일본서기』에서는 [見]母字인 '昆', '琨', '崐'과 [匣]母字인 '混'이 통용되고 있다. 그런데 이러한 현상은 일본 한자음에서 널리 볼 수 있는 현상이다. 일본 한자음에서는 喉音인 [匣]母字와 [曉]母字는 ka(カ)行音, ga(カ)行音으로 반영되었다. 선행 연구에는 이 현상을 일본 한자음 고유의 특징으로 간주하는 견해도 있었다. 가령 高松政男(1986 : 131)은 "牙·喉音의 혼선(混線)은 일본인의 차음(借音) 표기의 최대 특징 중 하나이다. 중국·조선 한자음에서는 그러한 현상을 찾아볼 수 없는데 반해 일본 한자음에서는 일반적인 현상"이라고 지적하고 있다. 『일본서기』 일본 고유명사에 쓰인 ka(カ)行 音假名을 제시하면 다음과 같다.[2]

聲母	[見]	[羣]	[曉]	[溪]	[匣]	[影]
出現數	364 (25)	79 (8)	24 (3)	15 (6)	6 (2)	1 (1)

위의 표에서 볼 수 있듯이 일본 고유명사 音假名에서는 牙音인 [見]·[羣]·[溪]母, 喉音인 [曉]·[匣]·[影]母가 혼용되고 있다. 백제 고유명사 표기에서 [見]母字와 [匣]母字가 통용되고 있다는 것은 백제 한자음

---

2) 수치는 실제 출현 수, 괄호 안의 수치는 音假名 종류 수를 나타낸다.

에서도 喉音字의 일부가 'k'로 반영되었을 가능성을 시사하는 것이다.
이 牙音字와 喉音字의 통용에 대해 柳玎和(1991)는 '微叱己智'와 '微叱許
智'의 통용을 들어 회의적인 견해를 밝힌 바가 있다.[3] 그러나 兪昌均
(1983 : 25)에서는 (1)의 '護德'과 '固德'을 同名 異表記로 보고 이것은
"固－護"라는 등가적(等價的)인 관계를 나타내는 것이며, 백제 한자음의
경향을 시사하는 것으로 보았다. 그런데『삼국사기』,『삼국유사』등 한
국 측 자료에서도 牙音字와 喉音字의 통용을 볼 수 있다.

[見]母 : [曉]母
骨正一作忽爭(『三國史記』卷第2・新羅本紀2)
文熙(『三國遺事』卷1・王曆・新羅大宗) : 文姬(『三國遺事』卷1・紀異1・大宗)

[見]母 : [匣]母
理洪一作理恭(『三國史記』卷第8・新羅本紀8)
理洪一作理恭(『三國遺事』卷1・王曆新羅・孝昭)

[疑]母 : [影]母
欽運一云欽雲(『三國史記』卷第8・新羅本紀8・神文) : 歆運(卷第47・列
傳7・金歆運)
膺廉一作疑廉(『三國史記』卷第11・新羅本紀11・景文)
阿道基羅一作我道又阿頭(『三國遺事』卷3・興法3・阿道)
義恭大王一作懿恭大王(『三國遺事』卷1・王曆・新羅・景文)
懿明夫人一云義明夫人(『三國遺事』卷1・王曆・新羅・憲康)

---

3) 柳玎和(1991)는 '微叱己智'와 '微叱許智'의 통용에서 이들은 신라 奈勿王의 왕자이며 『삼
국사기』에는 '末叱欣', 『삼국유사』에는 "美海一作末吐喜"로 나타나 "欣・海・喜"라는 대
응을 볼 수 있다고 지적하였다. 이들은 모두 [曉]母에 속한 음차자이므로 『일본서기』에서
나타난 喉音字와 牙音字의 통용은 喉音字를 ka(カ)行音으로 사용한 『일본서기』편찬자에
의한 것으로 보았다. 柳玎和(1991)는 『일본서기』에서 나타난 '伐干', '伐旱'이라는 同名 異
表記에서 牙音字인 '干'과 喉音字인 '旱'이 통용되었다고 지적하였다. 그러나 '干'은 '旱'
에서 유추(類推)된 오기(誤記)로 원래는 모두 'h'를 표기한 것으로 보았다.

義明王太后(『三國史記』 卷第12・新羅本紀12)：懿明夫人(『三國遺事』 卷1・
王曆・新羅・孝恭)
義成王后(『三國史記』 卷第12・新羅本紀12)：懿成(『三國遺事』 卷1・王
曆・新羅・神德)
娥伊英又娥英(『三國遺事』 卷1・王曆・新羅・朴赫居世)：閼英(『三國遺事』
卷1・王曆・新羅・南解, 卷1・紀異1・南解)

[疑]母：[喩]母
誼靖一作祐靖(『三國史記』 卷第11・新羅本紀11)
乂謙一云銳謙(『三國史記』 卷第12・新羅本紀12)
寶延(『三國史記』 卷第19・高句麗本紀7)：寶迎(『三國遺事』 卷一・王曆・
新羅・法興)
延帝夫人(『三國史記』 卷第4・新羅本紀4)：迎帝夫人(『三國遺事』 卷1・
王曆・新羅・智訂)
維誠(『三國史記』 卷第9・新羅本紀9)：魏正(『三國遺事』 卷1・王曆・新
羅・惠恭)

이와 같이 신라의 인명 표기에서는 牙音字와 喉音字, 특히 [匣]母字와
[見]母字, [曉]母字와 [見]母字가 통용된 예를 쉽게 찾아볼 수 있다. 이
통용에 대해 장세경(1990：32~33)은 [見]母와 [曉]母, [見]母와 [匣]母,
[溪]母와 [曉]母의 차이는 마찰의 유무이므로 통용에는 무리가 없다고
보고 있다.

또한 朴炳采(1990：178)는 『삼국사기』의 고구려 지명 "獐項口縣一云古
斯也忽次", "穴口縣一云甲比古次"의 '忽次', '古次'와 '口'를 대응시킨 후,
각각 고구려어 어휘 'kolǎi', 'koǎi'(口)로 재구하여 일본어 'kuti'(口)와 대
응시켰는데 이것도 牙音字와 喉音字의 통용으로 볼 수 있다.4) 兪昌均

---

4) 朴炳采(1990：178)는 '忽次'를 'kolǎi'가 변화한 형태 'holǎi'로 볼 수도 있다고 지적하고
  있다. 또한 고구려 지명 "水谷城郡一云買旦忽"의 '忽'을 '城'과 대응시켜 고구려어 어휘

(1994 : 667~668)은 향가 '願往生歌'의 "誓音深史隱尊衣希仰支"에서 "衣希"를 음차자로 보고 조사 '의긔'로 해석한 바가 있다. 이들 예는 '忽', '希' 등 喉音字가 'k'를 표음하는데 쓰인 예라고 할 수 있다. 전통 한국 한자음에서도 喉音字의 일부가 'k'로 반영된 예를 『訓蒙字會』의 표기에서 확인할 수 있다. 李敦柱(1995 : 321~322)는 『訓蒙字會』(예산문고본)에 나타난 [匣]母字 187개 중 'ㅎ'으로 반영된 것은 172개, 'ㄱ'로 반영된 것은 15개이며, [曉]母字 75개 중 'ㅎ'으로 반영된 것은 72개, 'ㄱ'으로 반영된 것은 2개, 'ㅁ'으로 반영된 것은 1개였다고 밝힌 바가 있다. 이와 같은 牙音字와 喉音字의 통용 현상으로 볼 때 고대 한국어에서도 牙音字의 일부가 'k'로 반영되었다고 볼 수 있다. 따라서 『일본서기』 백제 고유명사 표기에서 나타난 牙音字와 喉音字의 통용 현상은 백제 한자음을 비롯한 고대 한국 한자음의 특징을 반영한 결과라고 생각할 수 있다.5)

(4)는 [心]母字와 [審]母字가 통용된 예인데 장세경(1990)은 한국 측 자료에서 [心]母字와 [審]母字가 통용된 예를 다음과 같이 제시하였다.

> 仇首王或云貴須(『三國史記』 卷第24·百濟本紀2)
> 彡麥夫或作深麥夫(『三國史記』 卷第4·新羅本紀4)
> 彡麥宗一作深麥宗(『三國遺事』 卷1·王曆新羅眞興)

'hol'을 재구하고 있으나 이것은 '*kol'이 발달한 것으로 보았다.

5) 따라서 "牙·喉音의 통용"을 일본 한자음 고유의 현상으로 본 高松政男(1986 : 131)의 주장은 타당하지 않다. 이와 같이 喉音字와 牙音字가 통용된 원인에 대해 김동소(1982)는 고대 한국어의 子音 체계에서 'h'음이 존재하지 않았기 때문이라고 보았다. 김동소(1982)는 『삼국사기』에 나타나는 고유명사에서 喉音字와 牙音字가 통용되는 현상을 들어 고대 한국어에서는 喉音字나 牙音字나 같은 'k'음을 나타냈으며 'h'음은 존재하지 않았다고 본 것이다. 또한 송기중(1995)은 『삼국사기』에 보이는 "骨正一作忽爭葛文王", "孝昭王位諱理洪一作恭"에 나타나는 대응을 들어 '骨'과 '忽', '洪'과 '恭'이라는 통용에서 각각 상고음을 'kuət(骨)', 'χuət(忽)', 'ɣung(洪)', 'kung(恭)'으로 추정하였다. 그리고 喉音인 [χ]([曉]母), [ɣ]([匣]母) 등이 牙音의 유기음 자리를 차지함으로써 원래 牙音의 일부가 유기음이 아닌 喉音으로 변화되었다고 추정하였다.

舒玄(『三國史記』 卷第41・列傳1・金庾信上) : 逍衍(『三國史記』 卷第41・列傳1・金庾信上)
叔明(『三國史記』 卷第10・新羅本紀10) : 夙明(『三國遺事』 卷1・王曆新羅昭聖)

　　여기에서 『일본서기』에 나타난 '貴須王'과 '貴首王'의 대응이 『삼국사기』의 "仇首王或云貴須"의 대응과 일치한다는 점을 눈여겨 볼 수 있다. 장세경(1990 : 49)은 [心]母와 [審]母의 차이가 혀의 위치와 구개음화 여부에 있기 때문에 고대 한국어에서는 이러한 대립은 없었던 것으로 보고 있다. 이러한 [心]母와 [審]母의 통용 현상은 일본 고유명사 표기에서도 찾아볼 수 있는데 欽明天皇5年3月條에 나타나는 '旣洒臣', '巨勢臣'이라는 同名 異表記에서 [心]母인 '洒'와 [審]母인 '勢'의 통용이 나타난다. 그런데 '旣洒臣'은 '百濟本記'에서 인용된 부분에 나타난 표기이며 백제인이 백제 한자음으로 일본 인명을 표기했을 가능성이 높다. 따라서 [心]母字와 [審]母字는 백제어에서 서로 통용되었을 가능성이 높다. (4)의 '首'와 '須'의 통용에서 韻母 虞合 三等韻과 有開 三等韻([-ɪu] : [-ɪəi])의 통용을 확인할 수 있는데 이것도 역시 한국 측 자료에서 찾아볼 수 있다.

仇首王或云貴須(『三國史記』 卷第24・百濟本紀2)
仇首王一作貴須(『三國史記』 卷第1・王曆百濟1)
俱道一作仇刀(『三國遺事』 卷第1・紀異1・金閼智)・仇道(『三國遺事』 卷第1・王曆新羅・未鄒)
俱禮馬一作仇禮馬(『三國遺事』 卷第1・紀異1・新羅)
朱蒙一作鄒蒙(『三國遺事』 卷1・王曆高句麗・東明, 紀異1・高句麗・卷2・紀異2・南扶餘)
朱蒙一作鄒牟(『三國遺事』 卷2・紀異2・南扶餘)

이와 같이 고대 한국어 고유명사 표기에서 [虞]韻과 [尤]韻에 속한 음차자의 통용 현상을 확인할 수 있기 때문에, 백제 한자음에서는 [虞]韻에 속한 한자와 [尤]韻에 속한 한자가 같은 모음을 표음하는 데 구별 없이 사용되었을 가능성이 높다.

이밖에도 (13)의 [日]母와 [淸]母의 통용을 한국 측 자료에서도 확인할 수 있다. 김동소(1998 : 45)는 "金春質一作春日"(『삼국유사』 卷2 · 紀異2 · 萬波)이라는 [日]母와 [照]母가 통용된 예와 "烏兒縣本百濟烏次縣"(『삼국사기』 卷第36)이라는 [日]母와 [淸]母가 통용된 예를 제시하고 "次 : 兒", "質 : 日"이라는 대응에서 이들이 모두 [s]음을 갖고 있었던 것으로 추정하고 있다. 김동소(1998 : 45)는 그 방증으로 『鄕藥救急方』(中卷 · 1章)에 나타난 "獨走根一名馬兜鈴鄕名勿叱隱阿背也又云勿叱隱提阿"라는 기사와 『鄕藥救急方』(中卷 · 目草3章)에 나타난 "獨走根俗云勿兒隱提良"의 '勿叱隱'과 '勿兒隱'은 '몰슨'이라고 읽기 때문에 '兒'는 [s]음을 표음하는 것으로 보아야 한다고 주장하였다. 이 [日]母와 [淸]母의 통용은 『일본서기』 일본 고유명사에서는 찾아볼 수 없기 때문에 김동소(1998)의 주장대로 백제 한자음에서 파찰음 [ts]와 [s]가 변별되지 않았고, [日]母字가 [s]라는 음가를 가지고 있었을 가능성을 생각해볼 수 있다.

(7)에서는 古典文學大系 『일본서기』와 國史大系 『일본서기』 사이의 표기 차이를 찾아볼 수 있다. 즉 古典文學大系本에서는 '麻奇牟', '莫奇武'로 나타나는 인명이 國史大系本에서는 '麻咼牟', '莫哥武'로 나타난다. 이것은 저본의 차이에서 비롯된 것이지만 國史大系本에서도 '莫哥武'를 '莫奇武'로 쓴 이본(異本)이 있다는 것을 밝히고 있다. 따라서 여기에서는 '麻奇牟', '莫奇武', '麻咼牟', '莫哥武'라는 4가지 同名 異表記를 제시할 수 있다.

그런데 이 同名 異表記에서 [歌]韻에 속한 '哿', '哥'와 [支]韻에 속한 '奇'의 통용을 눈여겨볼 필요가 있다. '麻奇牟', '莫奇武'에서 '奇'는 '麻哿牟'이나 '莫哥武'의 '哿', '哥'와 대응하고 있으므로 실제 백제 한자음에서도 'ka'에 가까운 음가를 가지고 있었거나, 아니면 '哿', '哥'가 'ki'에 가까운 음가를 가지고 있었을 가능성이 있다. 그런데 뒤에서 살펴볼 '百濟史料' 일본 인명에 나타난 [支]韻인 '移'가 역시 'ja(ヤ)'의 표음에 쓰이고 있다는 사실을 감안할 때 같은 [支]韻에 속한 '奇'가 'ka'라는 음가를 나타냈을 가능성이 높다.

마지막으로 (13)의 '怒'와 '奴'의 대응이 주목을 끈다. 『古事記』, 『萬葉集』에서는 '奴'는 'nu(ヌ)', '怒'는 'no(ノ)'의 표음으로 쓰이고, 『일본서기』에서는 '奴'와 '怒'가 'nu(ヌ)', 'no(ノ)', 'do(ド)'를 표음하는 데 쓰이고 있다. 'no(ノ)', 'nu(ヌ)'는 吳音을 바탕으로 한 표음이며 'do(ド)'는 漢音을 바탕으로 한 표음이다.

그런데 백제 고유명사 표기에서 같은 '奴'와 '怒'가 쓰인 것은 백제 고유명사에서는 '奴'와 '怒'가 같은 음가를 가졌을 가능성을 시사해 주는 것이다. 뒤에서 살펴볼 '百濟史料' 일본 인명에서는 '奴'가 'na(ナ)'의 표음에 쓰이고 있으며 推古遺文에서는 'nu(ヌ)'의 표음에 쓰이고 있으므로 '奴'와 '怒'는 'na(ナ)', 'nu(ヌ)'와 같은 음가를 가지고 있었을 것으로 추정된다.

3) 추정된 백제 한자음의 특징

이상 『일본서기』 백제 고유명사 표기 가운데 同名 異表記를 이용해 백제 한자음의 여러 특징을 추정해 보았다. 이들 同名 異表記 중에는 선행 연구에서 이미 지적된 것처럼 일본인에 의해 표기된 결과로 볼 수밖에 없는 것들도 포함되어 있다. 이 때문에 同名 異表記 모두를 백제 한자음의 특징을 추정하는 자료로 쓰기 어렵다. 다만 同名 異表記에서 일어나는 聲母나 韻母의 통용이 한국 측 자료에서도 찾아볼 수 있는 경우는 백제 한자음의 특징을 보여주고 있는 것으로 간주해도 무방할 것이다. 여기에서 추정한 백제 한자음의 특징들을 정리해 보면 다음과 같다.

1 牙音에 속한 [見]母字와 喉音에 속한 [匣]母字가 [k]라는 음가를 가지며 서로 통용되었다.
2 [心]母字와 [審]母字, [虞]韻字와 [尤]韻字는 모음과 자음에서 같은 음가를 가졌다.
3 [日]母字와 [淸]母字는 [s]라는 음가를 가지며 서로 통용되었을 가능성이 있다.
4 [支]韻에 속한 한자의 일부가 [a] 내지는 [ɑ]라는 음가를 가졌다.
5 '奴'와 '怒'는 같은 음가를 가졌을 가능성이 높다.

2. '百濟史料' 일본 인명 표기에 의한 추정

앞에서 同名 異表記를 이용해 백제 한자음의 특징을 추정해 보았다. 그 결과 백제 한자음의 몇몇 특징을 밝힐 수 있었으나 그것은 『일본서기』 백제 고유명사의 수와 비교했을 때 너무나 미미한 결과라고 할 수 있다. 그 원인은 同音 異表記가 한국 측 자료에 비해 양적으로 매우 적다는 점에서 찾아볼 수 있다. 이것은 『일본서기』 백제 고유명사가 지닌 자료적 한계 때문이라고 보여진다. 따라서 더 나아가 백제 한자음을 추정하려고 한다면 백제 고유명사를 떠나서 백제인이 표기한 것으로 보이는 다른 고유명사에도 눈을 돌려야 한다. 여기에서는 '百濟史料'에 인용된 일본 인명에 쓰인 音假名을 검토하여 백제 한자음의 특징을 살펴보고자 한다.

1) '百濟史料'에 인용된 일본 인명

『일본서기』에는 '百濟記', '百濟本記', '百濟新撰'이라는 현전(現傳)되지 않은 사서가 인용되고 있는데 이들 사서를 '百濟史料' 또는 '百濟三書'라고 부른다. 이들 '百濟史料'에는 일본 인명이 수록되어 있는데 이것이 백제 한자음을 추정하는 데 좋은 자료가 될 것으로 생각된다. 먼저 '百濟史料'에 인용된 일본 인명을 제시하면 다음과 같다.[6]

神功47-4	職麻那那加比跪	チクマナナガヒコ	(百濟記)
神功62	沙至比跪	サチヒコ	(百濟記)
			(神功62에 5회 출현)
神功62	比跪	ヒコ	(百濟記)
			(神功62에 3회 출현)
雄略2-7	阿禮奴跪	アレナコ	(百濟新撰)
武列4-4	筑紫嶋	チクシのシマ	(百濟新撰)
武列4-4	各羅	カカラ	(百濟新撰)
繼體3-2	久羅麻致支彌	クラマチキミ	(百濟本記)
繼體7-6	意斯移麻岐彌	オシヤマキミ	(百濟本記)
繼體9-2-4	物部至至連	もののべのチチムラジ	(百濟本記)
欽明2-7	加不至費直	カフチのアタヒ	(百濟本紀)
欽明5-2	津守連己麻奴跪	ツモリのムラジこマナコ	(百濟本記)

---

6) 欽明5年3月條 본문에 나타난 '己麻奴跪'라는 표기도 '百濟本記'에서 인용된 것으로 보이지만 여기에서는 제외하였다. 여기에 제시한 일본 인명은 앞에서 시도한 일본 고유명사 추출에서는 제외된 것들이다.

欽明5-3　　　烏胡跛臣　　　　　　ウゴハのオミ　　　　　　　(百濟本記)

欽明5-3　　　既洒臣　　　　　　　こセのオミ　　　　　　　　(百濟本記)

欽明11-2-10 阿比多　　　　　　　アヒタ　　　　　　　　　　(百濟本記)

欽明11-4　　阿比多　　　　　　　アヒタ　　　　　　　　　　(百濟本記)

欽明17-1　　筑紫君　　　　　　　ツクシしのキミ　　　　　　(百濟本記)

『일본서기』 백제 고유명사는 백제어로 이루어진 표기를 일본어로 주음하였기 때문에 그 음주를 백제 한자음이나 백제어 음운을 추정하는 데 활용할 수 없다. 그러나 '百濟史料' 일본 인명은 백제 한자음을 바탕으로 표기한 것이기 때문에 그 음주를 활용할 수 있다는 장점을 가지고 있다.

특히 주목할 만한 것은 '百濟史料'에 나타난 일본 인명의 일부는 訓假名으로 쓰인 동일 인명과 대조할 수 있다는 점이다.

職麻那那加比跪　　　千熊長彦(チクマナナガヒコ)

沙至比跪　　　　　　襲津彦(サチヒコ)

比跪　　　　　　　　彦(ヒコ)

意斯移麻岐彌　　　　押山(君)(オシヤマキミ)

物部至至連　　　　　物部伊勢連父根(もののべのイセのムラジチチ)

烏胡跛臣　　　　　　的臣(イクハのオミ)

既洒臣　　　　　　　許勢臣(こセのオミ)

加不至費直　　　　　河內直(カフチのアタヒ)

'百濟史料'에 나타난 일본 인명 표기에 쓰인 표기자 가운데 '君(kimi・キミ)', '連(murazi・ムラジ)', '物(monö・モの)', '部(be・ベ)', '守(mori・モリ)', '臣(omi・オミ)', '費直(atafi・アタヒ)'는 音假名으로 볼 수 없다. 그리고 '筑紫(tikusi・ツクシ)'는 일본 지명에 널리 쓰이고 있는 표기이기 때문에 일본

고유명사 표기를 그대로 옮겼을 가능성이 높다. '百濟史料' 일본 인명표기에 쓰인 音假名을 음주와 訓假名 표기된 고유명사를 참조하면서 그 표음별로 출현횟수와 함께 제시하면 다음과 같다.

各(kaka·カカ·1)	跪(ko·コ·13)	加(ka·カ·2)	久(ku·ク·1)
岐(ki·キ·1)	己(kö·こ·3)	旣(kö·こ·1)	那(na·ナ·2)
奴(na·ナ·4)	多(ta·タ·2)	羅(ra·ラ·2)	禮(re·レ·1)
麻(ma·マ·6)	彌(mi·ミ·2)	不(fu·フ·1)	比(fi·ヒ·11)
洒(se·セ·1)	斯(si·シ·1)	沙(sa·サ·5)	阿(a·ア·3)
烏(u·ウ·1)	意(o·オ·1)	移(ja·ヤ·1)	支(ki·キ·1)
至(ti·チ·8)	職(tiku·チク·1)	致(ti·チ·1)	跛(fa·ハ·1)
胡(go·ゴ·1)			

이와 같이 '百濟史料'에 나타난 일본 인명 표기 音假名은 29개이다. 다만 표음에 약간의 의문이 남는 경우가 있다. 가령 '百濟史料'에서는 '烏胡跛臣(うごはのおみ)'라는 고유명사 표기가 나타나는데 이것은 '的臣(いくはのおみ)'를 표기한 것이다. 'iku(イク)'를 '烏胡(ugo[ウゴ])'로 표기하고 있는데 그 음상에 상당한 괴리를 보이고 있다. 이것은 일본 고유명사를 백제 한자음을 바탕으로 한 차자 표기로 옮길 때 생긴 현상일 가능성이 높다. 일본 고유명사의 원음을 고려하면 '烏'는 'i(イ)'를, '胡'는 'ku(ク)'를 표기한 것으로 해석할 수 있다. 다만 음주는 '烏'가 'u(ウ)'로, '胡'가 'go(ゴ)'로 되어 있다. 그리고 한국 측 자료를 고려하면 '烏'는 'o(オ)'가 될 것으로 보인다.[7] 일단 여기에서는 편의상 음주에 따라 '烏'가 'u(ウ)'를,

---

7) 都守熙(1977)는 『삼국사기』 "孤山縣本百濟烏山縣"에 나타난 '烏'에서 'oy'를 재구하고 '烏'와 '孤', '禮'의 대응에서 '외(孤)'라는 뜻으로 해석했다. 都守熙(1977)는 'oy'에서 백제어 형용사 'oyrepta(孤)'를 재구하고 있다. 朴炳采(1968)도 같은 지명에서 'o'를 재구하고 역시 '孤'라는 뜻으로 보고 있다. 최남희(1999:277)는 "臨汀縣本斤烏支縣景德王改名今迎

‘胡’가 ‘go(コ)’를 표음하는 것으로 보았다. 다만 이것은 확정적인 것이 아니며 ‘百濟史料’ 일본 인명 표기가 반드시 일본어 표음을 정확히 반영하지 않았을 가능성도 염두에 둘 필요가 있다.

‘百濟史料’ 일본 인명 音假名 중 ‘跪’는 일본 고유명사에 나타나지 않은 音假名이기 때문에 甲·乙類 판별이 불가능하다. 그러나 ‘跪’는 ‘比跪’의 형태로 ‘fiko’의 표기에 쓰이고 있다. 일본 고유명사에는 ‘fiko’는 ‘比古’, ‘避高’로 표기되고 있다. ‘高’, ‘古’는 甲類에 속하기 때문에 ‘跪’는 ‘ko(コ)’를 표기한 것으로 추정된다.

이들 ‘百濟史料’에 나타난 일본 인명은 ‘百濟史料’에만 인용되었다는 점과 앞에서 언급한 ‘君’(kimi·キミ), ‘連’(murazi·ムラジ), ‘物’(mono·モノ) 등을 제외하고는 모두 음차자로 표기되어 있다는 점에서 백제인이 백제 한자음으로 일본 인명을 표기하였을 가능성이 높은 것으로 보인다. 그 근거로 이들 일본 인명 표기에 쓰인 音假名 중에는 『일본서기』 일본 고유명사 표기에는 찾아볼 수 없는 것이 포함되고 있다는 점을 들 수 있다. 게다가 ‘跪’, ‘職’은 일본 차자 표기에서도 전혀 찾아볼 수 없는 것이다. 또한 ‘意’, ‘支’, ‘至’ 등은 『일본서기』에서는 ‘百濟史料’ 및 『일본서기』 한국 고유명사 표기에만 쓰인 音假名이다.

日縣”이라는 신라 지명의 ‘臨汀’과 ‘烏’가 “물가에 있는 새”와 관련이 있는 것으로 보고 ‘烏’를 ‘가마우지’와 연관시켰다. 최남희(1999)는 『鄕藥救急方』의 ‘水鳥如烏’, “烏支, 水鳥如鳧, 善補語”, ‘加宁五知’라는 ‘가마우지’의 고형(古形)을 ‘오디’로 보았다. 다만 최남희(1999 : 278)는 ‘烏’의 재구음에 대해 “上古音 기층에 의하여 형성된 자이면 ‘a’일 것이며 남방 방언이나 中古音 기층에 형성된 字이면 ‘u’일 것이다”라고 지적하고 있다.

2) '百濟史料' 일본 인명에 대한 선행 연구

'백제사료'에 나타난 일본 인명이 백제인에 의해 표기되었을 가능성에 대해서는 오래전부터 지적되어 왔다. 먼저 春日政治(1933)는 '移'와 '至'가 推古遺文 音假名에서도 찾아볼 수 있다고 지적하였다. 大野透(1962 : 167)는 '至'가 推古遺文에만 볼 수 있는 오래된 音假名이며 한국 고유명사 표기에서도 찾아볼 수 있기 때문에 한국의 영향을 받은 音假名으로 보고 있다.8) 大野透(1962 : 188)는 '移'와 '非' 역시 한국 고유명사 표기 및 '百濟史料'에 나타난 고유명사에 쓰인 音假名이므로 한국의 영향을 받았을 가능성이 있는 오래된 音假名이라고 지적하였다.9) 築島裕(1981 : 24~25)는 '至'·'移'가 推古遺文의 音假名과 일치하고 '職'이 'tiku'의 표기로 쓰인 것은 오래된 한자음을 이용하였기 때문이라고 지적하였다. '支'에 대해서는 藤井茂利(1996 : 77), 兪昌均(1994 : 179) 등이 '慕竹旨郎歌'의 "好支賜烏隱"에 나타난 '支'와 관련시켜 한국 한자음의 영향을 지적하고 있다. 藤井茂利(1991)는 '意'가 推古遺文에도 쓰이고 있으며 특히 백제인에 의해 표기된 것으로 추측되는 隅田八幡畵像鏡에 새겨진 '意柴沙加'의 '意'와 일치한다고 지적하였다.

李根雨(1991)는 '百濟記'에 나타난 일본 인명의 표기 방식과 특수한 音假名에 주목하여 '斯摩宿禰', '職麻那那加比跪', '沙至比跪' 등이 백제식 차자 표기법이며 이들 인명이 백제 측 자료에 바탕을 둔 것이라고 지적하였다. 특히 이들 인명에 대해서는 『일본서기』 편찬자도 그 인물에 대

---

8) '至'는 神功紀에 나타난 '旣殿至'(百濟記), '百久至'(百濟記), '阿首至'(百濟記), '爾汶至(百濟記)', 繼體紀에 나타난 '汝得至', '竹汶至', 欽明紀에 나타난 '彌至己知' 등에 볼 수 있으나 일본 고유명사에서는 찾아볼 수 없다.

9) 『日本書紀』(欽明紀)에 '阿賢移那斯', '移那斯'라는 표기가 보인다. 일본 고유명사로는 神功紀에 '爾波移'라는 표기가 보인다.

해 일본 측의 어떤 인물에 비정(比定)할 수 있을지 정확히 알지 못하였다고 지적하였다.[10]

李根雨(1994 : 33)는 '百濟史料'에 나타난 일본 인명에 '奴', '跪' 등 비속자(卑俗字)가 쓰인 것은 '百濟史料' 편찬자의 의도에 따른 것이라고 보고, 이들 인명이 일본인에 의해 쓰이지 않았을 가능성을 시사하고 있다.

또한 '百濟史料'에 나타난 일본 고유명사 音假名 가운데 '跪', '支', '至', '職', '跛', '旣', '洒'는 『일본서기』의 다른 일본 고유명사에서는 찾아볼 수 없다는 사실이 선행 연구에서 지적되었다. 이러한 사실들로 보아서 '百濟史料'에 나타난 일본 인명 표기는 백제인이 백제 한자음을 바탕으로 해서 일본 인명을 표기했을 가능성이 높다고 할 수 있다.

3) 일본 인명에 의한 백제 한자음의 추정

여기에서는 백제인이 백제 한자음을 바탕으로 표기하였을 가능성이 높은 일본 인명의 音假名을 통해 백제 한자음의 특징을 추정하고자 한다. 여기서는 '百濟史料'에 나타난 音假名을 母音・子音별로 분류하고 森博達(1991)이 『일본서기』(가요・訓註)(a群)에서 재구한 상대 일본어의 음운과 대조하는 방법을 택하였다.[11] 먼저 a(ア)列의 표기에 쓰인 音假名을 보면 다음과 같다.

---

10) "斯摩宿禰者不知何姓人也"(神功46年條), "千熊長彦者分明不知其姓人"(神功47年條), "(木羅斤資・沙至比跪)是二人不知其姓"(神功49年條)와 같이 분주에서 그 인물에 대해 의문을 제기하고 있다. 『일본서기』 분주에서 본문에 대해 의문을 제기하는 예는 찾아볼 수 없기 때문에 '百濟史料'가 『일본서기』 편찬에 있어 특별한 위치에 있었다고 볼 수 있다.

11) 상대 日本語의 음가 추정에 대해서는 橋本進吉(1950), 大野晋(1953), 有坂秀世(1955, 1957), 服部四郎(1957, 1976) 등에 의해 다양한 학설이 제기되고 있으나 森博達(1991)은 『일본서기』 가요・訓注 중에서 唐代 北方音을 바탕으로 표기된 부분(a群)만으로 음가를 추정하고 있어 일본 한자음에 영향을 고려할 필요가 없다는 점에서 신뢰도가 높다.

a(ア)列	跛	fa(ハ)	幇果合(1)	[ua]	1	1
	奴	na(ナ)	尼模合(1)	[u]	4	4
	移	ja(ヤ)	喩支開(3)	[̯ie]	1	1
	麻	ma(マ)	明麻開(2)	[a]	6	13
	加	ka(カ)	見麻開(2)	[a]	1	
	加	ga(ガ)	見麻開(2)	[a]	1	
	沙	sa(サ)	疏麻開(2)	[a]	5	
	阿	a(ア)	影歌開(1)	[ɑ]	3	9
	多	ta(タ)	端歌開(1)	[ɑ]	2	
	羅	ra(ラ)	來歌開(1)	[ɑ]	1	
	那	na(ナ)	尼哿開(1)	[ɑ]	2	
	各	kaka(カカ)	見澤開(1)	[ɑk]	1	

이들 音假名은 '百濟史料' 일본 인명 표기에서 'a(ア)' 모음을 가진 음을 표기하기 위해 쓰인 것들이다. 森博達(1991 : 60)은 『일본서기』(가요·訓註)(α群)에 a(ア)列으로 쓰인 音假名의 韻母가 대부분 [歌]韻(開口三等)인 점을 들어 상대 일본어의 'a(ア)', 'ka(カ)', 'ga(ガ)', 'fa(ハ)', 'ba(バ)', 'ma(マ)', 'ɰa(ワ)'의 모음 'a'는 後舌·開母音이었다고 보았다. 이 주장은 有坂秀世(1955)가 상대 일본어 자료 6종에 나타난 a(ア)列 音假名을 조사하여 a(ア)列音이 후설적이었던 가능성을 지적한 것과 일치한다.[12] '百濟史料'에 나타난 일본 인명에서는 1等韻인 [ɑ]와 2等韻인 [a]가 통용되고 있다. 이 사실은 백제어에서 [ɑ]와 [a]가 변별되지 않았다는 것을 시사해 주는 것이다.

또 '移(ja·ヤ)'는 유일하게 a(ア)列에 쓰인 [支]韻字라는 점에서 주목을 끈다. 藤井茂利(1978)는 "'移'의 한국 한자음은 '이'지만 『東國正韻』에서

---

12) 『尙宮聖德法王帝說』, 『古事記』, 『日本書紀』, 『佛足石歌』, 『萬葉集』(다만 '東歌防人歌'를 제외), 『續日本紀宣命』(天平寶字3年까지).

는 '雞韻'(예)에도 속해 있기 때문에 원래는 '어'라는 字音을 가지고 있었다"고 보고 '奇'나 '宜'가 推古遺文에서 'ga(カ)'를 표음했듯이 '移'도 'ja(ヤ)'의 표음에 쓸 수 있다고 보았다.

이것은 '推古遺文'에서 같은 [支]韻에 속한 '奇'가 'ka(カ)'의 표음에 쓰인 것과 공통된 현상이다. 따라서 백제 한자음에서 [支]韻에 속한 한자음의 일부가 [ɑ] 내지 [a]라는 음가를 가지고 있었다는 추측이 가능하다. [支]韻字가 [ɑ] 내지 [a]라는 음가를 가지게 된 이유에 대해 李敦柱(1995 : 361)는 '推古遺文'의 音假名과 관련해서 중국 상고음의 영향을 거론한 바 있다. 즉 '移', '奇' 등의 중국 상고 한자음은 [歌]部에 속하며 '奇'의 성부가 '可'이며 '移'의 성부가 '多'인 점으로 미루어 상고의 핵모음(核母音)이 [a]이었을 가능성이 높다고 보고 있다.

i(イ)列의 표기에 쓰인 音假名은 다음과 같다.

i(イ)列甲類	支	ki(キ)	照支開(3)	[ʮie]	1	13
	岐	ki(キ)	羣支開(3)	[ʮie]	1	
	比	fi(ヒ)	奉支開(3)	[ʮie]	11	
	彌	mi(ミ)	微至開(3)	[i]	2	2

i(イ)列一類	斯	si(シ)	心支開(3)	[ʮie]	1	1
	致	ti(チ)	知至開(3)	[i]	1	12
	至	ti(チ)	照至開(3)	[i]	11	
	職	tiku(チク)	照職開(3)	[ʮiək]	2	2

이들 音假名은 '百濟史料' 일본 인명 표기에서 'i(イ)', 'i(ゐ)' 모음을 가진 음을 표기하기 위해 쓰인 것들이다. 여기에서는 'i(イ)'列 甲類, 一

類에서 支開 3等韻字([̯ie])와 至開 3等韻字([i])가 통용된 현상을 확인할 수 있다. 이 현상은 백제 한자음에서는 [支]韻과 [脂]韻을 변별하지 않았다는 것을 시사해 주는 것이다.

犬飼隆他(2005 : 80)는 李崇寧(1982)이 작성한 "地名表記法의 用字 體系(一般型)" 일람표에서 '未'와 '彌'가 같은 음가를 나타내는 것으로 표시된 점을 들어 萬葉假名에서는 구별되는 'mi(ミ)'('未')와 'mï(み)'('彌')가 고대 한국어에서는 구별되지 않았다고 지적하였다.[13] 犬飼隆他(2005 : 80)는 이것을 근거로 고대 한국어에서는 상대 일본어에서 볼 수 있는 'mi(ミ)'와 'mï(み)'의 대립은 존재하지 않았고 변별하지도 못하였다고 보고 있다.[14] 森博達(1991)은 『일본서기』(가요・訓註)(α群)에 i(イ)列 甲類의 음가를 [i]로, i(イ)列 乙類의 음가를 [ɪ]로 추정하며 i(イ)列 乙類가 甲類에 비해 약간 후설적이었다고 보았다. 백제 한자음에서는 이러한 음의 차이를 변별하지 않던 것으로 보인다.

o(オ)列의 표기에 쓰인 音假名은 다음과 같다.

---

13) 그런데 馬淵和男他(1978)는 『삼국사기』에 나타난 "儒城縣本百濟奴斯只縣", "潔城本百濟紀己郡"이라는 표기에서 '奴斯只'의 '只'는 일본 차자 표기에서 i(イ)列 甲類인 'ki(キ)'에 해당되고 '紀己'의 '己'는 i(イ)列 乙類인 'kï(き)'에 해당되기 때문에 백제 한자음에서는 이 두 가지 음을 변별하지 못하였다고 보고 있다.

14)

母音 初聲	아	어	오	우	ᄋ	으	이	야
母音	阿	於	烏(吾)	于(亏)	×	×	伊(耳)	耶(也)
k(g)	加(伽)	居(巨)	古	仇	×	×	只	×
n	乃奈	×	刀道都	豆	×	×	知	×
r, l	羅	×	老	×	×	×	里利	×
m	馬	×	毛	武	×	×	未(彌)	×
pbp'	波巴	×	甫	夫富	×	×	比	×
s	沙	西	所	首	斯史	×	時	×
č(ts)	×	×	助	主(朱)	次	×	支	×
h	河?	許?虛?	×	厚	×	×	×	×

地名表記法의 用字體系(一般型)

o(オ)列 甲類	跪	ko(コ)	溪紙合(3)	[-i̯we]	13	13
	胡	go(ゴ)	匣模合(1)	[u]	1	1

o(オ)列 一類	意	o(オ)	於志開(3)	[i̯ə]	1	1

o(オ)列 乙類	己	kö(こ)	見止開(3)	[i̯ə]	3	3
	旣	kö(こ)	見尾開(3)	[i̯əi]	1	1

이들 音假名은 '百濟史料' 일본 인명 표기에서 'o(オ)', 'ö(お)' 모음을 가진 음을 표기하기 위해 쓰인 것들이다. 森博達(1991 : 79)은 『일본서기』(가요·訓註)(α群)에 o(オ)列 甲類로 쓰인 音假名의 韻母가 대부분 [模]韻(開口一等)이며 [模]韻의 중고음의 음가가 [o]이었기 때문에 o(オ)列 甲類의 음가를 [o]로 추정하고 있다. 한편 『일본서기』(가요·訓註)(α群)에서 o(オ)列 乙類로 쓰인 音假名은 [登]韻과 [魚]韻 및 [登]韻의 入聲韻인 [德]韻이며 [登]韻의 중고음의 음가가 [-əŋ]이었기 때문에 o(オ)列 乙類의 음가를 [ə]로 추정하고 있다. o(オ)列 一類에서 대해서는 森博達(1991 : 85~89)은 'o(オ)'는 乙類[ə]에 가깝고 다만 'fo(ホ)'·'bo(ボ)'·'mo(モ)'·'ɰo(ヲ)'만은 o(オ)列 甲類[o]에 가깝다고 보았다.

'百濟史料'에 나타난 일본 인명 표기에서는 o(オ)列의 표기에 紙合 3等韻字([-i̯we]), 志·止開 3等韻字([-i̯ə]) 등이 쓰이고 있다. 이것은 이들 韻母가 백제 한자음에서는 [o] 내지 [ə]의 음가를 가지고 있었다는 것을 시사해 주는 것이다. 藤井茂利(1991)는 이 현상에 대해 '意'의 중국 上古音 '[iəg]'가 백제를 거쳐 일본까지 전해졌기 때문에 'o(オ)'의 音假名으로 쓰였다고 지적하였다.

李敦柱(1995 : 361)는 '己', '意' 등 [之]韻字가 'ö(ə)'로 반영된 현상에 대해 '推古遺文'의 音假名과 관련해 [之]韻의 上古 한자음을 [*-əg]으로 가정한다면 그 핵모음은 [*ə]가 되고 일본 고유명사 표기에서 o(オ)列 乙類로 반영될 수 있었다고 보았다.

欽明2年7月條에 나타난 백제 인명인 '(奈率)己連'(kören・これん)은 欽明6年 5月條에 나타난 '其㨤'과 같은 인물로 추정되는데, 거기에 나타난 '其'도 [kə]라는 음가를 가지고 있었던 것으로 생각된다. 藤井茂利(1974c)는 '其'의 일본 한자음은 'ki(キ)'(吳音), 'gi(ギ)'이므로 'kö(コ)'의 표음은 백제 한자음의 영향으로 볼 수 있다고 지적하였다.

이러한 현상은 繼體23年4月條에 나타난 加羅 인명인 '費智'에 쓰인 '費'가 'fö(ほ)'를 표음한 데에서도 찾아볼 수 있으며, 이 '費'의 표음도 역시 한국 한자음의 영향일 가능성이 있다. 따라서 '費'가 속한 [微]韻도 한국 한자음에서는 [ə]라는 음가를 가졌을 가능성이 있다.

아울러 '己麻奴跪(kömanako)'의 표기에서 볼 수 있듯이 'ko(コ)'의 표음에 쓰인 音假名 '跪'와 'kö(コ)'의 표음에 쓰인 '己'가 서로 통용되지 않고 甲・乙類를 구분해서 쓰였다는 것은 백제 한자음에서도 [o]와 [ə]를 변별하고 있었다는 가능성을 시사해 주는 것이다.[15]

그런데 여기서 『삼국사기』의 백제 지명에 나타난 '己'에도 주목할 필요가 있다. 『삼국사기』에 나타난 백제 지명 가운데는 "悅城縣本百濟悅己縣", "潔城郡本百濟結己郡", "尹城縣本悅己" 등 '城'과 '己'가 대응하는

---

15) 상대 일본어에서는 o列 甲類와 乙類는 같은 어근(활용어는 어간) 안에는 나타나지 않는다. 그런데 古典文學大系 『일본서기』에서는 '高麗'를 '巨麻'로 표기한 점을 들어 '巨'와 '己'는 같은 o列 乙類에 속하기 때문에 '己麻'도 '高麗'를 표기한 것으로 보았다. 古典文學大系 『일본서기』에서는 '己麻奴跪'를 '高麗'의 '子'(kö[こ])를 표기한 것으로 보고 있는데 이 경우 '己'와 '跪'가 같은 어근에 공존하지 않으므로 앞의 법칙에는 저촉하지 않는다.

예가 있다. ‘己’는 ‘성(城)’을 나타내는 백제어이며 이 ‘己’가 상대 일본어에서 ‘성(城)’을 나타내는 어휘인 ‘ki(キ)’와 같다는 지적이 오래 전부터 있어 왔다.16) 그렇다면 백제 한자음에서 ‘己’의 음가는 ‘*ki’가 되며, ‘百濟史料’ 일본 인명에 쓰인 ‘kö(コ)’의 음가와는 상당한 차이를 보인다.

그러나 兪昌均(1983 : 220)은 『삼국사기』(第卷36・37)에 나타난 “悅城縣本百濟悅己縣景德王改名今定山縣”, “悅已縣一云豆陵尹城一云豆串城一云尹城”이라는 백제 지명의 ‘己’와 ‘串’을 대응시켜 ‘己’가 ‘串’의 훈(訓)을 나타내는 것으로 보았다. 兪昌均(1983 : 220)은 ‘己’가 萬葉假名에서 ‘kö(コ)’로 나타나며 ‘串’을 의미하는 중세 한국어는 ‘곶’이기 때문에 ‘己’에는 [kə]와 [ko]의 두 개 음을 적용시킬 수 있다고 보았다. 兪昌均(1994 : 354~355)은 『삼국사기』(卷第36)에 나타난 백제 지명 표기인 “悅城縣本百濟悅己縣”, “儒城縣本百濟奴斯只縣”, “潔城郡本百濟結已郡”, “秋城郡本百濟秋子兮郡”에서 보이는 ‘城’과 ‘己’・‘只’・‘兮’의 대응을 지적하며 이들은 모두 이른 시기에는 [kë]이었으며 후대에 와서 [ki]가 된 것으로 보고 있다. 兪昌均(1994 : 355)은 고구려어에서 성곽(城郭)을 뜻하는 ‘kol’이 “kol-kəi-ki”와 같은 변화를 거친 것으로 보고 있으며 이것은 『일본서기』에 나타난 일본 성곽을 나타내는 ‘ki(キ)’와 일치한다고 보았다. 또한 都守熙(1984, 1994)는 백제어에서 성곽을 의미하는 ‘己(ki)’의 어원에 대해 ‘忽’(*xul-*hol)과 ‘己’(*kiy-*ki)는 ‘溝漊’(*kuru-*kuri)에서 발달한 것으로 보고 다음과 같은 음운 변화를 추측하였다.

*kuru-kuri(溝漊)-kurø(어말 모음 탈락)-kur-hul(忽)
*kuru-kuri(溝漊)-kuøi(어중 자음 r탈락)-kuy-kiy(城)

---

16) 대표적인 것으로 金澤庄三郎(1910), 梁柱東(1942), 朴炳采(1968), 李基文(1972) 등을 들 수 있다.

성곽을 나타내는 백제어 어휘가 이러한 변화를 거쳤다고 한다면 '己'
의 음가를 반드시 '*ki'에만 고정할 필요는 없다고 본다. 尹幸舜(1994)도
董同龢가 재구한 중국 상고음인 'kiəg'과 '推古遺文' 및 『일본서기』에
나타난 '己'의 표음을 고려할 때 백제 지명에 나타난 '己'의 음가는
'kö'([kə])에 가까웠다고 추정하고 있다.[17]

ka(カ)行·ga(ガ)行의 표음에 쓰인 音假名은 다음과 같다.

ka(カ)行	加	ka(カ)	見	1	7
	久	ku(ク)	見	1	
	己	kö(コ)	見	3	
	旣	kö(コ)	見	1	
	各	kaka(カカ)	見	1	
	跪	ko(コ)	溪(羣)	13	13
	岐	ki(キ)	羣	1	1
	支	ki(キ)	照	1	1

ga(ガ)行	加	ga(ガ)	見	1	1
	胡	go(ゴ)	匣	1	1

이들 音假名은 '百濟史料' 일본 인명 표기에서 'k-', 'g-' 子音을 가진
음을 표기하기 위해 쓰인 것들이다.

ka(カ)行音의 음가에 대해 森博達(1991 : 121)에서는 『일본서기』(가요·訓

---

17) 尹幸舜(1994)은 기존의 연구에서 백제 지명에 나타나는 '己(城)'의 음가를 'ki'로 추정한
것은 '己'가 推古遺文 등 오래된 音假名 표기에서 'kö(コ)'로 쓰인 사실을 도외시한 결과
라고 보았다. 또한 藤井茂利(1974a)는 『삼국사기』(卷第35)에 나타난 "己汶縣本今勿"이라
는 지명 표기를 들어 '己'의 모음은 '今[kʷn]'처럼 원순성(圓脣性)을 띠고 있으며 일본
어의 'kö(コ)'에 가까웠다고 지적하고 있다.

註)(a群)에 ka(カ)行音으로 쓰인 音假名의 聲母가 [見]·[羣]·[溪]母이며 喉音字가 전혀 쓰이지 않았다고 지적하여 ka(カ)行의 子音은 無聲 破裂音인 [k]였다고 주장하였다. '百濟史料' 일본 인명에는 ka(カ)行音을 표음하는데 [見]母·[羣]母·[溪]母가 쓰이고 있다. 이 중 유성음, 즉 全濁音인 [羣]母에 속한 '岐'가 'ki(キ)'를 표음하는 데 쓰이고 있다. [羣]母字가 ka(カ)行音의 표음에 쓰이는 현상은 일본 고유명사 표기에서도 널리 볼 수 있는 현상이지만 이는 백제 한자음에서도 무성음인 [k]와 유성음인 [g]를 변별하지 않았을 개연성을 시사하는 것이다. '百濟史料' 일본 인명 표기에서는 '加'가 'ga(ガ)'의 표음에 쓰이고 있는데 백제 한자음에서 [k]와 [g]를 변별하지 않았다면, 이 표기는 백제인이 상대 일본어의 'ga(ガ)'를 듣고 '加'로 표기했을 가능성이 있다. 같은 '加'가 '百濟史料' 일본 인명 표기에서 'ka(カ)'를 표음하는 데 쓰이고 있는 것도 이 추측을 뒷받침해 준다.

여기에서 주목을 끄는 것은 ka(カ)行에서 유일하게 [照]母에 속한 '支'이다. '推古遺文'이나『일본서기』한국 고유명사의 표기에서 '支'가 'ki(キ)'의 표음에 쓰인 사실을 이미 앞에서 언급한 바가 있다.[18] 그런데 한국 측 자료에서도 [照]母에 속한 음차자가 'k'로 쓰인 예를 찾아볼 수 있다. 兪昌均(1991 : 325)에서는『삼국사기』에 나타난 "悅城縣本百濟悅己縣", "儒城縣本百濟奴斯只縣"이라는 지명 표기를 근거로 '己'와 [照]母

---

18) 최남희(1999 : 273~274)에서는『삼국사기』의 "菓支縣一云菓兮"라는 백제 지명 표기에 나타난 '支'와 '兮'의 대응에 관해 'ɣieg'(董同龢, 상고음), 'ɣiei'(Karlgren, 중고음), 'geʏ'·'ɣiɛi'(周法高, 상고음·중고음)와 같이 추정된 '兮'의 중국 한자음에서 한국 한자음에서 'ki'로 반영된 것으로 보았다. 최남희(1999)는 백제 지명 표기에서는 '支'는 'ki'의 표음에 쓰였으나 고구려 지명 표기에서는 'ki', 'ti'를 표음하는 데 쓰였고, 신라 지명 표기에서는 'ti', 'ki', 'ci'를 표음하는 데 쓰였다고 지적하였다. 또한 신라 향가에서는 'ki', 'hi', 'ci' 등을 표음하는 데 쓰였는데 이러한 표음의 차이는 그 기층(基層)이 된 한자음의 차이에 기인하는 것으로 보았다.

인 '只'가 대응되는 것으로 보았다. 또한 "多岐縣本百濟多只縣"이라는 지명 표기를 들어 이들 '只'가 'k'를 나타내는 것으로 보고 있다. 『삼국유사』(卷1·王曆·新羅·訥祇)에도 "訥祇一作內只王"이라는 인명 표기가 보이며 이를 통해 '只'가 'k-'를 나타냈음을 알 수 있다.

安民歌, 薯童謠, 兜率歌, 遇賊歌 등에서도 '只'는 'ㄱ'·'기'를 표음한 것으로 해석되고 있다. 兪昌均(1994 : 371~382)은 [照]母가 'k'를 표음하게 된 원인에 대해 董同龢가 '只'의 중국 상고음을 [ǩieg]로 재구한 점을 들어 이 음이 중국 중고음을 기층으로 하는 '질·지'와는 별도로 한국 한자음으로 토착화되었다고 보았다.[19] 山口角鷹(1985)은 '支'는 齒音에 속하였으나 'ki(キ)'를 표음하는 데 쓰인 것은 원래 '支'가 '技', '芰', '伎', '岐'처럼 牙音에 속하였기 때문이라고 보았다. 따라서 백제 한자음에서는 [照]母에 속한 한자 가운데 일부가 [k]라는 음가를 가지고 있었다고 볼 수 있다. 다시 말하면 '百濟史料' 일본 인명 표기에서 [照]母에 속한 音假名이 ka(カ)行音의 표기로 쓰이는 것은 백제 한자음의 특징 때문이라고 볼 수 있다.[20]

---

19) 『삼국사기』(卷第34)에는 "三枝縣本三支縣(一云麻杖)景德王改名今因之"이라는 백제 지명이 나타난다. 여기에서 '支'와 '枝'가 대응하고 있는데 '支'가 [k]라는 음가를 가지고 있다면 당연히 [枝]도 [k]라는 음가를 가지고 있었을 것이다. 특히 '枝'가 '支'와 같은 [照]母에 속한다는 점을 감안할 때 그 가능성이 크다고 할 수 있다.

20) 최남희(1999 : 346)는 고대 한국어 자료에 나타난 '只'의 대부분은 '-k', 'ki'를 표음하는 데 쓰이고 있다고 지적하고, 이 현상은 조선시대의 이두 표기까지 이어졌다고 보았다. 또한 최남희(1999 : 341~346)는 중국 상고음이나 중고음의 영향으로 이러한 음가가 형성되었을 가능성은 낮다고 보았다. 최남희(1999 : 341~346)는 『廣韻』에서 '只'와 같은 聲韻을 가진 [紙]韻字(上聲)는 14자이며 이 14자의 음가를 『集韻』의 기록을 통해 검토해 본 결과, 그 半切上字가 'k-'인 것이 7개나 나타났다고 지적하였다. 한편 『廣韻』에서 '只'와 같은 聲韻을 가진 [支]韻字(平聲)는 28자이며, 이 28자의 음가를 『集韻』의 기록을 통해 검토해 본 결과, 그 半切上字가 'k-'인 것이 9개가 나타났다고 지적하였다. 최남희(1999 : 346)는 '只'는 남조(南朝) 시대의 어느 방언음이 'ki'였을 가능성이 크며 백제 한자음 형성에 남조음(南朝音)이 큰 영향을 주었기 때문에 'ki'로 반영되었다고 보았다.

ga(カ)行音의 표음에는 [見]母字와 [匣]母字가 쓰이고 있다. 그러나 한국 측 자료에 나타난 음차자의 통용을 볼 때 무성음인 [見]母字와 유성음인 [溪]母字가 통용되는 등 [k]와 [g]를 변별했다고 보기 어렵다. 따라서 이들 音假名이 백제 한자음에서 [g]라는 음가를 가지고 있었다고는 보기는 어렵다. 백제인이 일본어의 'g-'라는 음을 듣고 'k-'로 인식해 [見]母字와 [匣]母字로 표기했다고 보는 것이 더 타당할 것이다.

國史大系『일본서기』에서는 '職麻那那加比跪'의 '烏胡跛臣'의 '胡'를 'ko(コ)'로 주음하고 있다. 이 주음에 따르면 喉音字인 '胡'가 ka(カ)行音으로 쓰인 예로 백제 한자음에서 喉音字의 일부가 'k'라는 음가를 지니고 있었다고 볼 수 있다.

ta(タ)行의 표음에 쓰인 音假名은 다음과 같다.

ta(タ)行	多	ta(タ)	端	2	2
	致	ti(チ)	知	1	1
	至	ti(チ)	照	8	9
	直	tiku(チク)	照	1	

이들 音假名은 '百濟史料' 일본 인명 표기에서 't' 字音을 가진 음을 표기하기 위해 쓰인 것들이다.

ta(タ)行의 음가에 대해 森博達(1991 : 121)은 『일본서기』(가요·訓註)(α群)에 ta(タ)行音으로 쓰인 音假名의 聲母가 [端]·[定]·[知]·[澄]母이며 次淸字가 전혀 쓰이지 않았기 때문에 ta(タ)行音은 無氣音에 가까웠다고 추정하였다. 'ti(チ)'의 표음에는 [知]·[澄] 등 舌上音이 쓰여 있으나 이것은 중고음에서 聲母와 韻母의 결합에 제약이 있었기 때문에 일어난 현상이고, ta(タ)行音의 음가는 無聲 破裂音인 [t]였다고 추정하였다. 따라서 백제 한자음에서도 [端]·[知]·[照]母는 [t]에 가까운 음가를 지니고 있었다는 추정이 가능하다. [照]母를 가진 音假名은 『古事記』·『일본서기』에서 모두 sa(サ)行音으로 쓰이고 있다는 점으로 보아 '至'와 '直'은 상당히 특수한 音假名라고 할 수 있다.21) 앞에서 [照]母에 속한 '支'가 ka(カ)行의 표음에 쓰인 현상을 지적하였으나 같은 [照]母에 속한 한자가 ta(タ)行音에 쓰인 현상으로 보아 [照]母에 속한 한자가 모두 [k]라는 음가를 가지지는 않았던 것으로 추정된다.

[照]母에 속한 '至'는 '百濟記'에 인용된 加羅 인명인 '阿首至', '百久至', '爾汝至', '旣殿至'에서도 볼 수 있으며, 『일본서기』 일본 고유명사에서는 '百濟史料'에 나타난 일본 인명 이외에는 찾아볼 수 없기 때문에 백제로부터의 유입가능성이 상당히 높다고 할 수 있다.

4) 추정된 백제 한자음의 특징

이상 音假名의 母音과 子音별로 '百濟史料'에 나타난 일본 인명 표기에 나타난 音假名을 통해 백제 한자음의 특징을 추정해 보았다. 그 결과를 요약하면 다음과 같다.

1 전설적(前舌的)인 [a]와 후설적(後舌的)인 [ɑ]를 변별하지 않았다.
2 [o]와 [ə]를 변별했을 가능성이 있다.
3 [支]·[之]韻 및 [微]韻에 속한 한자가 [o]·[ə]라는 음가를 가졌을 가능성이 크다.

---

21) 山口角鷹(1985)는 '至'가 원래 舌音이었으나 齒音으로 변화하였기 때문에 'ti(チ)'를 표음하는 音假名으로 쓰이지 않게 되었다고 보았다.

④ [支]韻字의 일부는 [a] 내지는 [ɑ]라는 음가를 가지고 있었을 가능성
  이 있다.
⑤ 喉音字의 일부가 [k] 음가를 가지고 있었다.
⑥ [照]母字의 일부가 [k] 음가를 가지고 있었던 것으로 추측된다.

위와 같은 추정은 일부 한국 측 자료에 나타난 차자 표기에서도 뒷받
침되는 것이며 喉音字의 일부가 [k] 음가를 가졌다는 추정은 앞에서 살
펴본 同名 異表記에서 추정된 결과와 일치하는 것이다. 同音 異表記가
단순히 표음의 추정에 그치는 데에 반해, 일본 인명 표기는 상대 일본
어 음운과의 대조를 통한 구체적인 음가 추정이 가능하므로 자료적 가
치가 높다고 하겠다.

3. '聯合假名'에 의한 백제 한자음 추정

여기에서는 『일본서기』 백제 고유명사 표기에 나타난 '聯合假名'을
이용해 백제 한자음의 특징을 살펴보고자 한다. '聯合假名'이란 한자음
의 陽聲韻尾 및 入聲韻尾를 이용한 차자 표기 방법을 가리키며 한국 측
자료에 나타난 고유명사 표기에도 같은 표기 방법이 '同音 重出表記'라
는 형태로 나타난다.

1) 상대 일본어 표기에 나타난 '聯合假名'

일본 차자 표기 체계에서 音假名 표기는 '一字一音節音假名', '略音假
名', '聯合假名', '一字多音節假名' 등으로 분류된다. '一字一音節音假名'은

‘阿(a · ア)’, ‘伊(i · イ)’, ‘宇(u · ウ)’, ‘加(ka · カ)’, ‘伎(ki · キ)’, ‘久(ku · ク)’와 같이 한 音假名이 한 음절을 나타내는 것이며, ‘略音假名’은 ‘安(a · ア)’, ‘吉(ki · キ)’, ‘仁(ni · ニ)’, ‘萬(ma · マ)’와 같이 韻尾를 생략한 것, ‘聯合假名’은 ‘南牟(namu · ナム)’, ‘凡牟(homu · ホム)’, ‘品牟(homu · ホム)’, ‘越等賣(u̯töme · ヲとメ)’, ‘萬爾(mani · マニ)’ 등 先行字의 韻尾와 後行字의 頭子音을 일치시키는 것, ‘一字多音節假名’은 ‘有濫(arikemu · アリケム)’, ‘有兼(arikemu · アリケム)’, ‘久良三(kurasamu · クラサム)’, ‘越乞(ötiköti · おチこチ)’와 같이 하나의 차자 표기자를 다음절 표기에 쓰는 것을 가리킨다.

이 중 ‘聯合假名’은 특히 脣內韻尾(-p, -m)를 가진 音假名에서 많이 나타난다는 사실이 木下正俊(1954), 小島憲之 · 木下正俊 · 佐竹昭廣(1981) 등에 의해 지적되어 왔다. 小島憲之 · 木下正俊 · 佐竹昭廣(1981)이 제시한 예는 다음과 같다.

凡牟都和氣命(fomutu̯akënomikötö · 『上宮紀』 逸文)
品牟都和氣命(fomutu̯akënomikötö · 『古事記』 中)
情有南畝(kököröarinamo · 『萬葉集』 卷1-8)
甲斐(kafi · 地名)
奧津甲斐弁羅神(okitukafiberanokamï · 『萬葉集』 卷14-3516)

馬淵和男(1982), 松浦加壽美(1990) 등은 이 ‘聯合假名’을 이용한 표기 방법이 한국에서 일본에 전해졌을 가능성을 거론하기도 하였다.

2) 古代 한국어 표기에 나타난 '同音 重出表記'

俞昌均(1983, 1991), 康仁善(1986) 등은 『삼국사기』의 지명 표기에서도 '聯合假名'과 같은 표기 방법을 찾아볼 수 있다고 지적하고 있다.

俞昌均(1983 : 346)은 백제 지명 표기에 쓰인 음차자에 대해 -k 入聲字의 특징은 음 연결에 있어 -k가 선행(先行)할 경우 후속(後續)하는 음차자가 연구개음계에 속하는 자류(字類)를 선택한 점에 있다고 언급하며 다음과 같은 예를 제시하였다.

德近-[德殷]	德(-k) + 近(g´-)	백제
碧骨-[金堤]	碧(-k) + 骨(k-)	백제
伯海-伯伊	伯(-k) + 海(x-)	백제
伏忽-[寶城]	伏(-k) + 忽(xm-)	백제
大木岳-[大麓]	木(-k) + + 岳(ng-)	백제
塞琴-[捉濱]	塞(-k) + 琴(g´-)	백제
所力只-[沃野]	力(-k) + 只(k-)	백제

俞昌均(1983, 1991)은 이러한 음차자가 구체적인 음성 현상에서는 선행자(先行字)의 韻尾와 후행자(後行字)의 聲母 가운데 어느 하나가 삭제되는 경향이 있었다고 보고 이 현상을 '同音 重出現象'이라고 지칭하였다. 위에 제시된 지명 가운데 '德近'은 개신 지명에서 '德殷'이 된 것처럼 -k가 ø로 교체되고 있다. '伯海'도 '伯伊'로 표기되어 -k가 ø로 교체되었고 '伏忽'도 개신 지명에서 '伏'이 '寶'로 交替되었다. 俞昌均(1983 : 348)은 이러한 同音 重出表記의 경향을 陽聲 韻尾字에서도 볼 수 있다고 지적하였다.

甘買－[馴潘]	甘(-m) + 買(m-)	백제
今勿－[今武]	今(-m) + 勿(m-)	백제
進乃－[進禮]	進(-n) + 乃(nj-)	백제
甘勿阿－[咸悅]	甘(-m) + 勿(m-)	백제
半南夫里－[潘南]	半(-n) + 奈(-n)	백제

이들 표기도 앞에서 본 -k 入聲 韻尾字의 경우와 마찬가지로 구체적인 음성 실현에서는 선행자의 韻尾와 후행자의 聲母 가운데 어느 하나가 消去되는 경향이 있었다고 보았다.

俞昌均(1983, 1991)은 이러한 同音 重出現象을 일본의 차자 표기와 관련시켜 논의하지 않았으나 선행자의 韻尾와 후행자의 頭子音이 일치하며 선행자의 韻尾가 생략된다는 현상에 있어 聯合假名과 거의 같다고 볼 수 있다. 또한 졸고(1997a)에서는 『삼국사기』에 -m 韻尾와 -p 韻尾를 이용한 同音 重出表記가 나타난 지명 표기가 있음을 제시한 바가 있다.22)

---

22) (1) '甘勿'과 (3) '今勿'에 대해서 都守熙(1977 : 51)는 '金馬'·'甘那勿'의 '金'·'甘'이 '熊(곰)'을 나타내는 '*koma~*kuma'로 보았다. 그 근거로 '고모ᄂᆞ룩(熊津)'(『龍飛御天歌』 15 註釋), '久麻那利'(『일본서기』 卷14), '久麻怒利'(『일본서기』 卷26), '固麻國'(『周書』 北史) '乾馬國'(『魏志』) 등을 들어, 이들 표기로 보아서 '*kVmV'일 가능성이 있다고 주장하였다. 또한 고구려 지명인 "功木達一云熊閃山"(『삼국사기』 卷第37)에 나타난 '功木'도 이 '*koma~*kuma'와 같은 단어라고 보았다. (2)에 대해 都守熙(1977 : 46)는 '今勿→今武→德豊'과 같은 지명 변화를 가정하여 이것을 '己汶縣本今勿'과 비교하면서 '勿=武=汶'이란 등식을 제시하였다. '勿阿兮→務安→勿良→武州'에서도 '勿=務=武'라는 等式을 볼 수 있어 신라 지명 '史勿→泗水縣'(『삼국사기』 卷第34)처럼 '水(물)'을 뜻하는 중세 한국어 '믈'과 연결할 수 있다고 보았다. 그러나 都守熙(1977 : 56)에서는 (2)를 '今勿'이 '德'과 대응하기 때문에 '德늑大'로 보고 '今勿'을 '大'를 나타내는 '*kimir, *kVmV'를 표기한 가능성도 제시하였다. 또한 고구려 지명 (4)를 신라 지명 (8)과 비교하면서 '今勿'과 '陰(黑)'을 대응시킬 수 있다는 점도 지적하였다. '陰'의 釋讀이 'ᄀᆞ놀'(『訓蒙字會』 上1, 『千字文』(光州版) 11), '그늘'(『類合』 上4, 『石峯千字文』 11)과 같이 'kimur'과 어느 정도 상이형(相以形)으로 점을 근거로 제시하기도 하였다. 손희하(1991)에 의하면 『千字文』 18種에 나타난 '陰'의 새김은 'ᄀᆞ놀', '그늘' 등으로 나타나 있다. (3)에 대해 李基文(1991 : 326)은 '今勿'이 중세 한국어의 '검-'(黑)과 일치한다고 지적하였다. 朴炳采(1990 : 189)는 '今勿=陰(黑)'과 공통되는 어휘로 보았고 천소영(1990 : 103)도 '今勿'을

(1) 甘(-m) + 勿(m-)　　咸悅縣 本百濟甘勿阿縣 景德王改名 今因之魯山
　　　　　　　　　　　縣 本甘勿阿(『삼국사기』 卷第37)(백제 지명)

(2) 今(-m) + 勿(m-)　　今武縣 本百濟今勿縣 景德王改名 今德豊縣己汶
　　　　　　　　　　　縣 本今勿(同 卷第37)(백제 지명)

(3) 今(-m) + 勿(m-)　　今勿內郡 一云萬弩(同 卷第37), 黑壤郡 一云黃壤
　　　　　　　　　　　郡 本高句麗今勿奴郡 景德王改名 今鎭州(同 卷
　　　　　　　　　　　第35)(고구려 지명)

(4) 及(-p) + 伐(p-)　　岌山郡 本高句麗及伐山郡(同 卷第35), 及伐山郡
　　　　　　　　　　　(同 卷第37)(고구려 지명)

(5) 今(-m) + 勿(m-)　　御侮縣 本今勿縣 一云陰達 景德王改名 今因之
　　　　　　　　　　　(同 卷第34)(백제 지명)

　이와 같은 脣內韻尾를 이용한 同音 重出表記 이외에 『삼국사기』에는 入聲韻인 -t 韻尾를 이용한 同音 重出表記를 볼 수 있다. 兪昌均(1991)은 『삼국사기』 백제 지명에 나타난 同音 重出表記의 예를 다음과 같이 제시하였다.

'*kɔmɔr'(黑·陰)로 재구하고 중세국어의 '거믈-', '가믈(몰/믈)-', '검-'과 대응하는 것으로 보았다. (4)에 대해서 李基文(1991 : 313)은 '穴城本甲穴'(『삼국사기』 卷第37·鴨綠江以北打得城三)과 비교해서 '穴'을 나타내는 고구려어로 '*kapi(穴)'를 재구하였다. '甲比(*kapi)'와 '甲(*kap)'의 차이에 대해 李基文(1991 : 313, 319)은 방언적인 차이일 가능성을 지적하고 전자를 남부 방언형, 후자를 북부 방언형으로 볼 수도 있다고 하였다. 따라서 이것은 '甲'의 음미가 생략된 同音 重出表記로 볼 수 있다. 천소영(1990 : 183)에서는 '甲比'를 『삼국사기』 卷第35에 나오는 고구려 지명 "唐嶽縣本高句麗加火押憲德王置縣改名今中和縣"이라는 지명과 비교하면서 중세국어 'ᄀᆞᄫᆡᆫᄃᆡ'의 어근은 'ᄀᆞᆸ'이므로 '加火', '甲比'는 '中, 內'를 나타내는 것으로 보아 '*kapi'로 재구하고 있다. '唐'의 해석에 대해서는 朴炳采(1968 : 94)에서 '中'(중세국어의 訓이 *갑, *가ᄫᆡ-)의 뜻으로 풀이하였다. 이는 '唐嶽縣'의 지명이 고려 때 '中和縣'으로 개칭되었고, 삼국 시대에는 唐나라를 '中原'으로 인식한 데에 그 근거를 두고 있다. (5)에 대해 朴炳采(1990 : 162)는 '今勿'과 '陰'이 중세국어 '검-(黑)'과 대응되는 것으로 보았다. 즉 '今勿'을 '검-'의 활용형 '*kəmil'로 보고 이 관형사형이 직접 명사적 기능으로 사용된 것으로 간주했다. 따라서 '今勿'의 '勿'은 운미가 생략된 同音 重出表記로 볼 수 있다.

熱也山－尼山	熱(-t) ＋ 也(r-)	백제
舌林－西林	舌(-t) ＋ 林(l-)	백제
闕也山－野山	闕(-t) ＋ 也(r-)	백제
發羅－錦山	發(-t) ＋ 羅(l-)	백제

俞昌均(1991 : 389)은 -k 韻尾字는 同音 重出表記에서 '-k＋k-' 관계를 가지고 있으나 -t 韻尾字는 '-t＋t-' 관계로 나타나지 않고 '-t＋(r- / l-)' 관계로 나타난 점을 지적하며 "이러한 -t＋l-의 경향은 同音 重出이라는 입장에서 보면 자동적으로 -t가 -l化함을 뜻하는 것으로 해석된다"고 보았다.[23] 따라서 이것은 '-l＋l-'로 해석해야 되는 것으로 보고 같은 同音 重出表記인 '-k＋k-'의 경우처럼 '-t＋l →-l＋l-'의 경우에도 주 't' 중 하나가 삭제되었다고 보았다. 俞昌均(1991 : 390)은 이러한 현상에서 -t 韻尾의 -l化는 이미 백제 지명 표기에서 찾아볼 수 있다고 지적하였다. 한편 -t 韻尾가 n-聲母에 선행하는 예를 다음과 같이 제시하였다.

加乙乃－加知奈	乙(-t) ＋ 乃(n-)	백제
屈乃－咸豊	屈(-t) ＋ 乃(n-)	백제
屈奈－軍那	屈(-t) ＋ 奈(n-)	백제

俞昌均(1991 : 390)은 이러한 현상에 대해 -t 韻尾의 -l化가 '-t → -n → -l'과 같이 단계적으로 진행되었다고 설명하였다. 즉 앞에서 제시된 '-t＋-n'의 예가 '-n＋-n'의 同音 重出表記로 쓰이고 있었다는 것이다.[24]

---

23) 이들 중 '也'의 聲母는 'd-'로 재구되었는데 俞昌均(1991)은 "이것은 #—V에서는 j-로 代用되고, V—V에서는 -r-로 代用된 것으로 해석된다"고 주장하였다.

24) 따라서 -t韻尾의 -l化는 중국음에서 연유된 것이 아니고 백제어 내부에서 일어났다고도 보았다. 俞昌均(1991 : 391)은 -t韻尾字가 零聲母字(ø-)에 선행하는 예를 다음과 같이 제시하였다.

伐音支－清音　　　伐(-t) ＋ 音(ø-)　　　백제

또한 졸고(1997a)에서는 -t 韻尾의 고대 한국 한자음이 "-t → -n → -l"
이라는 변화를 거쳤다는 兪昌均(1991)의 주장을 전제로『삼국사기』지명
표기 가운데 -t 韻尾를 이용한 同音 重出表記가 나타난 표기와 그 근거
를 다음과 같이 제시한 바 있다.25)

甘勿阿－咸悅	勿(-t) + 阿(ø-)	백제
實於山－鐵冶	實(-t) + 於(ø-)	백제
勿阿兮－務安	勿(-t) + 阿(ø-)	백제
伐音村－富林	伐(-t) + 音(ø-)	백제

이 형상에 대해 兪昌均(1991)은 "伐音－富林"와 같은 예를 볼 때 역시 -t韻尾가 -l로 발
음되었다고 보았다. 또한 "伐音：淸", "實於：鐵"이라는 관계로 볼 때 '伐音'은 중세 한
국어 'ᄇᆞ름'에 비정되고 '實於'는 쇠(← 스리)에 비정된다고 보았다. 즉 이것이 l化하지
않고 t로 실현된 것이라면 '-t+ø-'같은 형태를 취하기보다 '-ø+t-'와 같은 형태를 취하
는 것이 더 타당하다는 것이다.

25) (1)에 대해 都守熙(1977 : 58)는 백제 지명 "陰峯(一云陰岑)縣本百濟牙述縣景德王改名今因
之"(『삼국사기』卷第36)의 '峯'과 '述'을 대응시켜 '*suri'(峯)를 재구하였다. 고구려 지명
'述爾忽', '首泥忽'과 '峯'을 대응시켜 '述爾', '首泥'도 같은 '*suni'(峯)로 보고 중세 한국
어 '수늙'과의 유사성을 지적하였다. 이 '述爾'는 '-n'화된 -t운미와 '爾'의 聲母 'n-'를 이
용한 同音 重出表記로 볼 수 있다. (2)에 대해 朴炳采(1990 : 201)은 '發羅'에서 '羅'의 聲母
'l-'은 어말 子音으로 첨가된 것이며 '發羅'는 중세국어 '붉-(明)'과 대응된다고 보았고, 지
명 표기에서 대응되는 '錦'자는 '明'의 아역(雅譯)으로 보았다. 그러나 천소영(1990 : 61)은
'發羅'는 羅州의 고지명으로 字音 그대로 'pɔrV'라 읽었다고 보았고 'pɔrV'는 '불'(火)에
서 파생된 색채어 'pɔrV'가 지명 표기에 쓰인 용례라고 지적하였다. 또 대응되는 '錦'과
관련해서 "'pɔrV'는 원칙적으로 '明'이나 '赤'으로 대응됨이 마땅하나 '錦山'의 '錦'으로
개칭한 것은 아역이라 여겨진다"고 언급하였다. (3)에 대해 천소영(1990 : 106)은 '一利'
와 景德王 개명 지명 '星山'을 대응시켜 중세 한국어에서 '은하수'를 '이리내'라고 한 것
을 들어 '*이리'를 이 '一利'와 같은 어형으로 보았다. 또한『일본서기』에서 淵蓋蘇文(泉
蓋蘇文)을 주음한 '伊利柯須彌'의 '伊利(*iri)'와 '淵', '泉'을 대응시켜, 이 '伊利'를 다시
'一利'와 대응시키기도 하였다. '一利'가 '*iri'로 재구될 경우 이것은 '一'의 운미 '-l'과
'利'의 聲母 'l-'를 이용한 同音 重出表記로 볼 수 있다. 또한 姜信沆(1991)은 (1)~(4)의
표기에 대해 구체적으로 재구된 형태를 제시하지 않았으나, "漢音의 上古音과 中古音에
서 -t운미음을 가졌던 字音들이 고대 국어에서 모두 -l말음으로 변화하였다고 단정할 수
없으나, 이들이 -ø운미음의 字音과 대응되는 예가 많다"고 지적하였다.

-l(-t)		-ø		
述爾忽縣	一云	首泥忽	『삼국사기』	卷第37
本百濟舌林郡		西林郡	『삼국사기』	卷第36

이와 같이 -t운미(-l말음)와 ø말음이 대응되는 현상에 대해 姜信沆(1991)은 "당시의 言衆
들이 국어의 음절말 자음을 분명히 청취하지 않아도 의사소통이 되었던 것이라고 가정

[-t + n-]
(1) 述(-t) + 爾(n-)　　　　峯城縣 本高句麗首爾忽 景德王改名 今因之(『삼
　　　　　　　　　　　　　국사기』卷第35)
　　　　　　　　　　　　　述爾忽縣(首尼忽縣)(同 卷第37)(고구려 지명)

[-t + l-]
(2) 舌(-t) + 林(l-)　　　　西林郡 本百濟舌林郡 景德王改名 今因之(同
　　　　　　　　　　　　　卷第36)
　　　　　　　　　　　　　舌林郡 (同 卷第37)(백제 지명)
(3) 一(-t) + 利(l-)　　　　星山郡 本一利縣(一云里山) 景德王改名 今加
　　　　　　　　　　　　　利縣(同 卷第34)(신라 지명)

3)‘聯合假名’표기의 추출

『일본서기』백제 고유명사 音假名 가운데 聯合假名로 쓰인 예를 제시
하면 다음과 같다. 다만 -t 韻尾字에 대해서는 후행자의 聲母가 舌頭音
([端]·[透]·[定]·[尼]母), 舌上音([知]·[徹]·[澄]·[娘]母), 半舌音([來]母)일 경
우도 일단 聯合假名의 범주에 포함시켰다.

-p 韻尾
(1) 前方 / 木刕 / 不麻甲背(繼體10年5月條), 麻那甲背(繼體23年3月條), 城
　　　方/甲背昧奴(舒明2年4月條), 那奇他甲背(顯宗3年條), 加獵直岐甲背(舒
　　　明5年2月條), 那干陀甲背(舒明5年2月條), 那寄陀甲背(舒明5年2月條)

-t 韻尾
(2) 末多王(雄略23年4月條他)
(3) 末都師父(天智7年4月6日條他)

해 볼 수 있다. 아울러 고대 국어에서의 말음은 능히 주모음과 분리될 수 있었다고 생각
해 볼 수 있다"고 지적하였다.

(4) 達率 / <u>日</u>羅(敏達12年7月條)

위에 제시된 백제 고유명사 가운데 (2)에 대해서는 선행 연구에서 재구가 시도된 적이 있다. '末多王'은 雄略23年4月條에서 백제 三斤王[文斤王]의 둘째 아들이라는 기사로 미루어 東城王으로 보인다.『삼국사기』(卷第26)에는 東城王의 諱名이 '牟大'·'摩牟'라는 기사가 보이며『삼국유사』에는 "王名牟大日云摩帝又餘大"라고 하였다. 따라서 '末多'는 '牟大'·'摩牟'·'摩帝'의 同名 異表記로 보인다.

(1)은 -p 韻尾字를, (2), (3), (4)는 -t 韻尾字를 이용한 聯合假名으로 보이며 그 당시 백제 한자음에서 -t 韻尾가 아직 '-l'로 변화하지 않고 그대로 유지되어 있었던 것을 시사한다는 점에서 주목을 끈다. 한국 한자음에 있어 入聲韻字의 韻尾 '-t'는 규칙적으로 '-l'로 반영되었으며, 이 현상은 이미 고대 한국어에서도 찾아볼 수 있다. 李敦柱(1995 : 281)는 『삼국사기』에 나타난 원래 삼국 지명과 景德王 개명(767) 이후의 지명 대응 관계로 보아 늦어도 이 시기에는 한국 한자음에서 '-t → -l'이라는 변화가 완성되었다고 보고 그 근거로 다음과 같은 예를 제시하였다.

<u>泗</u>水縣本史<u>勿</u>縣景德王改名今泗州(『삼국사기』 卷第34)
<u>火</u>王郡本比自<u>火</u>郡一云比斯<u>伐</u>(『삼국사기』 卷第34)
淸渠縣本百濟<u>勿</u>居縣(『삼국사기』 卷第36)
馬<u>突</u>縣一云馬<u>珍</u>(『삼국사기』 卷第37)

또한 李敦柱(1995 : 281)는 "향가 작품 가운데 가장 이르다고 하는 '薯童謠'(眞平王代·재위 579～631)에는 '乙'자가 2회 출현하는데 그 중 '薯童房乙'의 '乙'은 분명히 한국어의 목적격 조사 '을'에 해당한다"고 지적하며 한국 한자음에서 '-t → -l'화가 완수된 시기는 7세기까지 소급된다고 보았다. 李炳銑(1985)은 '比自伐(比自火)', '史勿(泗水)', '實於(鐵冶)', '多知忽(大谷)' 등은 삼국 통일 이전의 지명이며 '乃勿忽(鉛城)', '骨尸土甲(朽岳)' 등은 總章2年(669年) 이전의 압록강 이북의 지명이라는 점, '徐伐', '阿斯達' 등이 삼국 건국 이전부터 존재하였던 지명임을 지적하며 -t 韻尾字가 '-l'로 반영된 연대는 매우 오래되었다고 보았다.

고대 한국 한자음에서 '-t → -l'化가 이루어진 가능성은 『일본서기』 한국 고유명사에서도 알 수 있다. 藤井茂利(1996 : 57)는 『일본서기』(神功5年春3月條)에 나타난 신라 인명 '毛麻利叱智'의 '毛麻利'와 『삼국사기』에 나타난 '毛末'을 대응시켜 '末'의 한자음이 '-l' 말음을 갖고 있었을 가능성을 지적하였다.26) 즉 '麻利'라는 표기는 일본 문헌에 한국어를 표기할 때 있어 최대한 원음에 가깝게 표기한다는 원칙 하에 一字一音節假名가 쓰였으며 두자음(頭子音)에 'r·l'의 음가를 가진 '利'가 한국어 종성(終聲) '르'의 표기에 쓰였다고 보았다. 또 河野六郎(1964)은 『삼국사기』에 나타난 신라의 관명(官名)인 '奈麻(奈末)'이 『일본서기』(繼體紀23年條, 欽明紀5年條)에는 '奈麻禮'라고 표기되어 있다는 것을 들어 이 관명을 '*namare', '*namari'로 재구하고 '末'이 'mar'로 읽혔다고 추정하였다. 松浦加壽美(1990)는 『古事記』·『일본서기』·『風土記』 등 상대 일본어 자료에 쓰인

---

26) 『삼국사기』 卷第45에 "朴堤上或云毛末"이라는 기사가 보인다. 梁柱東(1965·1995 : 70)은 "羅代人名에 'ᄆᆞᄅ'(말·마리)라 稱함은 '山嶺'의 義가 아닌 '宗'(上·首)의 義의 美稱이니, 저 '朴堤上'(毛末·日本書紀神功紀作 '毛麻利叱智')은 '터ᄆᆞᄅ'(중략) 其他 '宗'은 許多人名이 있다"고 지적하고 있다. 三品彰英(1962)은 이 '毛末'에 대해 '朴堤上'(『삼국사기』), '金堤上'(『삼국유사』) 등 여러 표기가 있으나 모두 동일 인물이라고 보았다. 그리고 "'堤'는 음차자로 'tuk', 'tho', 'to'에 쓰이며 '吐' 등과 통용되는 것이 보통이다. 따라서 '堤'와 '毛'는 서로 통용되는 차자가 아니다. '末'은 'mar'로 '麻利'에 해당하며 '叱智'는 尊稱的 添加語이다"고 지적하였다. 또 '麻利'에 대해 "신라인의 인명 어미에 많이 나타나며 통상적으로 '宗'·'夫'가 많이 쓰이고 있다"고 지적하였다.

'達'이 'tari'의 표기에 쓰이고 있는 것은 한국 한자음 'tal'에 'i'가 첨가된 것으로 보고 있다. 또한 犬飼隆(1989)은 일본 고유명사 표기에 나타난 '末呂(marö)'라는 표기를 들어 한국 한자음의 영향일 가능성을 지적하고 있다. '末呂(marö)'의 '末'은 -t 韻尾가 -l化된 채 일본에 전해져서 聯合假名 표기에 쓰인 것으로 보인다. 다만 『일본서기』에 나타난 '末多王'의 표기에서 볼 수 있듯이 -t 韻尾의 -l化 현상은 포괄적으로 나타나지 않았던 것으로 보이며, -t 韻尾가 그대로 유지된 경우도 있었던 것으로 보인다. 이 추정은 『삼국사기』의 지명 표기에서도 뒷받침된다. 辛容泰(1982)는 고대 한국 한자음에 있어서는 -t 韻尾는 'ti' 내지는 'r'로 반영되었다고 주장하고 있다. 그 근거로 辛容泰(1982)는 『삼국사기』의 신라 지명과 고구려 지명을 제시하고 있다.

(1) 單密縣本武冬彌知縣(一云冬彌知)
(2) 述川部一云省知買
(3) 荒壤縣本高句麗骨衣奴縣

辛容泰(1982)는 (1)에서는 '密'과 '彌知', (2)에서는 '述'과 '省知', (3)에서는 '荒'(중세 한국어 : 거츨−)과 '骨衣'(上古音 : kuət-Iər)를 대응시킬 수 있다고 하였다. 즉 入聲韻尾는 (1), (2)에서는 'ti', (3)에서는 'r'로 반영되고 있다고 본 것이다. (1)은 신라 지명이며 이것은 신라 한자음에서도 -t 韻尾가 그대로 유지된 경우가 있었음을 의미하는 것이다. 이와 같은 신라와 고구려 한자음에서 유추하면 백제 한자음에서도 -t 韻尾의 -l化는 모든 -t 韻尾字에서 동시에 일어나지는 않았다고 생각된다.

4) 백제 한자음의 韻尾 추정

이상 한국 측 자료에 나타난 '同音 重出表記'와 '聯合假名'를 통해 백제 한자음에서 韻尾가 어떻게 반영되었는지를 살펴보았다. 한국 측 자료에 나타난 '同音 重出表記'의 양상을 살펴보면 백제 한자음에 -k 韻尾, -m 韻尾, -n 韻尾 및 -t 韻尾와 -t 韻尾가 변화한 -l 韻尾, 그 과도기적인 형태로 생각되는 -n 韻尾가 존재했던 것으로 보인다. 또한 이러한 '同音 重出表記'가 주로 백제 지명에 집중적으로 나타났다는 것은 흥미로운 사실이다. 선행 연구에서 지적되었듯이 '聯合假名'에 의한 차자 표기법이 한반도에서 전수되었다면, 이것은 주로 백제에서 전수되었을 가능성이 높다는 것을 시사해주는 현상이라고 하겠다.

그러나 『일본서기』 백제 고유명사에 나타난 '聯合假名'이 수량적으로 너무 적기 때문에 백제 한자음에서 韻尾가 어떻게 반영되었는지를 추측하기가 어렵다. 다만 일부 -p 韻尾字와 -t 韻尾字를 이용한 聯合假名으로 보이는 약간의 고유명사를 확인할 수 있다. 이들 '聯合假名' 가운데 -t 韻尾字를 이용한 표기를 보면 백제 한자음에서는 일부 -t 韻尾字의 韻尾가 모두 -l로 반영되지 않았고 일부 -t로 남아 있었다는 추측도 가능하다. 이것은 선행 연구에서 제시된 -t 韻尾字에 의한 '同音 重出表記'의 양상과 상통하는 것이다. 그러나 백제 한자음에서 -t 韻尾字가 분명히 -l로 반영된 것으로 보이며, 중세 한국어 한자음에서는 -t 韻尾字의 韻尾는 모두 -l로 반영된 만큼 이 시기에는 "-t → -l"라는 변화가 진행되고 있었다고 볼 수 있다. 또한 -l로 반영된 -t 韻尾字의 일부는 일본 한자음에도 영향을 준 것으로 추정된다.

4. 추정된 백제 한자음의 특징

이상 『일본서기』 백제 고유명사 및 '百濟史料' 일본 인명 표기를 바탕으로 백제 한자음의 특징을 살펴보았다. 지금까지 밝혀진 바를 요약하면 다음과 같다.

1 [心]母字와 [審]母字, [虞]韻字와 [尤]韻字는 같은 음가를 가졌다. '奴'와 '怒'는 같은 음가를 지녔을 가능성이 높다.
2 [日]母字와 [淸]母字는 [s]라는 음가를 가지며 서로 통용되었을 가능성이 있다.
3 전설적인 [a]와 후설적인 [ɑ]를 변별하지 않았다.
4 [o]와 [ə]는 변별하였을 가능성이 있다.
5 [支]・[之]韻에 속한 일부 한자의 韻母는 백제 한자음에서 [o]・[ə] 등으로 반영되었을 가능성이 있다.
6 [支]韻字의 일부가 [a] 내지 [ɑ]로 반영되었다.
7 [微]韻에 속한 일부 한자의 韻母도 [o]・[ə] 등으로 반영되었을 가능성이 있다.
8 喉音字의 일부가 [k]라는 음가를 가지고 있었다.
9 [照]母字의 일부가 [k]라는 음가를 가지고 있었다.
10 無聲音인 [見]母字와 有聲音인 [羣]母字를 변별하지 않았다.
11 -t 韻尾字의 일부는 -t 韻尾를 유지한 채 백제 한자음으로 반영되었으며, -t 韻尾가 '-l'로 변화한 것도 있었다.

이상 이 책에서 논의한 바를 요약하면 다음과 같다.

첫째, 『일본서기』 백제 고유명사 표기에는 230개의 音假名이 사용되고 있으며, 그 중 73개는 상대 일본어 자료에서 찾아볼 수 없는 것들이다. 이것은 고대 백제 고유명사 표기가 일본 차자 표기 체계인 萬葉假名에서 크게 벗어난 것을 의미한다.

둘째, 『일본서기』 백제 고유명사에 첨가된 음주는 기본적으로 일본 한자음을 바탕으로 한 것이다. 따라서 백제 한자음을 추정하는 데 있어 대부분의 음주는 이용할 수 없다.

셋째, 『일본서기』 백제 고유명사 音假名의 분포에는 森博達(1977)이 주장하는 『일본서기』 α·β群 구분 기준을 적용할 수 없다. 따라서 α群에 속한 권은 唐代 北方音을 원음으로 이용한 音假名이 사용되었다는

森博達(1977)의 주장은 『일본서기』 백제 고유명사에는 적용할 수 없다. 그 이유로 고유명사에는 가요·訓註와 같이 통일된 표기 원칙을 적용하기 어려우며, 고유명사의 표기를 동일하게 유지하려고 하는 의도가 작용되었다는 점을 들 수 있다. 또 『일본서기』 백제 고유명사 표기가 한국에서 유래된 원자료에서 원래의 표기 그대로 인용되었고 그 음주가 일본 한자음으로 이루어졌을 가능성을 지적할 수 있다. 처음부터 일본어를 바탕으로 하지 않았던 차자 표기에 α·β群 구분 기준을 적용할 수 없는 것은 당연하다.

넷째, 기존 연구에서는 『일본서기』 백제 고유명사 音假名과 '推古遺文' 音假名과의 일치를 내세워 백제 고유명사 표기가 推古代 音假名의 흔적을 보존하고 있다고 보는 견해가 지배적이었다. 그러나 『일본서기』 일본 고유명사 音假名과 '推古遺文' 사이에서도 비슷한 일치를 확인할 수 있으므로 推古遺文 音假名과의 일치를 백제 고유명사 표기만의 특수성으로 보기는 어렵다.

다섯째, 『일본서기』 백제 고유명사 音假名을 『삼국사기』에 나타난 백제 지명·인명에 쓰인 음차자와 비교한 결과, 9.1~17.4%가 일치했다. 이 수치는 『일본서기』 일본 고유명사 音假名과의 일치보다 약간 높다. 따라서 일단 『일본서기』 백제 고유명사의 표기는 일본 고유명사의 표기보다 한국 측 자료에 나타난 차자 표기에 가깝다고 할 수 있으나 둘 사이에 현격한 차이가 있는 것은 아니다. 그리고 백제 고유명사 音假名 중 『삼국사기』 백제 지명·인명의 음차자와 일치를 보인 것 가운데 "昆, 今, 金, 解"는 상대 일본어 音假名에서 찾아볼 수 없는 것이며 한국 측 자료에 나타난 음차자와 일치한다는 점에서 이들 音假名이 백제에서 유래되었을 가능성이 높다.

여섯째, 백제 고유명사 표기에 나타난 同名 異表記에는 喉音字에 속한 音假名의 일부는 牙音字와 통용되고 있는 바 이것은 牙音字의 일부가 'k'의 표음으로 쓰인 것으로 보인다. 또 무성음인 [見]·[溪]母字와 유성음인 [羣]母字가 서로 통용된 예가 보이는데 이것은 백제 한자음에서 이 두 가지 聲母가 변별되지 않았음을 보여주는 것이다. 또한 [照]母字가 [k]라는 음가를 가지고 있었을 가능성이 있으며 [日]母·[淸]母가 통용되고 있으므로 모두 [s]의 음가를 가지고 있었을 가능성이 있다.

일곱째, 『일본서기』에 인용된 '百濟史料'에 나타나 있는 일본 인명 표기는 백제인이 백제 한자음으로 표기하였을 가능성이 높아 백제 한자음을 추정하는 데 유용하다. '百濟史料'의 일본 인명에 쓰인 音假名을 韻母별로 살펴본 결과 백제 한자음에서는 전설적인 [a]와 후설적인 [ɑ]를 변별한 흔적은 없었지만, [o]와 [ə]를 변별했을 가능성이 있으며, [支]·[之]韻에 속한 일부 한자는 백제에서 [o]·[ə] 등으로 반영되었을 가능성은 확인할 수 있었다. 또 [支]韻字의 일부는 [a] 내지 [ɑ]로, [微]韻字도의 일부도 [o]·[ə] 등으로 반영되었을 가능성, [照]母字의 일부가 [k]라는 음가를 가지고 있었을 가능성도 확인할 수 있었다.

여덟째, 백제 고유명사 표기에는 '聯合假名'[同音 重出表記]이 쓰이고 있으며 이 중 -t 韻尾를 이용한 聯合假名이 존재하는 것으로 볼 때 -t 韻尾字의 일부는 -t 韻尾를 유지한 채 한국 한자음으로 반영되었던 것으로 보인다. 백제 고유명사 표기에서는 -t 韻尾가 -l로 반영된 예를 볼 수 있는데, 모든 -t 韻尾字가 일제히 -l로 반영되지 않고 -t 韻尾를 유지한 것도 어느 정도 존재하였던 것으로 보인다.

제6장

백제 한자음과 백제어에 관한 여러 문제

지금까지 『일본서기』 백제 고유명사 표기를 통해 백제 한자음의 몇몇 특징을 추정해 보았다. 이차적 자료인 『일본서기』의 한계 때문에 백제 한자음의 전반적인 모습을 밝혀낼 수는 없었으나 이 책에서 시도한 추정 결과가 백제어를 포함한 고대 한국어의 음운을 둘러싼 논의에 일조하지 않을까 생각된다. 여기에서는 앞에서 논의하였던 백제 한자음의 추정 결과를 바탕으로 백제 한자음과 백제어에 관한 몇 가지 논의에 대해 더 살펴보고자 한다. 여기에서 살펴볼 논의는 이 책에서 추정한 백제 한자음을 이용한 백제어 어휘 재구에 관한 문제, 중국 상고음의 영향에 관한 문제, [止]攝에 속하는 한자음에 관한 문제, 백제 한자음과 推古遺文의 괴리에 관한 문제, 喉音字와 牙音字의 통용에 관한 문제, 推古遺文의 기원에 관한 문제 등이다.

1. 백제어 어휘 재구(再構)에 관한 문제

이 책에서는『일본서기』백제 고유명사 및 '百濟史料' 일본 고유명사 표기를 바탕으로 백제 한자음의 특징을 추정하였다. 이 추정은 어디까지나 백제 고유명사나 '百濟史料'에 쓰인 일본 고유명사가 백제인의 의해 쓰였다는 전제 아래에서 이루어진 것이다. 백제 한자음의 양상이 자세히 밝혀지지 않은 현재의 연구 상황에서는 여기에서 추정한 백제 한자음이 과연 타당성을 갖춘 것인지 검증하기가 매우 어렵다. 그러나 여기에서 추정한 백제 한자음으로 백제어 어휘의 재구를 시도하고 그 재구된 어휘의 형태가 선행 연구에서 재구된 백제어 어휘의 형태와 크게 어긋나지 않는다면 여기에서 추정한 백제 한자음도 나름대로 타당성을 갖추었다고 볼 수 있겠다. 여기에서는 그러한 시도의 하나로『삼국사기』에 나타난 백제 지명을 여기에서 추정한 백제 한자음으로 재구하여, 그 형태를 기존 연구의 결과와 비교해 보고자 한다.

『삼국사기』卷第36에서 "儒城縣本百濟奴斯只縣景德王改名今因之"라는 기사를 볼 수 있는데, 여기에서 '奴斯只'라는 지명을 추출할 수 있다. 또한『新增東國與地勝覽』에서는 같은 지명에 대해 "本百濟奴斯只縣斯一名叱"이라는 기사가 나타난다. 이 지명의 '只'에 대해 都守熙(2005 : 350)는 '성곽'을 나타내는 백제어의 어휘인 '기(<긔)'를 표기한 것으로 보았다. 이것은 "悅城縣本百濟悅己縣", "潔城郡本百濟結己郡"에서의 '己'와 '城'의 대응과 '奴斯只'와 '儒城'의 대응이 근거가 되고 있다. '只'를 'ki'로 읽은 것은 상고음의 흔적으로 보는 선행 연구의 견해에 따른 듯하다. '奴斯只'에 대해 都守熙(2005)는 'noski∼nosʌki'로 추정하였는데 그 근거로 '奴斯'가 '儒'와 대응에서 '奴'와 '儒'의 상고음과 중고음이 아주 유

사하고, '奴'가 景德王代에 비슷한 음가를 가진 '儒'로 바뀌었다는 점을 들었다. 그리고 『東國與地勝覽』의 기사에 따라 '斯'를 '叱'과 같은 촉음(促音)으로 보지 않고 한 음절로 보면 "nusɨ~nosʌ"가 되고 촉음으로 본다면 "nos~nus"가 된다고 보았다. 결론적으로 '奴斯只'에 대해 都守熙(2005 : 350~352)는 '놋기', '노스기', '느르기'와 같은 어휘를 재구하고, 이것은 "느슨하게 펴진 지형"을 의미하는 것으로 해석하였다.

이 '奴斯只'에는 이 책에서 백제 한자음을 추정하는 데 바탕이 된 音假名이 포함되어 있어서 어휘 재구가 어느 정도 가능할 것으로 보인다.

먼저 '只'는 [照]母와 [支]韻에 속한다. 여기에서는 '百濟史料' 일본 인명 표기에 나타난 '支'를 근거로 [照]母에 속한 音假名 가운데 일부, 그 중에서도 [支]韻에 속한 音假名은 'k'라는 음가를 가진 것으로 추정하였다. '只'는 '百濟史料' 일본 인명 표기에는 나타나지 않았으나 [照]母字에 속하며 [紙]開(3) 또는 [支]開(3)이라는 韻母를 가진 한자로 백제 한자음으로 'k'라는 음가를 가졌을 가능성이 높다.

'斯'는 '百濟史料' 일본 인명 표기에 나타났으며 'si(シ)'를 표음하는 데 쓰이고 있다. '斯'와 같이 [止]攝에 속하는 한자가 한국 한자음에서는 開口 4等의 치두음 아래에서 'ᄋ'로 반영되었는데, 이 현상이 과연 백제 한자음에서도 일어났는지 여부는 좀 더 고찰할 필요가 있다. 다만 都守熙(1985)의 견해에 따라 '斯'가 '叱'와 같은 촉음을 나타난다면 '斯'의 모음은 고려하지 않아도 무방할 것이다.

마지막으로 '奴'는 『일본서기』 백제 고유명사 표기에서 '怒'와 같은 음가를 가지며, 일본 차자 표기에서는 'no(ノ)', 'nu(ヌ)'의 표음에 쓰이고 있는데 '百濟史料' 일본 인명표기에서는 'na(ナ)'를 표음하는 데 쓰이고 있다.

이상과 같은 백제 한자음의 추정으로 '奴斯只'는 'na(nu)s(si)ki'가 되고, 이는 都守熙(2005)가 제시한 "noski~nosʌki"와 근접한 형태를 보인다. 이와 같이 한국 측 자료를 바탕으로 재구된 형태가 근접한 형태를 보인다는 것은 『일본서기』 백제 고유명사와 '百濟史料' 일본 인명표기에서 추정된 한자음이 나름대로 타당성을 갖추고 있다는 것을 의미한다.

이 책에서 추정한 백제 한자음의 특징들은 극히 한정된 것이기 때문에 '奴斯只'처럼 백제어 어휘 재구까지 시도하지 못하는 경우가 대부분이다. 다만 '奴斯只'의 재구 결과는 『일본서기』와 '百濟史料'에서 추정된 한자음이 백제어를 재구하기 위한 보조 자료로서의 활용 가치는 갖추고 있다는 것을 보여준다.

2. 중국 상고음의 영향에 관하여

백제 한자음에 관한 몇몇 선행 연구에서는 백제 한자음 및 백제어 어휘를 재구하는데 있어 중국 상고 한자음[상고음]의 영향이 남아 있음을 지적하고 있다. 중국 음운학에서는 대체로 周·秦 시대부터 後漢 시대까지의 한자음을 상고음, 隋·唐 시대의 한자음을 중고음으로 분류한다. 백제의 건국 시기와 한자 전래시기를 고려한다면 당연히 백제 한자음에는 前漢~三國時代의 한자음이 반영되었을 가능성이 크다.

李敦柱(1995 : 287)는 백제와 낙랑(樂浪)의 교섭이 있었던 점을 들어 백제 건국 초기에 이미 한자가 백제에 유입되었던 것으로 보고 있다. 또한 近肖古王 27년에 晉에 조공을 바쳐 그 후 晉音이 백제 한자음의 기층이 되었다고 보았고, 따라서 백제 한자음의 기층은 六朝音에 기초한 것으로 추정하였다. 李敦柱(1995 : 287)는 六朝音 이전의 백제 한자음은 漢代音을 기초로 한 것이었으나 晉音의 유입으로 인해 이제는 그 흔적을 찾아보기 어렵다고 지적하고 있다. 兪昌均(1980, 1983)은 고구려 한자음은 중국 漢代音에 근거하고 있고 백제 한자음은 그보다 약간 늦은 魏晉·南北朝 시대(서기 220~589)의 中國音을 근거로 하고 있다고 주장하였다.[1]

선행 연구에서는 구체적인 백제 지명 표기를 들어 상고음이 반영된 흔적을 지적하기도 하였다. 가령 尹幸舜(1994)은 백제 지명에 나타난 '城'과 '己(ki)'의 대응을 들어 董同龢가 재구한 중국 상고음인 [ki̯əg]과 '推古遺文' 및 『일본서기』에 나타난 '己'의 표음을 고려할 때 백제 지명에 나타난 '己'의 음가는 'kö(こ)'([kə])에 가까웠다고 추정한 바가 있다. 兪昌均(1991 : 325)에서는 『삼국사기』에 나타난 "悅城縣本百濟悅己縣", "儒城縣本百濟奴斯只縣"이라는 지명 표기에 나타난 '己'와 [照]母인 '只'의 대응을 들어 역시 '只'의 중국 상고음인 [ǩieg]가 토착화되었다고 보았다. 또한 '百濟史料'에 나타난 일본 인명 표기에서 o(オ)列의 표기에 [支]·[之]韻字가 쓰이고 있는 현상에 대해 藤井茂利(1991)는 '意'의 중국 상고음 [i̯əg]가 백제를 거쳐 일본까지 전해졌기 때문이라고 보았다. 여기에서도 '百濟史料'의 일본 인명 표기를 통해 추정된 백제 한자음에 대해 이들 선행 연구를 인용하면서 '己'와 '只'의 백제 한자음에 상고음이 반영되었을 가능성을 지적한 바 있다.

그런데 엄익상(1990)은 『삼국사기』 백제 고유명사 표기를 근거로 백제

---

1) 다만 兪昌均(1991 : 85)은 백제 한자음은 六朝音을 기초로 형성된 것으로 보고 있다. 그러나 六朝時代에 들어와 백제는 晉과의 정치적인 접촉이 시작되므로 새로 들어온 晉音이 기존의 백제 한자음과 완전히 대체되었다고 보고, 따라서 백제 한자음에서 상고 한자음의 흔적은 찾아보기 어렵다고 주장하였다.

한자음이 늦어도 漢代(기원전 206~서기 220) 이전의 상고음에 근거하였다고 주장하였다. 백제 지명 표기자 가운데 통용되는 표기자를 분석한 결과 전기 상고음의 흔적을 남긴 통용이 네 개, 후기 상고음의 흔적을 남긴 통용이 세 개, 전기 중고음의 흔적을 남긴 통용이 한 개 존재한다고 밝혔다. 그리고 이 결과를 근거로 백제 한자음이 중국 漢代 이전의 한자음에 근거한 것으로 결론지었다. 가령 『삼국사기』에 나타난 "眞峴縣 一云貞峴"에서 '眞'과 '貞'의 통용을 들어 백제 한자음에서는 이 두 표기자가 같은 음가를 가지고 있었다고 보았다. 엄익상(2003)이 제시한 표로 두 표기자의 한자음 변천을 보면 다음과 같다.

	상고음	전기 중고음	후기 중고음	백제 한자음
眞	**tien	*tɕien	*tɕien	t-
貞	**tiəŋ	*tiɐŋ	*tiɐŋ	t-

중고음으로는 '眞'과 '貞' 사이에 발음의 유사성을 찾아보기 어려운데, 상고음까지 소급(遡及)하면 표기자 사이에서 공통점을 찾을 수 있다. 중고음에서는 [*tɕ]과 [*t]라는 서로 다른 聲母를 가진 이들 두 한자도 상고음에서는 聲母가 같은 舌頭音으로 나타난다. 따라서 엄익상(1990)은 백제 지명 표기에서 이들 두 표기자의 통용이 나타난다는 것은 백제 한자음이 상고음에서 유래되었다는 추정이 가능한 것으로 보았다.

이것은 중고음에서 正齒 3등에 속한 聲母인 [照]母([tɕ]), [穿]母([tɕʻ]), [神]母([dʑ]), [審]母([ɕ]), [禪]母([ʑ]) 등은 상고음의 [端]母([t]), [透]母([tʻ]), 定[d]母에서 분화된 음이라는 "照系 3等諸母 古讀舌頭音說"에 근거한 것이다. 엄익상(1990)은 이것을 근거로 '眞'과 '貞'의 통용을 전기 상고

음, 즉 東漢 이전의 한자음의 흔적이 남은 것으로 보았다.

또한 엄익상(1990, 2003)에서는 '屈旨'와 '屈直'의 대응에 나타난 '旨'와 '直'에 대해 전기 상고음이 반영된 결과라고 보았다. 엄익상(2003)이 제시한 표로 두 표기자의 한자음 변천 과정을 보면 다음과 같다.

	상고음	전기 중고음	백제 한자음
旨	**tie	*tɕie	t-
直	**diek	*diək	t-

엄익상(2003)은 '旨'와 '直'의 상고음을 근거로 일단 백제 한자음에서는 유성음과 무성음이 상호 자유 변이음이었거나, 유성음이 무성음으로 반영되었을 가능성이 있다고 지적하였다. 유성과 무성의 자질을 제외하고 다른 자질에 주목하면 중고음에서 '旨'는 正齒音에 속하며 '直'은 舌上音에 속한다. 상고음에서는 舌上音이 존재하지 않고, 六朝末~唐代에 舌頭音과 舌上音이 분화하였기 때문에 중고음에서 '直'이 속한 [澄]母([d])는 상고음에서는 [定]母([d])에 속하고 중고음에서 '旨'가 속한 [照]([tɕ])도 상고음에서는 [端]母([t])에 속한다. 백제 한자음에서는 유·무성의 구별이 없기 때문에 이들은 서로 통용되었다고 보아도 무방하며 따라서 '旨'와 '直'의 통용은 유성·무성을 구별하지 않는 백제 한자음의 특징을 보여주는 것이며 동시에 백제 한자음에 반영된 상고음의 흔적으로 본 것이다.

이 책에서 추정한 백제 한자음으로는 백제 한자음이 어느 시기의 中國音을 반영한 것인지 확실히 추정할 수 있는 근거를 찾아보기 어렵다. 그러나 엄익상(1990)의 방법을 원용(援用)하면 이 책에서 추정한 백제 한자음에서 발견되는 음운적인 특징을 이용해 백제 한자음이 어느 시기의 중국 한자음을 반영한 것인지에 대한 추정도 가능할 것으로 보인다.

가령 엄익상(1990)은 『삼국사기』의 백제 지명인 "所夫里郡一云泗沘"에 나타난 '夫'과 '沘'의 통용을 들어 이것이 전기 중고음 이전의 한자음이 반영된 결과라고 보았다. 엄익상(2003)이 제시한 표로 두 표기자의 한자음 변천 과정을 보면 다음과 같다.

	상고음	전기 중고음	후기 중고음	백제 한자음
夫	**piwɑ	*piu	*fiu	p-
沘	**piei	*pi	*pi	p-

이 표에서 볼 수 있듯이 兩脣音이 [u] 계통 韻母 앞에서 輕齒音化하는 변화가 전기 중고음과 후기 중고음 사이에 일어났다는 점으로 미루어 볼 때 백제 한자음은 그러한 변화가 일어나기 전, 즉 전기 중고음 이전에 형성된 것으로 볼 수 있다. 즉 후기 중고음에서는 '夫'의 聲母가 [p]와 [f]라는 완전히 다른 음으로 바뀌었는데도 백제 한자음에서 '沘'와 통용되었다는 것은 백제 한자음이 전기 중고음 이전의 중국 한자음을 반영한 결과라는 주장이다. 이 방법을 원용하면 여기에서 추정한 백제 한자음에서도 상고음의 흔적을 찾아낼 수 있을 것으로 보인다. 가령 『일본서기』 '百濟史料'에 나타난 일본 인명 표기에서 fa(ハ)行音으로 쓰인 音假名을 聲母와 함께 제시하면 다음과 같다.

	跛	fa(ハ)	幫	1	1
fa(ハ)行	非	fi(ヒ)	非	11	11
	不	fu(フ)	非	1	1

‘跋’는 [幫]母, ‘非’와 ‘不’은 [非]母에 속한 한자인데 재구된 한자음을 보면 각각 [p-]와 [f-]가 된다. 그런데 이것이 같은 fa(ハ)行音에 쓰였다는 것은 백제 한자음에서는 이들 한자음이 [p-]라는 음가를 지니고 있었다고 볼 수 있다. 상대 일본어의 fa(ハ)行音 음가에 대해 森博達(1991 : 121)은 『일본서기』(가요·訓註)(α群)에 fa(ハ)行音으로 쓰인 音假名의 聲母가 대부분 脣重音인 [幫]·[竝]母이었기 때문에 fa(ハ)行音의 음가가 破裂音 [p]였다고 주장하였다.[2] 따라서 ‘百濟史料’에 나타난 일본 인명 표기에 쓰인 ‘跋’, ‘非’, ‘不’도 역시 같은 [p]라는 음가를 지니고 있었다고 생각된다.

특히 [非]母字가 ‘fi(ヒ)’의 표음에 쓰인 점에 주목할 수 있는데, 唐代 北方音을 바탕으로 표기된 『일본서기』(α群)에서는 [非]母字가 ‘fi(ヒ)’의 표음에 쓰인 예는 없다. α群에서 [非]母字는 ‘fu(フ)’의 표음에 쓰이고 있기는 하나 이것은 [非]母字가 ‘fu(フ)’의 표음에 적합하였기 때문이라고 생각된다. 森博達(1991)은 『일본서기』(α群)에 쓰인 [非]母字가 모두 [虞]韻에 속한 점을 들어, [虞]韻이 脣音에 속한 聲母일 경우 脣輕音이 되고 拗介音이 탈락하기 때문에, ‘fu(フ)’의 표음에 [虞]韻字를 쓸 경우에는 脣重音인 [幫]母보다 [非]母가 적합하다고 보았다. 일본 한자음을 바탕으로 한 『일본서기』 β群에서도 [非]母는 ‘fu(フ)’의 표음 이외에는 쓰이지 않았다. 따라서 ‘百濟史料’ 일본 인명 표기에서 fa(ハ)行音, 특히 ‘fi(ヒ)’의 표음에 [非]母字가 쓰인 것은 아주 특이한 현상이라고 볼 수 있다.

fa(ハ)行의 음가를 森博達(1991 : 121)이 추정한 대로 破裂音 [p]였다고 가정할 경우 백제 한자음에서는 [非]母字나 [幫]母字는 [p]라는 子音을

---

2) 다만 ‘fu(フ)’의 표음에는 輕脣音인 [非]母와 [奉]母가 쓰이고 있으나 이들은 [虞]韻과 결합할 경우 拗介音이 탈락하기 때문에 ‘fu(フ)’를 표음하는 데 적합했다고 설명했다.

지니고 있었다고 추정된다. 이는 脣輕音인 [非]母字와 脣重音인 [幇]母字가 분화되기 전인 唐代 이전의 한자음의 모습을 보여주고 있다고 할 수 있다.

앞에서 언급한 바와 같이 엄익상(1990, 2003)은 백제 지명 '屈旨'와 '屈直'의 대응을 들어 거기에 나타난 '旨'와 '直'의 통용은 전기 상고음을 반영한 결과라고 보았다. 이 책에서 추정한 '百濟史料' 일본 인명 표기에서도 비슷한 예를 찾아볼 수 있다. '百濟史料' 일본 인명표기에서는 '致', '至'와 '直'이 같은 ta(タ)行音에서 'ti(チ)'와 'tiku(チク)'를 표음하는 데 쓰이고 있다.

ta(タ)行	多	ta(タ)	端	2	2
	致	ti(チ)	知	1	1
	至	ti(チ)	照	8	9
	直	tiku(チク)	澄	1	

그런데 중고음에서 '至'는 正齒音인 [照]母([tɕ])에 속하며 '直'은 舌上音인 [澄]母([ɖ])에 속한다. 이 두 音假名이 같은 'ti(チ)'의 표음에 쓰였다는 사실은 백제 한자음에서는 유성과 무성의 대립이 없었을 가능성이 크다고 볼 수 있다. 또한 舌上音인 [澄]母字('直'), [知]母字('致')와 [照]母字('至')가 같은 'ti(チ)' 표음에 쓰이고 있는 것은 이들이 같은 음가를 지니고 있었다는 것을 의미한다. [照]母나 [知]母가 상고음의 [端]母에서 분화하였다는 주장에 근거하면 이러한 현상을 백제 한자음이 상고음을 반영한 흔적으로도 볼 수 있다.3)

---

3) [照]母字에 관해서는 正齒音 3등에 속한 [照]系 聲母, 즉 [照]母, [穿]母, [神]母, [審]母,

이와 같이 선행 연구의 방법을 '百濟史料' 일본 인명 표기에 적용시켜 백제 한자음이 어느 시기의 중국 한자음을 반영한 것인지 추정하는 것도 어느 정도 가능하다고 본다. 다만 한 가지 유의해야 할 것은 이러한 특징들이 상고음의 특징을 반영한 것이 아니라 한자음이 백제에 수용될 때 일어난 결과일 가능성을 배제할 수 없다는 점이다.

가령 이 책에서는 '百濟史料' 일본 인명 표기에서 舌上音인 [澄]母字('直'), [知]母字('致')와 [照]母字('至')가 같은 'ti(チ)' 표음에 쓰이고 있는 현상을 들어, 이들이 백제 한자음에서는 같은 음가를 지니고 있었을 가능성도 지적한 바 있다. 그러나 이러한 현상을 상고음의 특징과 무관하게 백제 한자음에서 正齒音에 속한 한자와 舌上音에 속한 한자의 聲母를 변별하지 못하고 같은 음가를 지닌 것으로 간주해 받아들였을 가능성도 배제할 수 없다. 그럴 경우 중국 상고음의 특징을 이용한 백제 한자음의 연대 측정은 정확한 결과를 기대하기 어려워진다.

상고음에 나타난 특징을 근거로 백제 한자음의 바탕이 된 한자음의 연대를 추정하는 방법은 참신하고 객관적인 방법이지만, 그 특징이 백제 한자음에서 일어난 독자적 변화일 가능성도 고려할 필요가 있을 것이다.

[禪]母는 상고음의 [端]母, [透]母, [定]母에서 분화된 음이라는 "照系 3等諸母 古讀舌頭音說"에 근거한 것이며, [端]母([t])에서 [照]母(tɕ)가 분화된 것으로 본다. [知]母字에 관해서는 상고음에서는 舌頭音과 舌上音이 분화되지 않았고, 중고음에서 분화되었다는 "古無舌上音說"에 근거한 것이며, 상고음의 [端]母에서 [端]母([t])와 [知]母([ʈ])가 분화한 것으로 본다.

3. [止]攝에 속하는 한자음에 관한 문제에 대하여

이 책에서 살펴본 '百濟史料' 일본 고유명사에서 '斯'가 'si(シ)'의 표음에 쓰이고 있음을 확인할 수 있었다. 이 사실은 백제 한자음에서도 '斯'가 'si(シ)'에 가까운 음가를 지니고 있었다는 것을 시사해 준다. 이 '斯'는 止開 3等韻에 속하는 한자인데 그 음가에 대해서 논란이 많다. [止]攝에 속한 한자의 한국 한자음은 특이한 양상을 보이고 있기 때문이다. 한국 전통 한자음에서 [止]攝([支]韻, [脂]韻, [之]韻, [微]韻)에 속한 한자는 기본적으로 'ㅣ' 모음으로 반영되고, 개구(開口) 3等韻은 牙音과 喉音 아래에서 기본적으로 'ㅢ'로 반영된다. 그런데 齒音에서는 특이한 형태를 보이는데 正齒音字는 'ㅣ'로, 齒頭音字는 'ㆍ'로 각각 반영되었다. 즉 [支]韻, [脂]韻, [之]韻에 속한 한자 가운데 聲母가 齒頭音字인 '斯', '師', '字', '次' 등은 'ㆍ' 모음으로 반영된 것이다. 선행 연구에서는 'ㆍ'로 반영된 [止]攝의 한자음에 대해 그 근원을 고대 한국어 한자음까지 소급할 수 있는지 아니면 고대 한국어에서는 'ㅣ' 모음으로 반영되었다가 추후에 'ㆍ'로 변화하였는지를 둘러싸고 여러 가지 논의가 이루어졌다.

가령 朴炳采(1971 : 181~190)는 聲母가 齒頭音과 齒上音인 [支]·[脂]·[之]韻字는 규칙적으로 'ᄋᆞ(ɐ)'로 반영되었다고 지적하고 이것을 상고음인 '-ˬiĕd(-iĕi)', '-ˬĕd(-iəi)' 등 古層의 體韻이 반영된 것에 불과하다고 보았다. 朴炳采(1971 : 190)에 따르면 周代의 詩賦에서 台部의 [咍]韻과 [之]韻의 고형(古形)은 '-əi'에 근접한 형태였으며 '-i'는 Karlgran의 상고음 추정으로 미루어 閉鎖韻尾 '-d'가 모음화되는 과정에서 극히 약한 음으로 나타났다고 보았다. 따라서 [止]攝字 가운데 齒音 4等韻字가 한국 한자음에서 ‘ㅇ’로 반영된 것은 이 ‘-ə’가 반영된 결과라고 주장하였다. 즉 朴炳采(1971 : 415)는 일부 [止]攝字가 한국 한자음에서 ‘ㅇ’로 반영된 현상은 고려 이후 “i > ɐ”라는 음운적 변화를 거친 결과가 아니라 隋·唐 切韻音보다 古層인 중설의 ‘-ə’가 반영된 결과라고 보았다.

이에 반해 李敦柱(1981)는 [止]攝字 가운데 ‘ㆍ’로 반영된 한자들도 당초에는 모두 ‘ㅣ’로 반영된 것으로 보았다. 즉 한국 한자음에서 있어서 ‘ㆍ’가 생겨난 것은 중국 宋代의 한자음에서 [精]계 聲母字가 ‘-i’로 변한 시기와 무관하지 않다고 보고, [精]계 聲母字와 결합한 [止]攝의 主母音은 본래 ‘-i’였는데 중국 한자음의 변화에 따라 후대에 ‘-i’로 변화하였고, 그 후 이들이 ‘ㆍ’로 표기되었다고 보았다. 이상과 같은 추정을 바탕으로 李敦柱(1981)는 한국 한자음에는 기원적으로 ‘ㆍ’가 없었고, 따라서 [止]攝字 가운데 韻母가 齒頭音일 경우도 ‘ㅣ’모음으로 반영되었다고 보았다. 齒頭音과 [止]攝이 결합한 ‘史’, ‘紫’, ‘次’ 등도 고대 한국어에서는 [止]攝의 다른 한자음들처럼 ‘-i’로 읽혔을 가능성이 크다고 보고 그 근거로 향가 표기의 ‘母史(어싀)’, ‘枝次(가지)’, ‘紫布(지븨)’와 같은 표기를 제시하였다. 또한 李敦柱(1981)는 [支]韻에 속한 한자의 중고음의 주류음(主流音)이 ‘-i’라는 점을 감안할 때 고대 한국어에서도 역시 이들은 ‘-i’로 반영되었고, 중세 한국어에서 ‘ㆍ’로 반영된 한자음도 역시 ‘-i’로 반영되었을 것으로 보고 있다. 李敦柱(1990)에서는 이러한 추론을 근거로 향가 표기에 쓰인 ‘賜’를 비롯해 ‘史’, ‘次’ 등의 용례와『삼국사기』,『삼국유사』에 나타난 지명 표기에 쓰인 ‘斯’, ‘思’, ‘自’, ‘史’, ‘次’ 등의 용례를 제시하고 이들 한자음도 모두 ‘-i’로 반영된 것으로 주장하였다. 이 책에서 이미 살펴보았듯이 ‘百濟史料’ 일본 인명 표기에서 ‘斯’가 ‘sa(サ)’가 아닌 ‘si’(シ)의 표음에 쓰이고 있다는 것은 [止]攝에 속한

한자들이 고대 한국어 한자음에서는 '-i'로 반영되었다는 추론을 뒷받침
해 준다.4)

그런데 고대 한국어에서 [止]攝字가 모두 '-i'로 반영되었다는 주장은
『삼국사기』의 백제 지명을 바탕으로 백제어 어휘를 재구한 선행 연구와
일치하지 않은 부분이 있다. 가령 都守熙(1977)는 백제 지명에 나타난
'阿次'를 '*acha(厭)'로 재구하였으며, '比史'를 '*piza(柏)'로 재구한 바가
있다. '次'와 '史'는 [止]攝에 속한 齒頭音이므로 'a'로 재구한 것이다.

그리고 [止]攝字가 모두 '-i'로 반영되었다는 주장은 『일본서기』 백제
고유명사나 '百濟史料' 일본 인명 표기를 바탕으로 추정한 백제 한자음
과도 일치하지 않은 경우가 있다. 먼저 이 책에서 백제 한자음의 음가
를 추정한 [止]攝字를 제시하면 다음과 같다.

> [支]韻 : 移(ja, 支開[3]), 奇(ka, 支開[3]), 支(ki, 支開[3]), 岐(ki, 支開[3]),
>   非(fi, 支開[3]), 斯(si, 支開[3]), 跪(ko, 紙合[3]),
> [脂]韻 : 彌(mi, 至開[3]), 致(ti, 至開[3]), 至(ti, 至開[3])
> [之]韻 : 意(o, 志開[3]), 已(kö, 止開[3]),
> [微]韻 : 旣(kö, 尾開[3])

齒頭音字인 '斯'가 여기에서는 'si(シ)'로 나타나 있는 반면 齒頭音字가

---

4) 이 책에서 참조한 朴炳采(1968), 李基文(1967 : 78~86), 都守熙(1977 : 49~55), 李崇寧
   (1982) 등에서도 고대 한국어 어휘에서 '斯'를 'si'로 재구한 예는 거의 없고 대부분 'sa'
   등으로 재구되었다. 향가의 해석에서 金完鎭(1980)이 '斯'를 '시'로 해석한 예가 눈에 띌
   정도이다. 송하진(2000)도 대체적으로 '斯'를 '스'로 재구하고 있으나 백제 지명 '丘斯珍
   兮'에 대해서는 李敦柱(1981)의 견해에 따라 '斯'를 '시'로 보고 '구시드르'로 재구한 바
   가 있다. 조대하(2004)는 兪昌均(1980, 1983), 李炳銑(1982)이 제시한 고구려, 백제 지명
   에서 '斯'를 "sə, sə, sɨ, sɔ, sa" 등으로 재구된 현상을 들어 '斯'의 모음이 중설적인 모음
   이었다고 지적하였다. 조대하(2004)는 이러한 고대 한국 한자음이 일본에 전파된 결과 推
   古遺文에서 '斯'가 'si(シ)'를 표음하는 音假名으로 쓰이게 되었다고 보았다. 다만 그 字音
   은 고대 한국 한자음의 영향을 받아 [si]와 같은 것이었다고 추정하였다.

아닌 '移', '奇'가 여기에서 'ja(ヤ)', 'ka(カ)'로 나타나 있다. [止]攝에 속한 韻目 가운데 [支]韻에 속한 音假名은 대부분 '-i'로 반영되었으나 牙音과 喉音에 속한 '奇'와 '移'만이 '-a'로 반영되었다. 그리고 開口 3等韻 중 [之]韻과 [微]韻에 속한 音假名은 규칙적으로 '-o(ö)'로 반영된 사실도 흥미롭다. 한국 전통 한자음에서도 牙音·喉音 3等韻인 '醫', '希', '熹' 등이 '-i'가 아닌 '-ïi(ㅢ)'로 반영되었다는 점에서 주목할 만하다. 藤井茂利(1975)는 '百濟史料'에 나타난 '意斯移麻岐彌'(繼體7年6月條)의 '意'가 'o(オ)'의 표음에 쓰인 이유에 대해 "백제인이 자신들의 한자음으로 일본 인명을 표기한 결과"라고 지적하고 "'意'의 한자음 '의'(wi)가 일본어의 'o'와 가까운 음상으로 생각하였기 때문"이라고 주장하였다.

이와 같이 추정된 백제 한자음의 양상을 보면 [止]攝의 한자음은 대부분 '-i'로 반영되었고, 開口 3等韻 가운데 牙音字와 喉音字의 일부가 '-a'로, 開口 3等韻 가운데 [之]韻字와 [微]韻字가 '-o(ö)'와 비슷한 음가로 반영되었다고 추정할 수 있다.

그런데 李敦柱(1990)는 推古遺文 音假名에는 吳音·漢音과 범주가 다른 성질의 字音이 나타난다고 지적하고 그 예를 다음과 같이 제시했다.

[支]韻字 : 奇(ga{ガ}), 宜(ga{ガ}), 侈(ta{タ}), 移(ja{ヤ})
[之]韻字 : 止(tö{ト}), 意(o{オ}), 里(rö{ロ}), 已(jö{ヨ}), 己(kö{コ})
[庚]韻字 : 明(ma{マ})
[魚]韻字 : 居(kë{ケ}), 擧(kë{ケ})

李敦柱(1990)는 推古遺文에서 [支]韻字가 '-a'로 반영된 이유에 대해, 중국 周代의 古音系로 보려는 견해, 漢·魏 시대의 음운으로 설명하려는 견해, 韓·漢의 한자음 표기에 직·간접적으로 영향을 받았다는 견해 등 총 세 가지 견해를 들고 있다. 李敦柱(1990)는 이들 세 가지 견해에 대해서 시비를 가리기가 어렵다고 하면서도 [支]韻字의 중국 상고음은 [歌]部에 속하므로 상고의 핵모음은 '-a-'였을 가능성이 있다고 지적하였다. 또한 [之]韻의 상고음도 [*-əg]가 옳다면 그 핵모음은 [*ə]인데, 일본어에는 [ə]모음이 없었으므로 o(オ)段 乙類('-ö')로 반영된 것으로 보았다.5) 이 책에서도 『삼국사기』 백제 지명에 나타난 '己'가 [kə]에 가까운 음가를 나타냈을 가능성이 있음은 이미 지적한 바 있다.

이러한 推古遺文의 특징은 『일본서기』 백제 고유명사 표기나 '百濟史料'에 나타난 일본 인명 표기에서도 나타난다. 즉 앞에서 살펴본 [支]韻字인 '寄', '移'가 '-a'의 표음에 쓰이고, [之]韻字인 '意', '己'가 '-o(ö)'의 표음에 쓰인 현상이 推古遺文의 용자법과 일치한다. 추정된 백제 한자음에서의 [止]攝字의 음가는 推古遺文 音假名의 바탕이 된 한자음이 백제 한자음에서 비롯됐던 가능성을 강하게 시사해 주는 것이다.

4. 推古遺文 音假名과 백제 한자음의 괴리에 관한 문제

앞에서 推古遺文 音假名이 백제 한자음의 영향을 받아 형성된 것으로 추정하였다. 그렇다면 推古遺文 音假名의 표음이 백제 한자음과 상당히 유사했을 것이라는 추론이 가능하다. 이러한 추론은 推古遺文에 쓰인 音假名의 표음과 백제 한자음이 일치한다는 추정을 가능케 할 수도 있다. 그러나 推古遺文 音假名의 표음은 한국 측 자료에 나타난 백제 한자음

---

5) 有坂秀世(1955 : 330)에서도 '己'를 'kö(コ)'의 표음에 쓴 것은 오래된 한자음을 반영한 결과라고 지적하고 있다.

의 표음과 반드시 일치하지 않을 수도 있다.

본론에서 백제 한자음의 추정에 이용한 '百濟史料' 일본 인명표기는 백제인이 백제 한자음으로 일본 인명을 표기했을 가능성이 높다. 따라서 백제어와 일본어의 음운 체계에 차이가 있을 만큼 그 표음이 반드시 일본어 음운에 충실하지 않을 수도 있다.

그 한 예로 音假名 '居'를 볼 수 있다. '居'는 『일본서기』 백제 고유명사나 '百濟史料' 일본 인명표기에는 나타나지 않는다. 그러나 推古遺文에서는 'kë(け)'를 나타내는 音假名으로 등장한다. 가령 금석문 자료인 '稻荷山古墳出土鐵劍金象嵌銘'에 '乎獲居臣'이란 표기가 나타나는데 이 '居'는 'kë(け)'를 표음한 것이다.[6] 그런데 『삼국사기』에는 백제 지명으로 "淸渠縣本百濟勿居縣"이라는 기사가 나타나는데 이 '勿居'를 朴炳采(1968)는 'mɨlkə-'로 보고 '묽−'으로 재구한 바가 있다. 또한 『삼국사기』 卷第2(新羅本紀第二)에 나타난 '居柒夫(大阿飡居柒夫)'는 『삼국사기』 卷第44(列傳第4)에 "或云荒宗"라는 기사가 보이기 때문에 "居柒 : 荒"이라는 대응에서 '居柒'이 '荒(*거츨−)'의 차음 표기임을 알 수 있다.[7] 이와 같은 표기를 볼 때 백제나 신라에서는 '居'의 한자음이 [kə]와 근접한 소리로 추정된다. 따라서 推古遺文의 바탕이 된 한자음이 백제에서 유래되었다고 가정한다면 왜 [kə]라는 음가를 가진 한자를 'kë(け)'를 표기하는 音假名으로 썼을까 하는 의문이 생긴다.[8]

---

6) 1968년에 일본 埼玉縣에 위치한 稻荷山 고분에서 출토한 철검이다. '稻荷山古墳出土鐵劍(銘)'이라고도 한다. 앞면에 "辛亥年七月中記 乎獲居臣上祖名意富比垝 其兒多加利足尼 其兒名弖已加利獲居 其兒名多加披次獲居 其兒名多沙鬼獲居 其兒名半弖比", 뒷면에 "其兒名加差披餘 其兒名乎獲居臣 世々爲杖刀人首 奉事來至今 獲加多支鹵大王寺在斯鬼宮時 吾左治天下 令作此百練利刀 記吾奉事根原也"와 같은 글자를 확인할 수 있다.

7) 朴炳采(1968)는 신라 지명 "菁州居陁州,東萊郡本居柒山郡"에서 'kət, kəčil(荒)'를 재구한 바 있다.

8) 都守熙(1977)는 같은 '勿居'를 '*mərke'(묽다)로 재구하고 있다.

이 문제는 일찍이 藤井茂利(1974)가 지적했는데 藤井茂利(1974)는 도래인이 표기한 것으로 보이는 '元興寺露盤銘'[9]과 '天壽國萬陀羅繡張銘'[10]에서 '居'가 'kë(け)'의 표음에 쓰이고 'kö(こ)'의 표음에 쓰이지 않았던 이유에 대해 이미 '己'가 도래인에 의해 'kö(こ)'의 표음에 쓰였기 때문이라고 보았다. 또한 강한 원순성을 가진 '己'보다 '居'는 원순성이 약간 결여된 중설적(中舌的)인 음가를 가지고 있었기 때문에, 'kë(け)'의 표음에 적합하였다고 지적하였다. 이러한 주장에 근거하여 藤井茂利(1974)는 도래인이 '居'를 '[kɔ]'로 인식하고 있었고 "일본어의 조건"으로 인해 'kë(け)'의 표음에 썼다고 보았다. 藤井茂利(1974)는 "일본어의 조건"에 대해 언급하지 않았으나 馬淵和夫(1982)는 고대 한국어와 일본어의 음운 체계의 차이에서 '居'가 'kë(ケ)' 표기에 쓰인 원인을 찾으려고 하였다. 馬淵和夫(1982)는 '居'가 'kë(け)' 표기에 쓰인 원인과 후대에 'kö(こ)'를 표음하게 된 원인에 대해 大野晋(1980 : 196)을 인용하면서 推古代까지는 상고음에서 비롯된 魏・晋의 한자음을 바탕으로 한 音假名이 쓰였으나 六朝時代의 한자음 변화를 반영해 音假名의 종류가 변화하였다고 보았다. 그러나 이 주장은 일본어의 'kë(け)'가 5세기부터 7, 8세기까지 변화하지 않았다는 것을 전제로 한 것이며, 또한 고대 한국어에 이와 비슷한 음이 없었다고 가정한다면 '居'의 표음 변화의 원인을 중국

---

9) 6세기 말엽에 건립된 元興寺(法興寺) 塔의 露盤銘이다. 이 금석문은 현존하지 않지만 『元興寺伽藍緣起幷流記資財帳』에 그 내용이 다음과 같이 인용되고 있다. "戊申 始請百濟寺(王) 名昌王法師及諸佛等 改遣上釋令照律師 惠聰法師 鏤盤師將德自昧淳 寺師丈羅未大 文賈古子 瓦師麻那文奴 陽貴文 布陵貴昔麻帝彌 令作奉者 山東漢大費直名麻高坵鬼 名意等加斯費直也 書人百加博士 陽古博士 丙辰年十一月旣 爾時使作金人等 意奴彌首名辰星也 阿沙都麻首名未沙乃也鞍部首名加羅爾也 山西首名都鬼也 以四部首爲將 諸手使作奉也"

10) '天壽國曼茶羅繡張'은 聖德太子가 서거한 622년에 태자비였던 橘大郎女가 태자를 기리며 만들었다고 전해진다. 그 일부가 中宮寺에 전해져 있으나 분장 부분은 망실되고 8세기에 필사된 『宮聖德法王帝說』에 인용된 형태로 전해져 있다.

한자음의 변화에서만 찾는 것은 너무 안이하다고도 지적하였다.

犬飼隆他(2000 : 79)는 백제나 신라에서 'kə'를 표음하기 위해 쓰인 음차자 '居'가 상대 일본어의 'kë(ケ)'의 표음에 쓰인 이유에 대해 상대 일본어의 모음 '-e(ë)'가 3~5세기의 일본어에 새로 생겼기 때문에 이 모음을 한반도 출신 도래인이 자기 모국어의 [ə]에 가깝게 들어 그 결과 '居'를 'kë(ケ)'의 표기에 사용하였을 것이라고 추정하였다. 같은 주장은 沖森卓也(2003 : 22~23)에서도 볼 수 있다. 沖森卓也(2003 : 22~23)의 '稻荷山古墳出土鐵劍金象嵌銘'에서 도래인이 표기하였다고 추정되는 '獲加多支鹵'(ɰakatakeru)라는 표기에서 'ke(ケ)'의 표음에 '支'가 쓰이고 있는데 '支'는 推古遺文 音假名으로는 'ki(キ)'에 해당되므로, 이것은 고대 한국어에 'ke(ケ)'에 해당하는 음이 없었기 때문에 '支'로 대용한 것이라고 주장하였다. 즉 이 철검(鐵劍)의 명문을 쓴 도래인이 상대 일본어의 '-e(エ)'와 '-i(イ)'를 구분하기 어려워 '支'로 표기한 것으로 본 것이다.

또한 沖森卓也(2003 : 22~23)는 '天壽國曼茶羅繡張銘'에 보이는 '吉多斯比彌乃彌己等'이라는 표기에 대해 '比彌(fime)'와 '彌己等'(mikötö)에서 '彌'가 'mi(ミ)', 'me(メ)' 양쪽의 표기에 쓰인 현상을 들어 이것도 역시 상대 일본어의 '-i'와 '-e'를 변별하지 못한 도래인이 표기했을 가능성을 지적하였다. 犬飼隆他(2000 : 81~82)도 같은 '天壽國曼茶羅繡張銘'에는 '等巳彌居加斯支移比彌乃彌己等'이라는 인명에서 '居'가 'kë(ケ)'의 표음에 쓰이고 '彌'가 'mi(ミ)', 'me(メ)'의 표음에 쓰이고 있는 현상을 들어 이것도 '-i(ï)'와 '-e(ë)'를 변별하지 못한 도래인이 표기했을 가능성을 지적하였다.11)

다만 古典大系本 『일본서기』에서는 欽明天皇 6年條에 나타나는 '彌移

---

11) '天壽國曼茶羅繡張'의 끝 부분에 이 문장이 '東漢末賢', '高麗加西溢'에 의해 쓰였다는 기사가 보이는데 이들은 그 이름으로 보아 書記 활동을 담당하였던 도래인으로 보인다.

居(mijakë)'의 '居'에 대해 상고음과 관련시켜 字音이 "[kɑ] → [kë] → [kə] → [kö]"라는 변화를 거쳐 'kö(ㄷ)'를 표음하게 된 것으로 보고, '彌移居'의 '居'는 'kë'라는 字音이 반영된 결과로 보았다. 그러나 앞의 '稻荷山古墳出土鐵劍銘', '天壽國曼茶羅繡張銘'의 표기를 볼 때 이러한 변화를 거쳤다고 보기보다는 '-e(ë)'를 변별하지 못한 도래인에 의한 표기로 보는 것이 더 합리적으로 보인다. 이밖에도 犬飼隆他(2005 : 79)는 推古遺文에서 '西'를 'se(ㄷ)'의 표음에 쓴 것도 같은 이유로 보고 있다.[12]

이 책에서는 '百濟史料'에 나타난 일본 인명 표기를 백제인이 백제 한자음을 이용해 표기한 것으로 보고, 이것을 백제 한자음을 추정하기 위한 자료로 삼았다. 그러나 앞에서 살펴본 '居'의 표음 문제는 그 표음이 반드시 백제 한자음에 충실하지 않았을 수도 있다는 가능성을 시사해 준다. 즉 백제어에 일본어의 '-e(ë)'에 근접한 모음이 없었다면 '百濟史料' 일본 인명표기에 나타난 'e(ㄷ)列'을 표음하는 音假名의 표음도 당연히 실제 백제 한자음에 충실하지 않는 것으로 간주해야 할 것이다.

'百濟史料' 일본 인명 표기에서는 '洒'가 'se(ㄷ)'의 표음에, '禮'가 're(ㄴ)'의 표음에 쓰이고 있으나 백제어에 상대 일본어의 'e'와 유사한 모음이 없었을 수도 있다는 선행 연구에 비추어 볼 때 '洒'와 '禮'의 백제 한자음은 상대 일본어의 'se(ㄷ)', 're(ㄴ)'와는 괴리된 음이었다고 볼 수밖에 없다.[13] '禮'의 백제 한자음을 한국 측 자료에서 찾기는 어려우나 신

---

12) 朴炳采(1968)는 『삼국사기』에 나타난 신라 지명인 "東安郡本生西良郡" 중 '生西良'을 'seŋsjəla-'으로 보고 '西'가 'sjə'를 표음하는 데 쓰인 것으로 간주하였다. 만약 '西'가 'sjə'라는 음가를 가지고 있었다면 推古遺文의 '西'도 일본어의 'e'를 변별하지 못한 도래인에 의한 표기일 가능성이 크다고 할 수 있다.

13) 辻星兒(2004)는 『朝鮮王朝實錄』, 『老松堂日本行錄』 등 조선시대의 문헌에 기록된 일본 인명을 조사하며 'sa(ㄷ)'의 표음에 '洒(灑)'이 쓰인 용례를 제시한 바 있다. 중세 한국어의 용례이기는 하나 주목할 만하다.

라 왕명에 '禮'가 나타나 그 한자음을 추측할 수 있다.

儒禮尼師今立古記第三第十四二王同諱儒理或云儒禮未知孰是(『삼국사기』卷第2 新羅 儒禮)
儒禮尼叱今一作世里智王昔氏(『삼국유사』卷1 王曆 新羅 儒禮)
第三弩禮王朴弩禮尼叱今一作儒禮王(『삼국유사』卷1 紀異1 弩禮)

장세경(1990 : 115)은 이들 왕명에서 '禮'와 '理'가 통용된 것으로 보고 '儒禮', '儒里'를 'nü-rjäi', 'nüri'로 해석하였다. 또한『삼국유사』에 나타난 '世里'이라는 표기도 '儒禮', '儒里'와 대응되는 것으로 보고 'nüri'를 표기한 것으로 추정하였다.[14] 최남희(2002 : 45~48)는『삼국사기』의 '儒理尼師今'과『삼국유사』의 "弩禮尼叱今一作儒禮王"이라는 왕명에서 상고음을 바탕으로 '理'의 신라 한자음을 '르(rə)', '禮'의 신라 한자음을 '리(ri)' 또는 '르(rəə)'로 추정하였다. 최남희(2002 : 48)는『일본서기』에 나타난 신라 지명 '阿利那禮河'를 경주의 '閼川'으로 보고 '川'을 나타내는 신라어 어휘가 '나르'였을 가능성을 제시하고 있다. 이것은 어디까지나 신라 한자음의 예이기는 하지만 만약 '禮'의 음가가 백제 한자음에서도 비슷하게 나타났다면 '禮'의 백제 한자음도 상대 일본어의 're(レ)'와 다른 음가를 가지고 있었을 가능성이 크다. 즉 '稻荷山古墳出土鐵劍銘', '天壽國曼茶羅繡張銘'의 표기와 마찬가지로 상대 일본어의 '-e(ë)'를 변별하지 못한 백제인이 부득이 'ri', 'rə'와 같은 음가를 가진 '禮'로 써서 표기했을 가능성도 제기할 수 있다. 또한 日本古典文學大系『일본서기』

---

14) 장세경(1990 : 105)은 "金官國主金仇亥與妃及三子長曰奴宗"(『삼국사기』卷第4 新羅4 法興), "朕是伽倻國元君九代孫仇衡王之降于當國也所率來子世宗之子"(『삼국유사』卷2 紀異2 駕洛)라는 기사에서 '奴宗'과 '世宗'이 통용된 것으로 보고 '世'의 釋讀을 'nü' 또는'nüri'로 추정하였다.

에서는 天智2年9月13日條에 나타난 '弖禮'를 '冬老縣(全羅南道烏城)'으로 비정하는 주장을 소개하고 있다. '弖禮'를 '冬老'와 같은 지명의 차자 표기로 본다면 '禮'와 '老'가 서로 통용된 것으로 보아 '禮'의 음가는 역시 상대 일본어의 're(レ)'와 거리가 있었던 것으로 보인다.

이상 살펴보았듯이 推古遺文이나 '百濟史料' 일본 인명표기의 표음은 일본어 음운을 정확히 표음하지 않았을 수도 있고, 백제 한자음에 충실하지 않았을 수도 있다. 그러므로 이들 자료를 백제어나 백제 한자음 추정에 이용할 경우에는 백제어와 일본어의 음운 체계의 차이까지 고려해 그 음가를 추정할 필요가 있을 것이다.

5. 喉音字와 牙音字의 통용에 대하여

이 책에서는 백제 고유명사에서 喉音字의 일부가 牙音字와 통용되고 있는 현상을 들어 喉音字의 일부가 'k-' 음가를 가지고 있었을 가능성을 지적한 바 있다. '百濟史料' 일본 인명 표기에서 '胡'가 'go(ゴ)'를 표음한 예를 볼 수 있다. 백제 한자음에서 유성음과 무성음의 대립이 없었다고 본다면 이것은 喉音인 '胡'가 'k'의 표음에 쓰인 예라고 할 수 있다.

이러한 현상은 『삼국사기』에 나타난 고유명사 표기에서도 볼 수 있다.

그런데 고대 한국어 子音 체계에 관한 논의에서 喉音 'h'의 존재 여부는 연구자에 따라 견해가 달라 논란이 되어 왔다. 조경하(2002)는 이 문제를 둘러싼 그 동안의 논의에 대해 살펴보면서 朴炳采(1971)는 고대 한국어의 子音 체계에 'h'를 인정하였으나, 김동소(1982), 조규태(1986),

俞昌均(1991)은 子音 체계에서 'h'를 제외하였다고 언급했고, 특히 김동소(1982), 조규태(1986)는 『삼국사기』, 『삼국유사』 등에 나타나는 혼기(混記) 자료의 검토를 통해 'h'의 존재를 부정하였다. 조경하(2002)가 지적한 혼기 현상이란 여기에서 살펴본 喉音字와 牙音字의 통용 현상을 말하는 것이다.

김동소(1982)는 이러한 통용 현상이 일어난 원인에 대해 고대 한국어의 子音 체계에서 'h'음이 존재하지 않았기 때문이라고 보았다. 김동소(1982)는 『삼국사기』에 나타나는 고유명사에서 喉音字와 牙音字가 통용되는 현상을 들어 고대 한국어에서는 喉音字와 牙音字가 같은 'k'음을 나타냈으며 'h'음은 존재하지 않았다고 본 것이다.

이러한 현상은 이미 살펴본 바와 같이 상대 일본어 차자 표기 체계인 萬葉假名에서도 볼 수 있다. 萬葉假名에서는 喉音인 [匣]母字와 [曉]母字 모두 a(ア)行音, ka(カ)行音, ga(カ)行音, ja(ヤ)行音, ɰa(ワ)行音의 표음에 쓰이고 있다. 그 이유에 대해 高松政雄(1986 : 221)은 상대 일본어에서는 聲門 摩擦音이 존재하지 않았기 때문에 [ɦ]나 [h]를 변별하지 못해, 이들 子音을 가진 한자음을 가장 근접한 연구개음으로 받아들였기 때문이라고 지적하였다. 또한 高松政雄(1986 : 221)은 [曉]母字를 fa(ハ)行音에 쓰인 흔적이 없는 것이 상대 일본어에 [h]음이 존재하지 않았을 유력한 근거가 된다고 지적하였다. 즉 상대 일본어에서 [h]음은 존재하지 않았기 때문에 喉音字도 모두 a(ア)行音이나 ka(カ)行音 등의 표음에 쓰이며 牙音字와 통용되기도 하였다는 것이다. 沼本克明(1986 : 66~67)은 萬葉假名에서 [匣]母와 [曉]母에 속한 音假名의 표음을 다음과 같이 정리하였다.

	推古遺文	古事記	일본서기(α群)	일본서기(β群)
[曉]母	希(kë)	訶(ka) 許(kö)		訶(ka) 許(kö) 虛(kö)
[匣]母	巷(so)			
		何(ka) 賀(ga) 下(ka) 胡(go)		
		賀(ka)		河(ka)
	和(ɰa) 乎(ɰo)	和(ɰa) 慧(ɰe)	和(ɰa) 弘(ɰo) 乎(ɰo)	和(ɰa) 惠(ɰe) 慧(ɰe) 廻(ɰe) 弘(ɰo)

이와 같은 논의를 원용하면 김동소(1982)의 주장처럼 고대 한국어에 'h'음이 없었다는 논의는 성립되는 것으로 보인다. 즉 고대 한국어에서는 'h'음이 존재하지 않았기 때문에 喉音字도 'k'의 표음에 쓰였으며 牙音字와 통용 현상을 보였다는 해석도 가능하다. 사실『삼국사기』지명에서도 상대 일본어 자료의 音假名에서 나타난 것처럼 喉音字와 牙音字(零聲母字)가 통용된 용례를 찾아볼 수 있다. 가령 박동규(1995 : 236)는 "'ㅎ'계 聲母字는 때로 'ㅇ'계의 零聲母字와 호용되는 예도 간혹 찾아볼 수 있다"고 주장하여 다음과 같은 지명을 제시하였다.

孔巖縣本高句麗齋次巴衣縣(『삼국사기』卷第35 地理2)
孔巖 구무바회(『龍飛御天歌』卷3 14章 註釋)
平珍峴縣一云平珍波依(『삼국사기』卷第7 地理4)
三峴縣一云密波兮(『삼국사기』卷第37 地理4)
文峴縣一云斤尸波兮(『삼국사기』卷第37 地理4)
父舒玄……按庾信碑云考蘇判金逍衍(『삼국사기』卷第41 列傳1 金庾信上)

여기에서 '兮'와 '衣', '玄'과 '衍'이라는 喉音字와 '零聲母字'의 통용을 볼 수 있다. 박동규(1995 : 236)는 "여기서 'ㅎ'계 聲母字와 대응하는

'ㅇ'계 聲母字는 語中의 'ㅎ'초성이 탈락하거나 약화되는 현상을 반영한 이사표기례로 간주할 수 있다"고 지적하였다. 다만 이러한 용례는 박동규(1995)가 지적한 용례 이외에 "慶永一作慶玄"(『삼국사기』 卷第8 新羅8 孝昭), 『삼국유사』(卷1 紀異 金庾信), 『삼국유사』(卷2 紀異 駕洛)에 나타나는 '舒玄'과 '庶云'의 통용이 있을 뿐이며 지명이나 인명에서 널리 볼 수 있는 현상이 아니다.

이에 대해 박창원(2002)은 『삼국사기』, 『삼국유사』 등에 나타난 고유명사에서 喉音字와 牙音字가 통용된 예가 있는 것은 사실이지만 [見]母와 [溪]母가 'ㄱ'을, [曉]母와 [匣]母가 'ㅎ'을 반영한 예가 절대적으로 많으므로 고대 한국어에서도 牙音과 구별되는 喉音이 존재하였고, 喉音字와 牙音字의 통용 문제는 중국음을 차용하는 과정에서 일어난 특수성이나 喉音과 牙音 사이의 특수성으로 처리해야 할 것으로 보았다. 즉 고대 한국어의 喉音과 중국어의 喉音이 정확히 그 음역이 일치하지 않았거나 喉音과 牙音의 조음 위치의 상이(相似)로 말미암아 통용 현상이 나타났다고 본 것이다.[15] 박창원(2002 : 181)에서는 고대 한국어의 'h'가 연구개 마찰음이 'χ'로 실현되었거나 'h'의 변이음으로 'χ'가 존재하였을 가능성을 제기하였다.[16] 또한 권인한(1997)은 상고음의 영향을 통용 현

---

15) 박동규(1995 : 240)는 牙音字과 喉音字의 통용 형상에 대해 중세 한국어의 'ㄱ'으로 이어지는 牙音系 초성이 고대 한국어에 존재하지 않았거나, 중세 한국어의 'ㅎ'으로 이어지는 喉音系 초성이 고대 한국어에도 존재했다고 것으로 보았다. 박동규(1995 : 241)는 牙音字와 喉音字 사이에 일어나는 통용 현상은 이 두 계열의 字音의 初聲의 조음점이 근접하였기 때문에 일어났다고 보았고 고대 한국어에서는 이 두 字音의 初聲이 같았을 가능성도 제기하고 있다.

16) 송기중(1995)은 『삼국사기』에 보이는 "骨正一作忽爭葛文王", "孝昭王位諱理洪一作恭"에 나타나는 대응을 들어 '骨'과 '忽', '洪'과 '恭'이라는 통용에서 각각 상고음을 'kuət(骨)', 'χuət(忽)', 'ɣung(洪)', 'kung(恭)'으로 추정하였다. 그리고 후음인 [χ]([曉]母), [ɣ]([匣]母) 등이 牙音의 유기음 자리를 차지함으로써 원래 牙音의 일부가 유기음이 아닌 후음으로 변화되었다고 추정하였다.

상의 원인으로 보았다. 권인환(1997)에서는 “日谿縣本熱兮縣或云尼兮”, “杞溪縣本芼兮縣一云化雞”, “咸悅縣本百濟甘勿阿”, “孝昭王位諱理洪一作恭” 등에서 볼 수 있는 “谿：兮：溪：雞”, “咸：甘”, “洪：恭”과 같은 [匣]母字와 牙音字의 통용을 들어, 이들 [匣]母字의 한국 한자음은 상고음의 ‘g’ 또는 ‘ɤ’을 반영한 것이었기 때문에 牙音字와 통용이 가능하였던 것으로 보았다.

이 책에서 논의한 『일본서기』 백제 고유명사나 ‘백제사료’ 일본 인명 표기 등에서도 喉音字와 牙音字가 통용된 현상을 확인할 수 있으나, 이들 자료만으로는 喉音字의 구체적인 음가나 백제 한자음에서의 [h]음 존재 여부를 밝혀내기는 어렵다. 그러나 『三國志』(魏志烏丸鮮卑東夷傳)의 삼한 지명에 [曉]韻字인 ‘戶’, ‘休’가 나타나 있으며 신라 고유명사에서 喉音字끼리 통용된 예를 찾아볼 수 있다는 점을 고려할 때 고대 한국어 및 고대 한국 한자음에 [h]음이 존재하지 않았다고 단정하기는 어려워 보인다. 장세경(1990 : 30)이 제시한 喉音字끼리 통용된 예를 제시하면 다음과 같다.

伐休尼師今日作發暉(『三國史記』 卷第2 伐休)
未叱希一作未欣(『三國史記』 卷第1 王曆 新羅 慈悲)
美海一作未吐喜(『三國史記』 卷第1 紀異1 金堤上)
登欣(『三國史記』 卷第4 新羅4 智證)：登許(『三國遺事』 卷1 王曆 新羅 智訂)
未斯欣(『三國史記』 卷第3 新羅3 納紙)：美海・未吐喜・未欣・未叱希(『三國遺事』 卷1 王曆 新羅 慈悲, 卷1 紀異1 奈勿)
卜好(『三國史記』 卷第3 新羅3 實聖)：寶海(『三國遺事』 卷1 紀異 新羅 奈勿)
善化公主一作善化(『三國遺事』 卷1 紀異 新羅 武王)

상대 일본어에는 'h'음이 존재하지 않았기 때문에 喉音字가 ka(カ)行音과 a(ア)行音의 표음으로 쓰인 현상이 일어났던 것으로 보이며, 따라서 고대 한국어 표기에 나타난 喉音字와 牙音字의 통용은 상대 일본어 표기에서 나타난 통용 현상과는 성격이 다른 것으로 볼 수 있다.

이 책에서 다룬 자료만으로는 그 통용 원인이 어디에 있는지 또한 백제 한자음에서 喉音字가 어떤 음가를 갖고 있었는지를 정확히 단정하기가 어렵다. 다만 백제 한자음에서도 喉音은 존재하였을 가능성이 높고, 백제 한자음에서는 喉音字는 喉音으로 받아들여졌으나 일부는 [k]에 가까운 음가로 반영된 결과 牙音字와 통용되었다고 추정된다. 그러나 일본어와 달리 고대 한국어에는 [h]가 존재하였기 때문에 대부분의 喉音字는 'h'의 표음에 쓰인 것으로 보인다. 다만 고대 한국 한자음에서는 이유는 분명하지 않으나 喉音字의 일부를 牙音字와 비슷한 음가를 가진 것으로 인식해 받아들였기 때문에 喉音字가 牙音字와 통용하는 현상이 일어난 것으로 보인다.

6. 推古遺文의 기원에 대하여

이 책에서는 『일본서기』 백제 고유명사 및 '百濟史料' 일본 인명 표기를 바탕으로 백제 한자음의 특징을 살펴보았다. 일단 추정 결과 밝혀진 바를 요약하면 다음과 같다.

1 전설적인 [a]와 후설적인 [ɑ]를 변별하지 않았다.
2 [o]와 [ə]는 변별하였을 가능성이 있다.

③ [支]·[之]韻에 속한 일부 한자의 韻母는 백제 한자음에서 [o]·[ə] 등으로 반영되었을 가능성이 있다.
④ [支]韻에 속한 일부 한자의 韻母가 [a] 내지 [ɑ]로도 반영되었다.
⑤ [微]韻에 속한 일부 한자의 韻母도 [o]·[ə] 등으로 반영되었을 가능성이 있다.
⑥ 喉音字의 일부가 [k]의 음가를 가지고 있었다.
⑦ [照]母字의 일부가 [k]와 [t]라는 음가를 가지고 있었다.
⑧ 無聲音인 [見]母字와 有聲音인 [羣]母字는 변별되지 않았다.
⑨ -t 韻尾字의 일부는 -t 韻尾를 유지한 채 한국 한자음으로 반영되었으며, -t 韻尾가 '-l'로 변화한 것도 있었다.
⑩ [心]母字와 [審]母字, [虞]韻字와 [尤]韻字는 같은 음가를 가졌다. '奴'와 '怒'는 같은 음가를 가졌을 가능성이 높다.
⑪ [日]母字와 [淸]母字는 [s]라는 음가를 가지며 서로 통용되었을 가능성이 있다.

그런데 이러한 특징들은 일본에서 가장 오래된 차자 표기인 '推古遺文'의 특징과 일치한 부분이 많다. 앞에서 백제 한자음에서 [支]·[之]韻에 속한 한자는 백제에서 [o]·[ə] 등으로 반영되었을 가능성을 지적하였으나, 이 현상은 推古遺文에서도 볼 수 있다. 山口角鷹(1985)은 '推古遺文'에 나타난 '意', '己', '止', '已', '里' 등 [止]攝에 속한 이들 音假名은 모두 '-ö'의 표음에 쓰였다고 지적하고 이것은 6~7세기에 걸쳐 일본에 들어온 오래된 한자음을 바탕으로 한 字音으로 간주하였다. 山口角鷹(1985)은 8세기 이후 새로운 한자음의 유입과 함께 오래된 한자음이 도태되어 [止]攝에 속한 한자는 '-i'의 표음에 쓰였다고 보았다.

이러한 현상은 '百濟史料' 일본 인명 표기에서 [之]韻과 [微]韻에 속한 한자가 '-o(ö)'로 반영된 현상과 같은 것이며, '推古遺文' 音假名의 바

탕이 된 일본 한자음에는 백제 한자음이 영향을 주었다는 추측을 가능
케 한다.

또한 [支]韻에 속한 ‘奇’, ‘移’가 [a] 내지 [ɑ]로 반영되고, ‘ka(カ)’,
‘ja(ヤ)’의 표음에 쓰인 현상도 ‘推古遺文’에서 [支]韻에 속한 ‘奇’,
‘宜’, ‘侈’가 모두 a(ア)列音의 표음에 쓰인 현상과 일치한다. 지금까지
[支]韻字가 a(ア)列에 쓰인 이유에 대해서는 大矢透(1911·1960)의 중국
周代의 古音系로 보는 견해, 大野晋(1953)의 주장한 漢·魏 시대의 音
韻으로 설명하려는 견해, 藤井茂利(1975)의 漢·韓의 한자음 표기에
직·간접으로 영향을 받았다고 보는 견해 등이 제시되고 있다. 그러
나 백제 한자음에서도 [支]韻字의 일부가 [a] 내지 [ɑ]로 반영되었을
가능성이 높은 만큼 백제 한자음의 영향을 도외시할 수는 없다고 생
각한다.

‘百濟史料’ 일본 인명 표기에 나타난 ‘移’는 목간(木簡) 자료에서도 사
용된 예가 있다. 犬飼隆他(2000 : 145)는 일본 北大津 유적에서 출토된 목
간에 쓰인 “阿佐ム加ム移母”의 ‘移’가 ‘ja(ヤ)’를 표음한 것으로 보고 이
를 한반도에서 유래한 한자음의 영향 때문이라고 지적하고 있다. 또한
『일본서기』欽明6年9月條에도 백제 관련 기사에 ‘彌移居’라는 표기가
나타나는데 이것도 ‘ja(ヤ)’를 표음한 예이다.

이밖에도 『일본서기』 일본 인명 표기에서 [照]母字의 일부가 ka(カ)行
音의 표음에 쓰인 현상을 근거로 백제 한자음에서 [照]母字의 일부가
[k]라는 음가를 가지고 있었다고 추정하였는데 이 현상도 ‘推古遺文’의
音假名과 일치한다. 앞에서 언급한 바와 같이 『삼국사기』 백제 지명에
서도 [照]母字인 ‘只’가 ‘k-’로 반영된 예를 찾아볼 수 있다.

또한 이 책에서는 일본 차자 표기에 나타난 ‘聯合假名’이 『삼국사기』

고유명사 표기에 나타난 同音 重出表記와 유사한 것이며 '聯合假名'이
백제인에 의해 일본에 전해졌을 가능성을 지적한 바가 있다. 馬淵和夫
(1982)는 '推古遺文'의 하나인 '稻荷山古墳出土鐵劍金象嵌銘'에 나타난
'獲居(ɥakë·ワケ)'라는 聯合假名 표기에 언급하면서 聯合假名을 이용한
표기는 음운에 閉音節을 가진 언어를 모국어로 하는 도래인만이 가능하
였다고 지적하였다. 이러한 '聯合假名'은 '推古遺文'의 音假名에서도 찾아
볼 수 있다. '推古遺文'에서는 '吉多斯'(法隆社天壽茶羅繡張銘)와 같이 -t 韻尾
字를 이용한 聯合假名의 용례가 나타난다. 大野透(1962 : 51)는 推古遺文
에 쓰인 82종의 音假名 가운데 '吉', '嗽', '巷', '凡', '明'의 5종을 聯合
假名 표기로 보았다. 推古期에 있어 주로 도래인들이 일본의 서기 활동
을 담당하였다는 점을 감안하면 聯合假名이 이 시기에 도래인에 의해
일본에 전수되었다고 보아도 무방할 것이다.[17]

　이와 같이 推古遺文에 나타난 音假名의 특징이 『일본서기』 백제 고유
명사 표기와 '百濟史料' 일본 인명표기에 나타난 音假名에서도 나타나
며 그 특징 가운데 일부가 『삼국사기』의 백제 고유명사에서도 나타난다
는 사실은 바로 백제 한자음 및 차자 표기법이 일본의 가장 오래된 차
자 표기인 '推古遺文'에 영향을 준 결과라고 볼 수 있다.[18] 『일본서기』
한국 고유명사 표기에 '推古遺文'의 音假名이 많이 쓰이며 특수한 표음
을 유지한 것은 推古遺文 音假名 자체가 백제 한자음의 영향을 받았기

---

17) 6세기 말엽~7세기 초엽에 聯合假名이 한국에서 일본에 전수되었을 가능성에 대해서는
　　이미 졸고(1997)에서 언급한 바가 있다.

18) 宋敏(1978)은 "百濟의 阿直岐나 王仁과 같은 知識人들이 日本에 招請되어 간 것은 실상
　　4世紀 後半 내지 5世紀 初葉이었을 것으로 짐작되는데 (中略) 이들은 三韓時代의 北方的
　　漢·魏의 文化와 關係가 깊었을 것이므로, 그들이 알고 있는 文化的 知識과 漢語도 上古
　　末期의 狀態였다고 생각된다. 推古期遺文에 나타나는 한자음의 특수한 用法도 이 때에
　　받아들인 것으로 이해된다"고 지적하였다.

때문이라고 생각된다.[19]

推古遺文 音假名의 표음이 백제 한자음의 영향을 받아 형성되었다고 가정한다면 백제 한자음에 대한 기존 연구 결과를 재검토해야 할 경우도 있을 것으로 보인다. 그 한 예로 '佐'의 字音에 관한 문제를 들 수 있다. 이 책에서는 『일본서기』에 나타난 同名 異表記를 바탕으로 백제 한자음을 추정하였는데, 同名 異表記로 표기된 인명으로 欽明紀에 나타난 '彌麻佐'와 '彌麻沙'를 제시한 바 있다. 그런데 장세경(1988b)은 "沙 : 佐"라는 통용에 대해 한국 한자음으로는 통용하기가 어렵지만 일본 한자음으로는 음상이 유사하기 때문에 통용이 가능하다고 보았고 이 표기가 일본인에 의해 표기된 것으로 보고 있다. 또한 大野透(1962 : 48)는 이 통용에 대해 '彌麻佐'라는 표기가 '百濟史料'가 주로 인용된 欽明紀에 나타나 있기 때문에 백제인에 의해 기록된 가능성은 부정할 수 없으나, [審]母인 '沙'와 [精]母인 '佐'의 어느 한 쪽이 일본인에 의해 표기되었을 가능성을 제기하고 있다. 이 책에서는 이 선행 연구의 추정에 따라 이 同名 異表記를 고찰 대상에서 제외한 바 있다. 그런데 도래인이 표기한 것으로 보이는 "元興寺露盤銘"에 "佐久羅韋等由良", "阿佐都麻首名未沙乃"라는 표기가 보여 '佐'가 '沙'와 함께 'sa(サ)'의 표기에 쓰이고 있는 사실을 확인할 수 있다. 藤井茂利(1978)는 『삼국사기』에 나타난 '佐贊縣', '佐魯縣'이라는 지명이 나타나 있고 『일본서기』에 나타난 지명이나

---

19) 일본의 한자음이나 차자 표기가 백제 한자음 및 표기법의 영향을 받은 것은 『일본서기』 한국 고유명사 표기에 쓰인 音假名의 개수(個數)를 보아도 짐작할 수 있다. 『일본서기』 한국 고유명사를 동일한 표기끼리 묶고 거기에 쓰인 音假名의 개수를 나라별로 산출하면 다음과 같다.

	고구려	백제	신라	가라	탐라	임나	不明
合計	97	609	238	35	41	280	16

인명에 '佐', '沙'가 나타나 있다는 점, '百濟史料'에 나타난 일본 인명 등에 '沙'가 'sa(サ)'의 표음에 쓰이고 있다는 점을 들어 推古遺文 音假名의 표음도 이러한 백제 한자음의 영향을 받은 것으로 보았다. 도래인이 표기한 것으로 보이는 "元興寺露盤銘"에 'sa(サ)'를 표음한 '沙'와 '佐'가 통용되고 '百濟史料'에 나타난 일본 인명 등에 '沙'가 'sa(サ)'의 표음에 쓰이고 있다는 점을 고려하면 앞의 '彌麻佐'와 '彌麻沙'도 백제 한자음을 바탕으로 한 통용으로 볼 수 있다.

推古遺文 音假名의 字音을 한국 한자음에서 찾으려는 시도는 李鐘徹(1978), 김영진(2005)에서도 찾아볼 수 있다. 李鍾徹(1978)은 推古遺文에서 '烏', '都', '奴', '布'가 'u(ウ)', 'tu(ツ)', 'nu(ヌ)', 'fu(フ)'를 표음에 쓰고 있다는 점을 들어 이것은 한국 한자음과의 관련에서만 설명이 가능하다고 보았다. 이들 [模]韻(合[1])에 속한 한자는 한국 한자음에는 'o'로 반영되어 있으나 원래는 'u'로 반영되었고 이것이 일본 한자음에 영향을 주었다고 보았다.

또한 김영진(2005)도 '烏', '都', '奴', '布'의 韻母가 '-u'의 표음에 쓰인 것은 한국 한자음에서 모음 추이가 일어나기 이전의 음가인 '-u'가 일본에 들어가 한자음을 형성하였기 때문이라고 보았다. 그리고 한 발 나아가 일본 漢音에서 이들 韻母가 '-o'로 나타난 것은 한국 한자음의 "-u > -o"라는 모음 추이 현상이 반영된 것으로 보았다.[20]

---

20) 일본 漢音에서 이들 한자가 'o(オ)'라는 음가를 가지게 된 것은 한국 한자음의 변화가 전수된 결과라고 볼 수도 있지만 새로운 한자음의 유입에 따른 것으로 해석할 수도 있다. 즉 推古遺文이 쓰인 시기에는 音假名의 표음이 백제 한자음의 영향을 받았으나 『일본서기』 편찬 당시에는 唐代의 한자음을 받은 漢音이 音假名의 표음에 영향을 주었을 가능성도 충분히 고려할 수 있다. 推古遺文 音假名의 표음과 『일본서기』를 비롯한 후대의 자료에 나타난 音假名 사이에 일어난 표음의 차이는 한국 한자음의 변화만으로는 설명할 수 없는 것들도 많다. 가령 이 책에서는 백제 한자음에서 [支]韻字인 '奇'가 'a'라는 음가를 가지고 있었을 가능성을 지적하였다. 이 音假名은 推古遺文에서도 'ka(カ)'의 표음

推古遺文의 音假名의 표음이 고대 한국 한자음의 영향을 받은 결과로 보는 이들 견해는 이 책의 논의와 대체적으로 일치한다. 다만 김영진 (2005)과 같이 한국 한자음의 변화가 일본 한자음의 변화를 가져왔다는 견해는 다소 단락적으로 보인다. 沼本克明(1986 : 92)은 6세기 중엽, 즉 推古期까지의 서기 활동의 주역은 거의 한반도 출신 도래인이었으며 그 서기 활동의 바탕이 된 한자음도 고대 한국 한자음이었다고 지적하고 推古遺文의 音假名에 포함된 상고음의 흔적도 한국 한자음의 영향에 의한 것으로 간주하였다. 다만 推古期 이후에 형성된 吳音과 그것을 바탕으로 형성된 音假名은 推古期 이전의 용자법과 많은 차이가 있기 때문에 일본 한자음을 바탕으로 형성된 것은 의심할 여지가 없다고 보았다.21) 또한 『일본서기』에 쓰인 音假名은 唐나라와 직접적인 교섭으로 인해 도입된 唐代 長安音이었다고 보고 한국 한자음을 고려할 필요성이 없다고 주장하였다.

고대 한국어의 음운 체계와 상대 일본어의 음운 체계가 다른 만큼 推古期 이후에는 일본에서 새로운 한자음을 받아들이는 과정에서 독자적인 한자음이 형성되었을 가능성이 높다. 따라서 김영진(2002)의 주장처럼 일본 한자음의 추이와 音假名 용자법의 변화는 바로 고대 한국어 한자음의 변화가 일본에 전파된 결과로 보기보다는 일본의 독자적인 한자음이 형성되어 音假名 표음의 바탕이 된 한자음 자체가 변화된 결과로 보는 것이 타당할 것이다.22)

에 쓰였다가 후대에 와서 'ki(き)'의 표음에 쓰이고 있다. 이것은 한국 한자음에서 일어난 "ka > ki"라는 변화를 반영한 것으로 보는지 아니면 후대에 새로운 한자음이 유입되어 오래된 한자음이 도태된 결과로 보는지 판단하기 어렵다.

21) 일본 吳音이 형성될 때 바탕이 된 한자음이 중국 한자음의 직접적인 영향으로 형성된 것인지, 아니면 고대 한국 한자음을 바탕으로 해서 형성된 것인지에 대해서는 보다 심도 있는 논의가 필요하다고 보았다.

이상 논의한 바를 살펴보면 일찍이 推古期를 전후한 시기에 백제에서 백제 한자음을 바탕으로 한 차자 표기법이 일본에 전수되었고 그것이 '推古遺文'을 비롯한 일본의 금석문에 나타난 차자 표기에 영향을 준 것으로 추정된다.

이 '推古遺文'의 音假名의 표음은 백제 한자음을 바탕으로 한 것이며 동시에 당시의 일본 한자음의 원류의 하나가 된 것으로 생각된다.[23] 『일본서기』 백제 고유명사 표기나 '百濟史料'의 표기에 推古遺文에 쓰인 音假名과 공통된 音假名이 많은 까닭은 이들 고유명사가 推古遺文 音假名으로 쓰였다고 보기보다 推古遺文 音假名의 용자법이나 표음의 바탕으로 된 한자음이 백제에서 유래되었기 때문으로 보는 것이 더 타당하다.[24]

백제로부터 전해져서 일본에 정착된 '推古遺文' 音假名은 그 후 새로운 한자음의 유입과 함께 점차 도태되어 『일본서기』 편찬 당시에는 이

---

22) 가령 『古事記』에 쓰인 音假名은 吳音과 깊은 관련성이 있지만, 이러한 변화가 한국 한자음의 변화를 반영한 결과로는 보기 어렵다. 중국 한자음에서 全濁에 속한 한자는 거의 濁音으로 반영되는데 『古事記』의 音假名도 이들 한자가 역시 濁音을 나타내는 音假名으로 쓰이고 있다. 그러나 『삼국사기』 등에 나타난 同名 異表記를 보면 全淸字와 全濁字가 많이 통용된 현상을 볼 수 있고 『古事記』의 音假名과 전혀 다른 양상을 보이고 있다. 이와 같이 推古遺文과 『古事記』 사이의 音假名에 일어난 변화는 한국 한자음의 변화만으로 설명할 수 없는 경우가 많다.

23) 犬飼隆他(2000 : 31)는 4세기에 백제에서 七支刀 등 한자가 쓰인 도검(刀劍) 등이 일본(왜)에 전수되어 일본 국내에서는 백제 등지에서 일본에 건너간 도래인들이 묵필(墨筆)로 문자를 썼다고 주장하고 고고학 자료에 의거하면 한자는 4세기 전반까지는 중국에서, 4세기 후반에 백제에서 전래하였다고 보았다. 『삼국사기』(百濟本紀)의 기사를 보면 阿莘王 6年(397年) 5月條에 세자를 일본(왜)에 보냈다는 기사가 나오며 12年(403年) 2月條에는 일본(倭)에서 사신이 왕래하며 왕이 이를 맞이하며 후하게 대접하였다는 기사가 나온다. 백제에서 한자와 한자음이 전수된 시기는 대략 이 시기로 보아도 무방할 것이다.

24) 선행 연구에서는 '百濟史料' 백제 고유명사 표기에 쓰인 音假名과 推古遺文 音假名이 많은 일치를 보이는 점을 들어 '百濟史料'의 자료성 자체를 부정하는 견해도 있었으나 推古遺文 音假名의 기원이 백제에서 비롯되었을 가능성이 높은 만큼 이 현상은 '百濟史料'의 자료적 가치를 부정하는 근거가 되지 않는다고 본다.

미 중고음을 바탕으로 한 音假名이 주류를 이루게 되었다고 볼 수 있다. 다만 고유명사 표기의 보수성 때문에 백제 고유명사에는 특수한 용자법이 표음과 함께 명맥을 유지한 채 그대로 『일본서기』에 실리게 된 것으로 생각된다.

부록
『일본서기』 백제 고유명사 일람표

1 이 일람표는 日本古典文學大系 『일본서기』를 저본으로 했다.

2 그 고유명사가 나타나는 권차(卷次)와 왕대, 연월일, 日本古典文學
大系 『일본서기』의 쪽수 순서로 표시했다.

3 日本古典文學大系 『일본서기』에 표시된 고유명사의 독법을 표시했다.

4 그 고유명사가 인용 자료에서 인용된 경우에는 그 인용 자료를 표
시했다.

5 日本古典文學大系 『일본서기』 원문에 표시된 교정·교주 사항은
그대로 표시했다.

① 개정(改訂)된 결과를 표시하고, 그 개정의 근거가 된 古寫本의 약
칭을 괄호 안에 표시한다. 이 때 표시할 수 있는 古寫本은 3개
까지로 정한다. 주석서(註釋書)의 견해에 따라 개정한 경우에는

가장 오래된 주석서의 명칭을 제시한다. 저자의 견해에 따라 개정한 경우에는 '意改'로 표시한다.

② 저본의 문자를 개정하지 않으나 저본의 표기와 다른 異表記가 있을 경우에는 먼저 저본의 문자를 제시하며 '-' 뒤의 괄호 안에 '[傍書]'라는 표시와 함께 異表記를 제시했다.

③ 저본의 문자를 개정하지 않으나 다른 자료에 참고할 만한 이문(異文)이 있을 때에는 그 일부만을 제시했다.

④ 약호(略號)는 다음과 같다. [底本]：天理圖書館本·卜部兼右本, [岩]：岩崎本, [前]：前田本, [宮]：宮內廳本, [北]：北野本, [勢]：穗久邇文庫本(伊勢本), [閣]：內閣文庫本, [釋紀]：前田本 釋日本紀, [集解]：書紀集解, [熱]：熱田本, [田]：田中本

⑥ 백제 고유명사 표기자 중 音假名으로 간주되는 것은 밑줄로 표시를 했다.

⑦ 표기가 新訂增補國史大系『일본서기』와 다른 부분은 末尾의 괄호 (<　>) 안에 그 표기를 표시했다.

卷9			
神功46-3	上-351	<u>久氐</u>	くてい
神功46-3	上-351	<u>久氐</u>	くてい
神功46-3	上-351	<u>久氐</u>	くてい
神功46-3	上-351	<u>莫古</u>	まくこ
神功46-3	上-351	<u>彌州流</u>	みつる
神功47-4	上-351	<u>久氐</u>	くてい
神功47-4	上-351	<u>久氐</u>	くてい
神功47-4	上-351	<u>莫古</u>	まくこ

神功47-4	上-351	彌州流	みつる
神功46-3	上-353	肖古王	せうこわう('肖'는 [集解]에서는 '背')
神功47-4	上-355	久氐	くてい
神功47-4	上-355	久氐	くてい
神功47-4	上-355	久氐	くてい
神功49-3	上-355	久氐	くてい('久'는 [熱][勢]에서는 '人', '欠')
神功49-3	上-355	久氐	くてい
神功49-3	上-357	古奚津[1]	こけいのつ
神功49-3	上-357	貴須[2]	くるす
神功49-3	上-355	木羅斤資[3]	もくらこんし
神功49-3	上-355	木羅斤資	もくらこんし
神功49-3	上-357	肖古	せうこ
神功49-3	上-357	古沙山	こさのむれ
神功49-3	上-357	木羅斤資	もくらこんし
神功49-3	上-357	半古	はんこ
神功49-3	上-357	辟中	へちう
神功49-3	上-357	辟支山	へきのむれ
神功49-3	上-357	比利	ひり
神功49-3	上-357	意流村	おるすき
神功49-3	上-357	州流須祇	つるすき
神功49-3	上-357	布彌支	ほむき(今云)
神功50-5	上-357	久氐	くてい

---

1) 『日本書紀索引』에서는 백제 인명으로 간주했으나 柳玟和(2000)에서는 출처가 분명하지 않은 지명으로 보았다. 神功49年3月條에는 '比自㶱' 등 7개국을 평정했다는 내용 뒤에 "仍移兵, 西廻至古奚津, 屠南蠻忱羅多禮"라는 기사가 있을 뿐이다. 따라서 '古奚津'은 평정된 7개국의 서쪽에 위치하며 耽羅로 건너가기 위한 포구로 생각되기 때문에 일단 백제 지명으로 간주한다.

2) '貴首(王)'의 '首'는 馬淵和夫(1960), 大野透(1962), 木下禮仁(1961a)의 일람표에 나타나지 않는다. 그러나 이 왕명은 東城王 이전의 왕명이기 때문에 일단 音假名으로 간주한다. 다른 고유명사에 나타난 '首'도 音假名으로 간주한다.

3) '木羅斤資'의 '斤'은 馬淵和夫(1960), 大野透(1962), 木下禮仁(1961a)의 일람표에 나타나지 않는다. 그러나 '木', '羅', '資'가 일람표에 포함되고 있기 때문에 '斤'을 音假名으로 인정하고 다른 고유명사에 나타난 '斤'도 音假名으로 간주한다.

神功50-5	上-357	久氐	くてい
神功50-5	上-357	久氐	くてい
神功51-3	上-357	久氐	くてい
神功51	上-359	久氐	くてい
神功52-9-10	上-359	久氐	くてい
神功52-9-10	上-359	枕流王	とむるわう
神功55	上-359	肖古王	せうこわう('肖'는 [北][勢]에서는 '背')
神功56	上-359	貴須	くゐす
神功62	上-361	木羅斤資	もくらこんし(百濟記)
神功64	上-361	貴須王	くゐすわう
神功64	上-361	枕流王	とむるわう
神功65	上-361	辰斯[4]	しんし
神功65	上-361	阿花[5]	あくゑ
神功65	上-361	枕流王	とむるわう

卷10

應神3	上-365	阿花	あくゑ('花'는 [田]에서는 '莵')
應神3	上-365	辰斯王	しんしわう
應神3	上-365	辰斯王	しんしわう
應神8-3	上-365	直支	とき(百濟記)
應神8-3	上-367	阿花王	あくゑわう(百濟記)
應神8-3	上-367	支侵[6]	ししむ(百濟記)

---

4) '辰斯(王)'의 '辰'은 馬淵和夫(1960), 大野透(1962), 木下禮仁(1961a)의 일람표에 나타나지 않는다. 그러나 '辰斯(王)'가 東城王 이전의 왕명이기 때문에 일단 차자 표기로 보고 '辰'도 音假名으로 간주한다.

5) '阿花(王)'의 '花'는 馬淵和夫(1960), 大野透(1962), 木下禮仁(1961a)의 일람표에 나타나지 않는다. 그러나 '阿花(王)'가 東城王 이전의 왕명이기 때문에 일단 차자 표기로 보고 '花'도 音假名으로 간주한다.

6) '支侵'에 대해 柳玟和(2000)는 출처가 분명하지 않은 지명으로 보고 있으나 『日本書紀索引』에서는 백제 지명으로 보고 있다. 應神8年3月條의 기사는 백제가 자기 영토인 '忱彌多禮'와 '峴南', '支侵', '谷那' 등을 빼앗겼다고 하는 내용이다. 따라서 '支侵'을 백제 지명

應神8-3	上-367	谷那[7]	こくな(百濟記)
應神15-8-6	上-371	阿直伎	あちき('伎'는 [田]・[宮]에서는 '岐')
應神15-8-6	上-371	阿直伎	あちき('伎'는 [田]・[宮]에서는 '岐')
應神15-8-6	上-371	阿直伎	あちき('伎'는 [田]・[宮]에서는 '岐')
應神15-8-6	上-371	阿直伎	あちき('伎'는 [田]・[宮]에서는 '岐')
應神15-8-6	上-371	王仁[8]	わに
應神15-8-6	上-371	王仁	わに
應神15-8-6	上-373	阿直岐	あちき
應神15-8-6	上-373	阿直岐	あちき
應神16-2	上-373	王仁	わに
應神16-2	上-373	王仁	わに
應神16-2	上-373	王仁	わに
應神16	上-373	甘羅城[9]	かむらのさし(其他)

으로 볼 경우 '峴南', '谷那'도 백제 지명으로 보아야 한다. 柳玟和(2000)는 '忱彌多禮'를 耽羅로 보고 '支侵', '谷那'도 耽羅 지명으로 보고 있다. 鮎貝房之進(1937)은 '峴南'을 전라북도 일대를 광범위하게 일컫는 총칭, '支侵'을 『三國志』(魏史・東夷傳)에 보이는 馬韓의 支侵國으로 충청남도 洪城 부근으로 보고 있다(『삼국사기』 卷第36에 "谷城郡本百濟欲乃縣景德王改名今因之"라는 기사가 보인다). 그리고 '谷那'는 『삼국사기』의 기사를 근거로 전라남도 谷城 부근으로 보고 있다. 한편 應神16年是歲條에 나타난 '東韓'('甘羅', '高難', '爾林')와 '峴南', '支侵', '谷那'를 같은 것으로 보는 견해도 있다. 일단 '峴南', '支侵', '谷那'를 耽羅 지명으로 보는 근거는 미비해 보이기 때문에 여기에서는 문헌적인 근거가 있는 '支侵', '谷那'는 백제 지명으로 간주한다. '支侵'의 '侵'는 馬淵和夫(1960), 大野透(1962), 木下禮仁(1961a)의 일람표에 나타나지 않는다. 鮎貝房之進(1937)은 '支侵'을 『三國志』(魏志・東夷傳)에 보이는 馬韓의 支侵國으로 간주한 바가 있는데, 『三國志』에 나타난 馬韓 54개국의 지명 표기는 일단 音假名으로 보이기 때문에 여기에서는 '侵'을 音假名으로 간주한다.

7) '谷那'의 '谷'은 馬淵和夫(1960), 大野透(1962), 木下禮仁(1961a)의 일람표에 나타나지 않는다. 그러나 天智2年9月24日條에는 '谷那晋首'라는 인명이 나타나며 이 '谷那'는 '姐彌', '州利', '東城(子)'과 같은 백제의 복성으로 보인다. 따라서 여기에서 나타난 지명인 '谷那'의 '谷'도 일단 音假名으로 간주한다.

8) 『日本書紀索引』에는 백제 인명 표시가 없으나 '王仁'이 應神15年6月에 백제에서 일본에 파견된 것은 분명하기 때문에 백제 인명으로 간주한다.

應神16	上-373	高難城	かうなんのさし(其他)
應神16	上-373	爾林城[10)	にりむのさし(其他)
應神16	上-373	阿花王	あくゑわう
應神16	上-373	直支王	ときわう('支'는 [田][宮][北]에서는 '攴')
應神25	上-377	久爾辛	くにしん
應神25	上-377	直支王	ときわう('支'는 [田][宮][北]에서는 '攴')
應神25	上-377	木羅斤質	もくらこんし
應神25	上-377	木滿致	もくまんち(百濟記)
應神25	上-377	木滿致	もくまんち
應神39-2	上-379	新齋都媛[11)	しせつひめ('齋'는 [田][宮][北]은 '濟')
應神39-2	上-379	新齋都媛	しせつひめ('齋'는 [田][宮][北]은 '濟')
應神39-2	上-379	直支王	ときわう('支'는 [田][宮][北]에서는 '攴')

---

9) '甘羅城', '高難城', '爾林城'에 대해 柳玟和(2000)는 '甘羅城', '高難城'을 출처 불명으로 보고 있으며, '爾林城'은 고구려 지명으로 보고 있다. 鮎貝房之進(1937)은 '甘羅'를 『삼국사기』의 기사를 근거로 전라북도 咸悅, 谷城 부근으로 보고 있다("咸悅縣本百濟甘勿阿縣景德王改名今因之"[『삼국사기』 卷第36]). '爾林'에 대해서는 鮎貝房之進(1937)은 應神8年3月條의 '支侵'과 같은 것으로 보고 그 위치를 충청남도 大興(古名, 任城郡)으로 비정하고 있으며 日本古典文學大系 『일본서기』에서는 전라북도 金堤郡 利城(古名, 乃理阿)으로 보는 견해를 제시하고 있다. '高難'에 대해서는 鮎貝房之進(1937)은 應神8年3月條의 '谷那'와 같은 것으로 보고 있다. 應神16年是歲條에 나타난 '甘羅城', '高難城', '爾林城'은 應神8年3月條에 나타난 '峴南', '支侵', '谷那'와 마찬가지로 '東韓'으로 표시되어 있으므로 '甘羅', '高難', '爾林'은 일단 백제 지명으로 간주하는 것이 타당하다고 본다. 顯宗3年條에 나타난 '爾林'도 일단 백제 지명으로 간주한다.

10) '爾林(城)'의 '林'은 馬淵和夫(1960), 大野透(1962), 木下禮仁(1961a)의 일람표에 나타나지 않는다. 鮎貝房之進(1937)은 '爾林'을 전라북도 任實로 비정하여 '爾林'을 '任'을 표기한 것으로 보고 '林'을 音假名으로 간주했다. 여기에서는 일단 이 견해에 따라 '林'을 音假名으로 간주한다.

11) 柳玟和(2000)는 加羅 인명으로 보고 있으나 康仁善(1995)에서는 언급이 없다. 그러나 '新齋都媛'은 直支王의 여동생이며 백제 인명임이 분명하다.

■ **卷11**

仁德41-3	上-409	酒君	さけのきみ
仁德41-3	上-409	酒君	さけのきみ
仁德41-3	上-409	酒君	さけのきみ
仁德41-3	上-409	酒君	さけのきみ
仁德41-3	上-409	酒君	さけのきみ
仁德41-3	上-409	酒君	さけのきみ
仁德41-3	上-409	酒君	さけのきみ

■ **卷14**

雄略2-7	上-463	蓋鹵王[12]	かふろわう(百濟新撰)
雄略2-7	上-463	慕尼夫人[13]	むにはしかし(百濟新撰)
雄略2-7	上-463	適稽女郎[14]	ちゃくけいえはしと(百濟新撰)
雄略2-7	上-463	池津媛[15]	いけつひめ
雄略5-4	上-471	加須利君	かすりのきし
雄略5-4	上-471	加須利君	かすりのきし
雄略5-4	上-471	蓋鹵王	かふろわう(其他)
雄略5-4	上-471	昆支[16]	こにき(其他)(‘昆’은 [宮]에서는

---

12) ‘蓋鹵(王)’의 ‘蓋’는 馬淵和夫(1960), 大野透(1962), 木下禮仁(1961a)의 일람표에 나타나지 않는다. 그러나 이 왕명은 東城王 이전의 왕명이기 때문에 일단 音假名으로 간주한다. 다른 고유명사에 나타난 ‘蓋’도 音假名으로 간주한다.

13) ‘慕尼夫人’, ‘適稽女郎’에 대해 柳玫和(2000)는 백제 인명으로 보고 있으나 康仁善(1995)에서는 언급이 없다. 그러나 ‘慕尼夫人’, ‘適稽女郎’은 백제왕이 雄略天皇에게 보낸 여인으로 백제 인명으로 보는 것이 타당하다.

14) ‘適稽(女郎)’의 ‘適’은 馬淵和夫(1960), 大野透(1962), 木下禮仁(1961a)의 일람표에 나타나지 않는다. 그러나 顯宗3年條에 나타나는 ‘適莫爾解’의 ‘適’을 音假名으로 인정한 바가 있으므로 ‘適’은 音假名으로 간주한다.

15) 『日本書紀索引』에서는 백제 인명 표시가 없으나 『일본서기』 본문에는 백제 여인으로 되어 있으므로 백제 인명으로 보는 것이 타당하다.

16) 康仁善(1995)에서는 언급이 없으나 『일본서기』 본문에는 ‘昆支’가 백제 蓋鹵王의 동생으로 되어 있으므로 백제 인명으로 보는 것이 타당하다. ‘昆支’의 ‘昆’은 馬淵和夫(1960), 大野透(1962), 木下禮仁(1961a)의 일람표에 나타나지 않는다. 그러나 雄略23年4月에 나

			‘琨’)<崐支君>
雄略5-4	上-471	軍君	こにきし(‘軍’은 [前][宮][熱]에서는 없음)
雄略5-4	上-471	軍君	こにきし
雄略5-4	上-471	軍君	こにきし
雄略5-4	上-471	適稽女郎	ちゃくけいえはしと
雄略5-4	上-471	池津媛	いけつひめ
雄略5-6	上-471	加須利君	かすりのきし
雄略5-6	上-471	軍君	こにきし
雄略5-6	上-471	嶋君	せまきし
雄略5-6	上-471	嶋君	せまきし
雄略5-6	上-471	武寧王	むねいわう
雄略5-6	上-471	主嶋17)	にりむせま
雄略5-7	上-471	蓋鹵王	かふろわう(百濟新撰)(‘王’은 [宮][勢][熱]에서는 王遺王)
雄略5-7	上-471	昆支君	こにききし(百濟新撰)(‘昆’은 [宮]에서는 ‘琨’)<崐支君>
雄略5-7	上-471	軍君	こにきし
雄略11-7	上-487	貴信18)	くゐしん
雄略11-7	上-487	貴信	くゐしん
雄略20	上-497	蓋鹵王	かふろわう(百濟記)
雄略20	上-497	大城19)	こにさし(百濟記)
雄略20	上-497	王城	こきしのさし(百濟記)
雄略20	上-497	尉禮	ゐれ(百濟記)

타나는 ‘昆支王’의 ‘昆’을 音假名으로 인정한 바가 있으므로 ‘昆’은 音假名으로 간주한다.

17) 『日本書紀索引』에서는 백제 지명 표시가 없다. 『일본서기』에서는 ‘主嶋’는 武寧王이 태어난 섬을 가리켜 백제인들이 부른 명칭으로 되어 있다. 백제 지명은 아니지만 일단 일본 지명의 백제 호칭으로 보고 백제 지명에 포함시킨다.

18) 康仁善(1995)에서는 언급이 없으나 『일본서기』 본문에서는 ‘貴信’이 백제에서 온 인물로 기록되어 있으며 한편으로는 吳나라 사람일 가능성도 제기하고 있다. 여기에서는 일단 백제 인명에 포함시킨다.

19) 『日本書紀索引』에서는 백제 지명 표시가 없으나 ‘大城’과 ‘王城’은 『일본서기』에서는 고구려가 백제를 공격한 기사에 나타난 것이며 백제의 왕성으로 간주할 수 있으므로 백제 지명으로 보는 것이 타당하다.

雄略21-3	上-497	久麻那利	こむなり
雄略21-3	上-497	汶洲王[20]	もんすわう
雄略21-3	上-497	蓋鹵王	かふろわう
雄略21-3	上-497	久麻那利	こむなり(日本舊記)
雄略21-3	上-497	久麻那利	こむなり(日本舊記)
雄略21-3	上-497	汶洲王	もんすわう(其他)
雄略21-3	上-497	下哆呼唎縣[21]	あろしたこりのこほり(日本舊記)('唎'는 [宮][熱]에서는 '利') <下哆呼唎縣>
雄略21-3	上-499	末多王	またわう(日本舊記)
雄略23-4	上-497	昆支王[22]	こんきわう('支'는 [田][宮][北]에서는 '支')
雄略23-4	上-497	末多王	またわう
雄略23-4	上-497	文斤王	もんこんわう
雄略23-4	上-499	東城王	とうせいわう

---

20) '汶洲(王)'의 '汶'은 馬淵和夫(1960), 大野透(1962), 木下禮仁(1961a)의 일람표에 나타나지 않는다. 그러나 東城王 이전의 왕명이라는 점, 欽明15年12條에 나타난 '(下部 / 杆率) / 汶斯干奴'의 '汶'을 音假名으로 인정한 바가 있으므로 '汶'도 音假名으로 간주한다. 다른 고유명사에 나타난 '汶'도 音假名으로 간주한다.

21) 『日本書紀索引』에서는 任那 지명으로 보고 있다. 『일본서기』에서는 "일본 천황이 백제왕에게 '久麻那利'를 백제 汶洲王에게 하사(下賜)하며 백제를 부흥시켰다"라는 기사가 나오는데 그 기사의 분주(分註)로 "『日本舊紀』에서는 '久麻那利'를 백제왕에게 주었다고 하는데 이것은 오류이며 '久麻那利'는 任那의 '下哆呼唎縣'에서 갈라진 마을이다"라는 기사가 나온다. 이 분주를 근거로 해서 '下哆呼唎縣'을 백제의 왕도인 熊津(久麻那利)에 인접한 지역으로 보는 견해가 있다. 이 '下哆呼唎縣'을 繼體2年12月條의 任那 지명인 '下哆唎'와 같은 것으로 보는 견해도 있으나 末松保和에 주장에 따르면 이 '下哆唎'는 전라남도 榮山江 동쪽으로 비정되어 있으므로 여기에 나타나는 '下哆呼唎縣'과는 위치상 큰 차이를 보인다. 여기에서는 '下哆呼唎縣'을 전라북도 동북부~충청남도 동남부에 걸친 지역으로 보는 鮎貝房之進(1937)의 주장에 따르고 일단 백제 지명으로 간주한다. '(下)哆呼唎(縣)'의 '呼'는 馬淵和夫(1960), 大野透(1962), 木下禮仁(1961a)의 일람표에 나타나지 않는다. 그러나 전후의 '哆'와 '唎'가 모두 일람표에 나타나기 때문에 '呼'도 音假名으로 인정한다.

22) '昆支王'의 '昆'은 馬淵和夫(1960), 大野透(1962), 木下禮仁(1961a)의 일람표에 나타나지 않는다. 그러나 이 왕명은 東城王 이전의 왕명이기 때문에 일단 音假名으로 간주한다. 다른 고유명사에 나타난 '昆'도 音假名으로 간주한다.

卷15

顯宗3	上-525	帶山城	しとろもろのさし
顯宗3	上-525	適莫爾解23)	ちゃくまくにげ
顯宗3	上-527	領軍 / 古爾解	いくさ / こにげ
顯宗3	上-527	內頭 / 莫爾解24)	ないとう / まくこげ
顯宗3	上-525	爾林	にりむ
顯宗3	上-525	爾林	にりむ

卷16

武烈3-11	下-015	意多郎25)	おたら
武烈4	下-015	蓋鹵王	かふろわう(百濟新撰)('蓋'은 [傍書]에서는 '善')
武烈4	下-015	琨支	こんき(百濟新撰)('琨'은 [宮]에서는 '混')
武烈4	下-015	琨支王	こんきわう('王'은 [傍書]에서는 '君')
武烈4	下-015	琨支王子	こんきせしむ(百濟新撰)
武烈4	下-015	嶋王	せまきし
武烈4	下-015	嶋王	せまきし(百濟新撰)('王'는 [宮]·[閣異]에서는 없음)
武烈4	下-015	末多王	まつたわう(百濟新撰)
武烈4	下-015	末多王	まつたわう(百濟新撰)
武烈4	下-015	末多王	まつたわう(百濟新撰)
武烈4	下-015	末多王	まつたわう

---

23) '適莫爾解'의 '適'은 馬淵和夫(1960), 大野透(1962), 木下禮仁(1961a)의 일람표에 나타나지 않는다. 그러나 '莫', '爾', '解' 등은 모두 일람표에 나타나기 때문에 남은 '適'도 音假名으로 간주한다.

24) 康仁善(1995)에서는 언급이 없고 『日本書紀索引』에서는 백제 관직명이라는 표시가 없다. 그러나 '內頭佐平'이 백제 관직명임이 분명하기 때문에 백제 인명에 포함시킨다.

25) 康仁善(1995)에서는 언급이 없으나 『일본서기』 본문에는 '意多郎'이 백제왕으로 되어 있으므로 백제 인명으로 간주한다.

武烈4	下-015	武寧王	むねいわう(百濟新撰)('王'는 [宮]·[閣異]에서는 없음)
武烈4	下-015	武寧王	むねいわう
武烈4	下-015	斯麻王	しまわう(百濟新撰)
武烈4	下-015	斯麻王	しまわう(百濟新撰)
武烈4	下-015	主嶋	にりむせま(百濟新撰)
武烈4	下-015	主嶋	にりむせま(百濟新撰)
武烈6-10	下-017	麻那王	まなきし
武烈7-4	下-017	麻那	まな
武烈7-4	下-017	斯我	しが
武烈7-4	下-017	斯我君[26]	しがきし

卷17

繼體7-6	下-029	姐彌文貴將軍	さみもんくゐしやうぐん
繼體7-6	下-029	五經博士 / 段楊爾[27]	ごきやうはかせ だんやうに
繼體7-6	下-029	州利卽爾將軍	つりそにしやうぐん('州'는 [前][北][勢]에서는 '洲')
繼體7-8-26	下-029	太子 / 淳陀	こにせしむ じゆんだ
繼體7-11-5	下-031	姐彌文貴將軍	さみもんくゐしやうぐん
繼體9-2-4	下-033	文貴將軍	もんくゐしやうぐん
繼體9-2	下-033	文貴將軍	もんくゐしやうぐん
繼體10-5	下-033	前部 / 木刕不麻甲背[28]	ぜんほう もくらふまかふはい
繼體10-9	下-033	州利卽次 / 將軍	つりそししやうぐん

---

26) 康仁善(1995)에서는 언급이 없으나 『일본서기』 본문에는 '斯我君'이 백제 왕족으로 되어 있으므로 백제 인명으로 보는 것이 타당하다.

27) '(五經博士) / 段楊爾'의 '段'은 馬淵和夫(1960), 大野透(1962), 木下禮仁(1961a)의 일람표 에 나타나지 않는다. 그러나 뒤의 '楊', '爾'가 모두 일람표에 포함되어 있기 때문에 '段' 도 音假名으로 간주한다.

28) '(前部) / 木刕不麻甲背'의 '刕'은 馬淵和夫(1960), 大野透(1962), 木下禮仁(1961a)의 일람 표에 나타나지 않는다. 그러나 '木', '不', '麻', '甲', '背'가 모두 일람표에 포함되어 있 기 때문에 '刕'도 音假名으로 간주한다. 다른 고유명사에 나타난 '刕'도 音假名으로 간주 한다.

繼體10-9	下-035	博士 / 段楊爾	はかせ だんやうに
繼體10-9	下-035	漢高安茂[29]	あやのかうあんも
繼體10-9-14	下-035	灼莫古 / 將軍[30]	やくまくこ しやうぐん
繼體17-5	下-035	王 / 武寧	こきしむねい
繼體18-1	下-035	太子 / 明	こにせしむめい
繼體23-3	下-039	麻那甲背	まなかふはい
繼體23-3	下-039	麻鹵	まろ
繼體23-3	下-039	將軍君 / 尹貴[31]	いくさのきみいんくゐ
繼體23-4-7	下-041	恩率 / 彌騰利	おんそちみどり
繼體23-4-7	下-041	恩率 / 彌騰利	おんそちみどり
安閉元-5	下-051	上部 / 都德 / 己州己婁	しょうほうととくこつこる
安閉元-5	下-051	下部 / 脩德 / 嫡德孫[32]	かほうしうとくちゃくとくそん

卷19

欽明元-2	下-065	己知部	こちふ
欽明2-4	下-069	聖明王	せいめいわう
欽明2-4	下-071	貴首王	くゐしゆわう
欽明2-4	下-071	聖明王	せいめいわう
欽明2-4	下-071	城方甲背昧奴	はうかふはいまな
欽明2-4	下-071	速古王[33]	そくこわう

---

29) '(漢)高安茂'의 '茂'는 馬淵和夫(1960), 大野透(1962), 木下禮仁(1961a)의 일람표에 나타나지 않는다. 그러나 '高', '安'이 모두 일람표에 포함되어 있기 때문에 '茂'도 音假名으로 간주한다.

30) '灼莫古 / (將軍)'의 '灼'은 馬淵和夫(1960), 大野透(1962), 木下禮仁(1961a)의 일람표에 나타나지 않는다. 그러나 '莫', '古'가 모두 일람표에 포함되어 있기 때문에 '灼'도 音假名으로 간주한다. 다른 고유명사에 나타난 '灼'도 音假名으로 간주한다.

31) '(將軍君) / 尹貴'의 '尹'은 馬淵和夫(1960), 大野透(1962), 木下禮仁(1961a)의 일람표에 나타나지 않는다. 그러나 欽明4年12月條에 나타나는 '(下佐平) / 木尹貴'의 '尹'을 音假名으로 인정한 바가 있으므로 '尹'도 音假名으로 간주한다.

32) '下部 / 脩德 / 嫡德孫'은 '嫡', '德', '孫'은 馬淵和夫(1960), 大野透(1962), 木下禮仁(1961a)의 일람표에 나타나지 않는다. 그러므로 여기에서는 音假名 表記로 간주하지 않는다.

33) '速古(王)'의 '速'은 馬淵和夫(1960), 大野透(1962), 木下禮仁(1961a)의 일람표에 나타나지 않는다. 그러나 이 왕명은 東城王 이전의 왕명이기 때문에 일단 音假名으로 간주한다.

欽明2-4	下-071	下部中佐平 / 麻鹵	かほうしそさへいまろ
欽明2-7	下-073	貴首王	くゐしゆわう
欽明2-7	下-073	紀臣 / 奈率 / 彌麻沙	きのおみ なそち みまさ
欽明2-7	下-073	紀臣 / 奈率	きのおみ なそち
欽明2-7	下-073	奈率 / 宣文[34]	なそち せんもん
欽明2-7	下-073	奈率	なそち
欽明2-7	下-073	速古王	そくこわう
欽明2-7	下-073	前部 / 奈率 / 鼻利莫古[35]	ぜんほうなそちびりまくこ ('利'는 [北][閣]에서는 없음)
欽明2-7	下-073	中部 / 奈率 / 木刕眯淳[36]	ちうほうなそちもくらまいじ ゆん('刕'는 [閣]에서는 [刕]) ＜木刕眛淳＞
欽明2-7	下-075	聖明王	せいめいわう
欽明2-7	下-077	紀臣 / 奈率 / 彌麻沙	きのおみなそちみまさ
欽明2-7	下-077	中部 / 奈率 / 己連	ちうほうなそちこれん
欽明4-4	下-077	紀臣 / 奈率 / 彌麻沙	きのおみなそち みまさ
欽明4-9	下-077	物部 / 施德 / 麻奇牟[37]	もののべのせとくまがむ＜麻

---

34) 康仁善(1995)에서는 언급이 없으나 『일본서기』 본문에서는 백제 사신으로 기재되어 있으며 欽明8年4月條에 나타난 '前部 / 德率 / 眞慕宣文'과 동일한 인물일 가능성이 있기 때문에 여기에서는 백제 인명으로 간주한다. '奈率 / 宣文'의 '宣'은 馬淵和夫(1960), 大野透(1962), 木下禮仁(1961a)의 일람표에 나타나지 않는다. 그러나 欽明8年4月條 '前部 / 德率 / 眞慕宣文'의 '宣'을 音假名으로 간주한 바가 있으므로 '宣'도 音假名으로 간주한다.

35) 『日本書紀索引』에서는 백제 인명 표시가 없으나 『일본서기』 본문에는 '鼻利莫古'가 백제왕이 파견한 인물로 되어 있으므로 백제 인명으로 보는 것이 타당하다.

36) '中部 / 奈率 / 木刕眯淳'의 '眯'와 '淳'은 馬淵和夫(1960), 大野透(1962), 木下禮仁(1961a)의 일람표에 나타나지 않는다. 그러나 '木'은 일람표에 있고 '刕'은 繼體10年5月條의 '木刕不麻甲背'에서 音假名으로 간주했으며, '眯'는 다른 자료에는 '眛'로 표기되어 있기 때문에 音假名으로 보아도 무방하다. 그러므로 남은 '淳'도 音假名으로 간주한다. 또한 '(德率) / 木刕眛淳'의 '眛'는 馬淵和夫(1960), 大野透(1962), 木下禮仁(1961a)의 일람표에 나타나지 않는다. 그러나 欽明2年7月條에 나타나는 '中部 / 奈率 / 眯淳'의 '眯'를 '眛'의 다른 표기로 보고 音假名으로 간주한 바가 있으므로 '眛'도 '眛'의 다른 표기로 보고 音假名으로 간주한다.

37) 康仁善(1995)에서는 언급이 없고 『日本書紀索引』에서는 백제 인명 표시가 없다. 『일본서기』 본문에서는 聖明王이 '物部 / 施德 / 麻奇牟'를 파견한 것으로 되어 있으며 欽明15年12月條에도 백제 인명인 '東方領 / 物部莫哥武連'이 나타나 있으므로 여기에서는 백제 인명으로 간주한다.

			刕牟〉
欽明4-9	下-077	聖明王	せいめいわう
欽明4-9	下-077	前部 / 奈率 / 眞牟貴文[38]	ぜんほうなそちしんむくゐもん
欽明4-9	下-077	護德 / 己州己婁	ことくこつこる
欽明4-11-8	下-077	佐平內頭	さへいないづ
欽明4-11-8	下-077	聖明王	せいめいわう
欽明4-12	下-077	上佐平 / 沙宅己婁[39]	そくさへい さたくこる
欽明4-12	下-077	聖明王	せいめいわう
欽明4-12	下-077	中佐平 / 木刕麻那	しそさへいもくらまな
欽明4-12	下-079	奈率 / 燕比善那[40]	なそちえんひぜんな
欽明4-12	下-079	德率 / 國雖多[41]	とくそちこくすゐた
欽明4-12	下-079	德率 / 東城道天[42]	とくとちとうじやうだうてん
欽明4-12	下-079	德率 / 木刕眜淳	とくそちもくらまいじゆん〈木刕眜淳〉
欽明4-12	下-079	德率 / 鼻利莫古	とくそちびりまくこ

---

38) '前部 / 奈率 / 眞牟貴文'의 '眞'은 馬淵和夫(1960), 大野透(1962), 木下禮仁(1961a)의 일람표에 나타나지 않는다. 그러나 '牟', '貴', '文'이 모두 일람표에 포함되어 있기 때문에 '眞'도 音假名으로 간주한다.

39) '沙宅'은 齋明6年7月16日條 '沙宅千福', 天智10年1月條의 '沙宅紹明', 天智10年11月10日條의 '沙宅孫登', 持統5年12月2日條의 '沙宅萬首' 등에서도 찾아볼 수 있기 때문에 백제의 복성으로 보인다. '宅'은 馬淵和夫(1960), 大野透(1962), 木下禮仁(1961a)의 일람표에 나타나지 않는다. 여기에서는 일람표에 나타나는 '己婁'만을 音假名으로 간주한다. 다른 '沙宅'이라는 복성을 가진 인명에 대해서도 '沙宅' 부분은 音假名으로 간주하지 않는다.

40) '奈率 / 燕比善那'의 '燕'과 '善'은 馬淵和夫(1960), 大野透(1962), 木下禮仁(1961a)의 일람표에 나타나지 않는다. 그러나 持統5年9月4日條에 나타나는 '(書博士) / 末士善信'의 '善'을 音假名으로 간주한 바가 있으므로 '善'을 音假名으로 간주하고 남은 '燕'도 音假名으로 간주한다.

41) '(德率) / 國雖多'의 '國'과 '雖'는 馬淵和夫(1960), 大野透(1962), 木下禮仁(1961a)의 일람표에 나타나지 않는다. 齋明6年7月16日條에 '國弁成'이라는 인명이 나타나기 때문에 '國'은 姓에 해당되는 것으로 보이지만 '雖'는 音假名으로 쓰인 용례가 없으므로 여기에서는 차자 표기로 간주하지 않는다.

42) 康仁善(1995)에서 언급이 없으나 『일본서기』 본문에 따르면 이것은 백제 인명임이 분명하기 때문에 백제 인명에 포함시킨다. '(德率) / 東城道天'의 '東', '城', '天'은 馬淵和夫(1960), 大野透(1962), 木下禮仁(1961a)의 일람표에 나타나지 않는다. 欽明15年2月條에 나타나는 '奈率 / 東城子言' 등에서는 '東城'은 姓으로 보고 차자 표기로 간주하지 않고 남은 부분만 音假名으로 간주했다. 다만 '天'은 백제 고유명사 표기에서 音假名으로 쓰인 예가 없으므로 여기에서는 '(德率) / 東城道天'을 차자 표기로 인정하지 않는다.

欽明4-12	下-079	聖明王	せいめいわう
欽明4-12	下-079	施德 / 高分[43]	せとくかうぶん
欽明4-12	下-079	下佐平 / 木尹貴[44]	おとさへいもくゐんくゐ
欽明5-2	下-079	紀臣 / 奈率 / 彌麻沙	きのおみなそちみまさ
欽明5-2	下-079	奈率 / 己連	なそちこれん
欽明5-2	下-079	物部連 / 奈率 / 用奇多[45]	もののべのむらじなそちよう がた('奇'는 [傍書]에서는 '歌') <用歌多>
欽明5-2	下-079	彌麻沙	みまさ
欽明5-2	下-079	施德 / 高分屋[46]	せとくかうぶんをく
欽明5-2	下-079	施德 / 馬武	せとくめむ
欽明5-2	下-079	施德 / 斯那奴次酒	せとくしなのししゆ
欽明5-3	下-083	奈率 / 己連	なそちこれん
欽明5-3	下-083	奈率 / 彌麻沙	なそちみまさ
欽明5-3	下-083	奈率 / 阿乇得文[47]	なそちあとくとくもん
欽明5-3	下-083	物部 / 奈率 / 奇非[48]	もののべのなそちかひ('奇'는

---

43) 『日本書紀索引』에서는 백제 인명 표시가 없고 康仁善(1995)에서는 언급이 없다. 그러나 『일본서기』 본문에 따르면 이것은 백제 인명임이 분명하기 때문에 백제 인명에 포함시킨다. 다만 '施德 / 高分'의 '分'은 馬淵和夫(1960), 大野透(1962), 木下禮仁(1961a)의 일람표에 나타나지 않는다. 欽明15年1月9日條에 나타나는 '前部 / 施德 / 日佐分屋'에서 '分屋' 부분을 音假名으로 간주하지 않았기 때문에 여기에서는 차자 표기로 간주하지 않는다.

44) '(下佐平) / 木尹貴'의 '尹'은 馬淵和夫(1960), 大野透(1962), 木下禮仁(1961a)의 일람표에 나타나지 않는다. 그러나 '木', '貴'가 모두 일람표에 포함되어 있기 때문에 '尹'도 音假名으로 간주한다.

45) 『日本書紀索引』에서는 백제 인명 표시가 없으나 欽明5年2月條의 이 기사는 欽明2年7月條에 백제가 파견한 사신에 관한 내용이기 때문에 '用奇多'도 백제 인명으로 간주하는 것이 타당하다.

46) '施德 / 高分屋'의 '分'과 '屋'은 馬淵和夫(1960), 大野透(1962), 木下禮仁(1961a)의 일람표에 나타나지 않는다. 欽明15年1月9日條에 나타나는 '前部 / 施德 / 日佐分屋'에서 '分屋' 부분을 音假名으로 간주하지 않았기 때문에 여기에서도 차자 표기로 간주하지 않는다.

47) '奈率 / 阿乇得文'의 '乇'은 馬淵和夫(1960), 大野透(1962), 木下禮仁(1961a)의 일람표에 나타나지 않는다. 그러나 '阿', '得', '文'은 모두 일람표에 포함되어 있기 때문에 '乇'도 音假名으로 간주한다.

48) '物部 / 奈率 / 奇非', '許勢 / 奈率 / 奇麻'에 대해 柳玟和(2000)와 康仁善(1995)은 백제 인명으로 보고 있으나 『日本書紀索引』에서는 백제 인명 표시가 없다. 그러나 『일본서기』 본문에 따르면 이들은 백제왕이 파견한 인물로 되어 있으며 특히 欽明8年4月條에 '奈率 / 奇麻'라는 인명이 보이기 때문에 백제 인명임이 분명하다.

			[北]은 '哥')<哥非>
欽明5-3	下-083	許勢 / 奈率 / <u>奇麻</u>	こせのなそちがま('奇'는 [北]은 '哥')<許勢 / 奈率 / 奇麻>
欽明5-3	下-085	奈率 / <u>己連</u>	なそちこれん
欽明5-3	下-085	奈率 / <u>彌麻沙</u>	なそちみまさ
欽明5-10	下-089	奈率 / <u>奇麻</u>	なそちがま(百濟本記)('奇'는 [北][閣]에서는 없음)<哥麻>
欽明5-10	下-089	奈率 / <u>奇麻</u>	なそちがま('奇'는 [北][閣]에서는 '哥')<哥麻>
欽明5-10	下-089	奈率 / <u>得文</u>	なそちとくもん
欽明5-10	下-089	奈率 / <u>得文</u>	なそちとくもん(百濟本記)
欽明5-11	下-089	奈率 / <u>得文</u>	なそちとくもん
欽明5-11	下-089	許勢 / 奈率 / <u>奇麻</u>	なそちがま('奇'는 [北][閣]은 '哥')<哥麻>
欽明5-11	下-089	奈率 / <u>己連</u>	なそちこれん
欽明5-11	下-089	奈率 / <u>彌麻佐</u>	なそちみまさ
欽明5-11	下-089	奈率 / <u>用奇多</u>[49]	なそちようがた('奇'는 [北][閣]에서는 '哥')<用哥多>
欽明5-11	下-089	物部 / 奈率 / <u>哥非</u>[50]	もののべのなそちがひ
欽明5-11	下-089	聖明王	せいめいいわう
欽明5-11	下-089	王 / 聖明	こきし / せいめい
欽明6-5	下-093	奈率 / <u>其㥀</u>[51]	なそちごれう<其㥀>
欽明6-5	下-093	奈率 / <u>用奇多</u>	なそちようがた('奇'는 [北]은 '哥')<用哥多>

---

49) 『日本書紀索引』에서는 백제 인명 표시가 없으나 『일본서기』에 따르면 이것은 백제 사신임이 분명하며 欽明5年2月條에도 백제 사신으로 '物部 / 奈率 / 用奇多'라는 인명이 나타나기 때문에 백제 인명에 포함시킨다.

50) 『日本書紀索引』에는 백제 인명 표시가 없으나 『日本書紀』 본문에 따르면 이들은 백제왕이 파견한 인물로 되어 있기 때문에 백제 인명임이 분명하다.

51) 『日本書紀索引』에서는 백제 인명 표시가 없고 康仁善(1995)에서는 언급이 없으나 『일본서기』 본문에 따르면 이것이 백제 인명임이 분명하며 欽明7年正月條에 나타나는 '奈率 / 己連'과 동일한 인명일 가능성이 있기 때문에 백제 인명으로 간주한다. '奈率 / 其㥀'의 '㥀'은 馬淵和夫(1960), 大野透(1962), 木下禮仁(1961a)의 일람표에 나타나지 않는다. 그러나 欽明15年2月條에 나타나는 '醫博士 / 奈率 / 王有㥀陀'의 '㥀'을 音假名으로 간주한 바가 있으므로 여기에서도 音假名으로 간주한다.

欽明6-5	下-093	施得 / 次酒	せとくししゆ
欽明6-9	下-093	中部 / 護德 / 菩提	ちうほうことくぼだい
欽明7-1-3	下-095	中部 / 奈率 / 己連	ちうほうなそちこれん
欽明7-6-12	下-095	中部 / 奈率 / 掠葉禮[52]	ちうほうなそちけいせふらい
欽明8-4	下-095	前部 / 德率 / 眞慕宣文[53]	ぜんほうとくそちしんもせんもん
欽明8-4	下-095	奈率 / 奇麻	なそちがま('奇'는 [北][閣]에서는 '哥')<哥麻>
欽明8-4	下-097	德率 / 汶休麻那	とくそちもんくまな
欽明9-4-3	下-097	德率 / 宣文	とくそちせんもん
欽明9-4-3	下-097	馬津城	ましんのさし
欽明9-4-3	下-097	馬津城	ましんのさし
欽明9-6-2	下-097	德率 / 宣文	とくそちせんもん
欽明8-4	下-097	下部 / 東城子言[54]	かほうとうじやうしごん
欽明9-1-3	下-097	前部 / 德率 / 眞慕宣文	ぜんほうとくそちしんもせんもん
欽明9-4-3	下-097	中部 / 杆率 / 掠葉禮	ちうほうかんそちけいせふらい
欽明9-7-12	下-097	掠葉禮	けいせふらい
欽明9-10	下-099	得爾辛	とくにし
欽明10-6-7	下-099	固德 / 馬次文	ことくめしもん('固'는 [傍書]에서는 '國')
欽明10-6-7	下-099	將得 / 久貴	しやうとくこんくゑ
欽明11-2-10	下-099	固德 / 馬進文[55]	ことくめしんもん('固'는 [北]

---

52) '(中部 / 奈率) / 掠葉禮'의 '掠', '葉'은 馬淵和夫(1960), 大野透(1962), 木下禮仁(1961a)의 일람표에 나타나지 않는다. 이들은 백제 고유명사 표기에서 音假名으로 쓰인 흔적을 찾아볼 수 없으므로 여기에서는 音假名으로 간주하지 않는다.

53) '前部 / 德率 / 眞慕宣文'의 '宣'은 馬淵和夫(1960), 大野透(1962), 木下禮仁(1961a)의 일람표에 나타나지 않는다. 그러나 '眞', '慕', '文'은 모두 音假名으로 간주한 바가 있으므로 '宣'도 音假名으로 간주한다. 다른 고유명사에 나타난 '宣'도 音假名으로 간주한다.

54) '奈率 / 東城子言'의 '東', '城', '言'은 馬淵和夫(1960), 大野透(1962), 木下禮仁(1961a)의 일람표에 나타나지 않는다. 그런데 欽明15年2月條에 나타나는 '德率 / 東城子莫古'에서는 '子', '莫', '古'가 모두 일람표에 포함되고 있다. 용자법으로 볼 때 '東城'은 차자 표기로 보기 어렵고 '子言', '子莫古'가 차자 표기된 것으로 보인다. 여기에서는 일단 '子言'만을 차자 표기로 간주한다.

55) '固德 / 馬進文'의 '進'은 馬淵和夫(1960), 大野透(1962), 木下禮仁(1961a)의 일람표에 나타

[閣]에서는 '因', '馬'는 [閣]
[北異]에서는 없음)

欽明11-2-10	下-099	奈率 / 馬武	なそちめむ
欽明11-2-10	下-099	馬武	めむ
欽明11-2-10	下-099	爾林	にりむ
欽明11-2-10	下-099	施德 / 久貴	せとくこんくゐ
欽明11-4-16	下-099	中部 / 奈率 / 皮久斤56)	ちうほうなそちひこんこん
欽明11-4-16	下-099	下部 / 施德 / 灼干那	かほうせとくやくかんな('干'은 [閣]에서는 '于')
欽明12	下-101	聖明王	せいめいわう
欽明13-5	下-101	中部 / 德率 / 木刕今敦57)	ちうほうとくそちもくらこむとん
欽明13-10	下-101	西部 / 姬氏 / 達率 / 怒唎斯致契58)	せいほうきしだちそちぬりしちけい('唎'는 [北][閣]에서는 利)
欽明13-10	下-101	聖明王	せいめいわう
欽明13-10	下-101	聖王	せいわう
欽明13-10	下-101	王臣 / 明	こきしやつかれめい
欽明13-10	下-101	怒唎斯致契	ぬりしちけい('唎'는 [北][閣]에서는 利)
欽明14-1-12	下-103	杆率 / 禮塞敦59)	かんそちらいそくとん

나지 않는다. 欽明15年2月條에도 '固德 / 馬丁安'이라는 인명이 나오는 것으로 보아 이 인명은 '馬'라는 성을 가진 중국식 3자 성명일 가능성이 크다. 일단 여기에서는 欽明11年2月10日條에 나타나는 '固德 / 馬進文'과 欽明15年2月條에 나타나는 '固德 / 馬丁安'은 차자 표기로 간주하지 않는다.

56) 『日本書紀索引』에서는 백제 인명 표시가 없고 康仁善(1995)에서는 언급이 없으나 『일본서기』 본문에 따르면 이것은 백제에서 파견된 사신이며 백제 인명임이 분명하다.

57) '中部 / 德率 / 木刕今敦'의 '今'은 馬淵和夫(1960), 大野透(1962), 木下禮仁(1961a)의 일람표에 나타나지 않는다. 그러나 '木'은 일람표에 포함되어 있고 '刕', '敦'은 이미 다른 고유명사에서 音假名으로 간주했기 때문에 '今'도 音假名으로 간주한다.

58) 『日本書紀索引』에서는 백제 인명 표시가 없으나 『일본서기』 본문에 따르면 이들은 백제 왕이 파견한 인물로 되어 있기 때문에 백제 인명임이 분명하다. '西部/姬氏 / 達率 / 怒唎斯致契'의 '契'는 馬淵和夫(1960), 大野透(1962), 木下禮仁(1961a)의 일람표에 나타나지 않는다. 그러나 '怒', '唎', '斯', '致' 등은 모두 일람표에 나타나기 때문에 '契'도 音假名으로 간주한다.

欽明14-1-12	下-103	上部 / 德率 / 科野次酒	しやうほうとくそちしなのししゆ
欽明14-1-13	下-103	中部 / 杆率 / 木刕今敦	ちうほうかんそちもくらこむとん
欽明14-7-4	下-105	王辰爾[60]	わうじんに
欽明14-7-4	下-105	王辰爾	わうじんに
欽明14-8-7	下-105	上部 / 奈率 / 科野新羅	しやうほうなそちしなのしらき
欽明14-8-7	下-105	下部 / 固德 / 汶休帶山[61]	かほうことくもんきうたいせん
欽明14-8-7	下-105	內臣 / 德率 / 次酒	うちのおみとくそちししゆ（'酒'는 [傍書]에서는 '湏淸本'）
欽明14-10-20	下-107	明王	めいわう
欽明14-10-20	下-107	餘昌[62]	よしやう
欽明14-10-20	下-107	餘昌	よしやう
欽明14-10-20	下-107	威德王	ゐとくわう

---

59) 『日本書紀索引』에서는 백제 인명 표시가 없고 康仁善(1995)에서는 언급이 없으나 『일본서기』 본문에 따르면 이것은 백제에서 파견된 사신이며 백제 인명임이 분명하다. '杆率 / 禮塞敦'의 '塞'는 馬淵和夫(1960), 大野透(1962), 木下禮仁(1961a)의 일람표에 나타나지 않는다. 그러나 '禮', '敦'은 모두 다른 고유명사 표기에서 音假名으로 간주한 바가 있으므로 '塞'도 音假名으로 간주한다. 다른 고유명사에 나타난 '塞'도 音假名으로 간주한다.

60) 康仁善(1995)에서는 언급이 없고 『日本書紀索引』에서는 백제 인명 표시가 없다. 『續日本記』(延暦9年7月條)에는 '王辰爾'의 조상이 백제 貴須王의 손자인 辰孫王이라는 기사가 나타난다. 또한 敏達元年5月15日條에는 '王辰爾'가 고구려의 국서를 잘 해독했다는 기사가 나타난다. 日本古典文學大系 『일본서기』에서는 '王辰爾'를 백제에서 온 도래인으로 간주하고 있으므로 여기에서도 일단 백제 인명에 포함시킨다. 欽明30年1月條와 敏達紀에 나타난 '王辰爾'에 대해서도 백제 인명으로 간주한다. 그런데 '王辰爾'의 '辰'는 馬淵和夫(1960), 大野透(1962), 木下禮仁(1961a)의 일람표에 나타나지 않는다. '王'과 '爾'는 일람표에 나타나기 때문에 남은 '辰'도 音假名으로 볼 수 있으나, 欽明15年2月條 '曆博士 / 固德 / 王保孫', '易博士 / 施德 / 王道良', '五經博士 / 王柳貴' 등을 '王'이라는 성을 가진 중국식 3자 성명일 가능성이 크다고 보고 차자 표기로 간주하지 않았기 때문에 '王辰爾'도 일단 같은 유형에 속한다고 보고 차자 표기로 간주하지 않는다.

61) 『日本書紀索引』에서는 '文休帶山'으로 표기하고 있으나 저본의 표기에 따라 '汶休帶山'이라는 표기를 쓰도록 한다. '(下部 / 固德) / 汶休帶山'의 '休'는 馬淵和夫(1960), 大野透(1962), 木下禮仁(1961a)의 일람표에 나타나지 않는다. 그러나 앞뒤의 '汶'은 다른 고유명사에서 音假名으로 간주한 바가 있으며 '帶'는 일람표에 있는 音假名이기 때문에 '休'도 音假名으로 간주한다.

62) '餘'는 일람표에 나타나는 표기자지만 '餘昌'은 왕명이므로 여기에서는 차자 표기로 간주하지 않는다.

欽明14-10-20	下-107	杆率63)	かんそち
欽明14-10-20	下-107	餘昌	よしやう
欽明15-1-9	下-109	德率 / 次酒	とくそちししゆ
欽明15-1-9	下-109	杆率 / 塞敦	かんそちそくとん
欽明15-1-9	下-109	前部 / 施德 / 曰佐分屋64)	ぜんほうせとくをさぶんをく ('日'은 [北][閣]에서는 '日')
欽明15-1-9	下-109	中部 / 木刕 / 施德 / 文次	ちうほうもくらせとくもんし
欽明15-2	下-109	季德 / 己麻次	きとくこまし
欽明15-2	下-109	季德 / 進奴65)	きとくしんぬ
欽明15-2	下-109	固德 / 馬丁安	ことくめちやうあん
欽明15-2	下-109	固德 / 丁有陀66)	ことくちやううだ
欽明15-2	下-109	奈率 / 東城子言	なそちとうじやうしごん
欽明15-2	下-109	對德 / 進陀67)	たいとくしんだ
欽明15-2	下-109	德率 / 東城子莫古	とくそちとうじやうしまくこ
欽明15-2	下-109	上部 / 奈率 / 物部 / 烏68)	しやうほうなそちもののべの かく

---

63) 康仁善(1995)에서는 언급이 없고 『日本書紀索引』에서는 백제 표시가 없다. 그러나 이것은 백제 관직명임이 분명하기 때문에 백제 인명에 포함시킨다.

64) '前部 / 施德 / 日佐分屋'의 '分'과 '屋'은 馬淵和夫(1960), 大野透(1962), 木下禮仁(1961a)의 일람표에 나타나지 않는다. 그러나 앞의 '日', '佐'가 일람표에 나타나며 古典文學大系本 『일본서기』에서는 '日佐'가 백제의 복성을 차자 표기한 것으로 보기 때문에 여기에서는 '日佐' 부분만을 音假名으로 간주한다.

65) 康仁善(1995)에서는 언급이 없고 『日本書紀索引』에서는 任那 인명으로 보고 있다. 그러나 『일본서기』에서는 '進奴'가 백제에서 파견된 악인(樂人)으로 되어 있으므로 백제 인명임이 분명하다. '季德 / 進奴'의 '進'은 馬淵和夫(1960), 大野透(1962), 木下禮仁(1961a)의 일람표에 나타나지 않는다. '奴'는 일람표에 있는 音假名이지만 '進'은 다른 고유명사에서 音假名으로 쓰인 예가 없으므로 여기에서는 차자 표기로 간주하지 않는다.

66) 康仁善(1995)에서는 언급이 없으나 『일본서기』에서는 '固德 / 丁有陀'가 백제에서 파견된 채약사(採藥師)로 되어 있으므로 백제 인명임이 분명하다. '固德 / 丁有陀'의 '丁'은 馬淵和夫(1960), 大野透(1962), 木下禮仁(1961a)의 일람표에 나타나지 않는다. 그러나 '有', '陀'가 모두 일람표에 포함되어 있기 때문에 '丁'도 音假名으로 간주한다.

67) '對德 / 進陀'의 '進'은 馬淵和夫(1960), 大野透(1962), 木下禮仁(1961a)의 일람표에 나타나지 않는다. '陀'는 일람표에 포함되어 있지만 '進'은 다른 고유명사에서 音假名으로 쓰인 용례가 없으므로 여기에서는 차자 표기로 간주하지 않는다.

68) 康仁善(1995)에서는 언급이 없고 『日本書紀索引』에서는 백제 표시가 없다. 그러나 『일본서기』에서는 '物部 / 烏'가 백제 인명임이 분명하기 때문에 백제 인명에 포함시킨다.

欽明15-2	下-109	僧 / 曇惠	ほふしどむゑ
欽明15-2	下-109	僧 / 道深[69]	ほふしだうじむ
欽明15-2	下-109	樂人 / 施德 / 三斤[70]	うたまひのひとせとくさむこん
欽明15-2	下-109	曆博士 / 固德 / 王保孫	こよみのはかせことくわうほうそん
欽明15-2	下-109	易博士 / 施德 / 王道良[71]	やくのはかせせとくわうだうりやう
欽明15-2	下-109	五經博士 / 王柳貴	ごきやうのはかせわうりうくゐ
欽明15-2	下-109	醫博士 / 奈率 / 王有㥱陀[72]	くすしのはかせなそちわううりようだ
欽明15-2	下-109	採藥師 / 施德 / 潘量豊	くすりかりはかせせとくはんりやうぶ
欽明15-2	下-109	下部 / 杆率 / 將軍三貴	かほうかんそちしやうぐんさむゐ
欽明15-3	下-109	中部 / 木刕 / 施德 / 文次	ちうほうもくらせとくもんし
欽明15-12	下-111	王臣 / 明	こしきやつかれめい

---

69) ‘僧 / 道深’에 대해 康仁善(1995)에서는 언급이 없다. 그러나 『일본서기』 본문에 따르면 ‘僧 / 道深’이 백제 승려임이 분명하다. 같은 欽明15年2月에 나타난 ‘五經博士 / 王柳貴’에 대해서도 康仁善(1995)에서는 언급이 없다. 그러나 『일본서기』에서는 ‘王柳貴’가 백제에서 파견된 오경박사(五經博士)로 되어 있기 때문에 백제 인명에 포함시킨다. 같은 欽明15年2月條에 나타난 ‘採藥師 / 施德 / 潘量豊’에 대해서도 康仁善(1995)에서는 언급이 없으나 『일본서기』에서는 ‘潘量豊’이 백제에서 파견된 채약사로 되어 있기 때문에 백제 인명에 포함시킨다.

70) ‘樂人 / 施德 / 三斤’과 ‘下部 / 杆率 / 將軍三貴’의 ‘三’은 馬淵和夫(1960), 大野透(1962), 木下禮仁(1961a)의 일람표에 나타나지 않는다. ‘斤’은 다른 고유명사에서 音假名으로 간주하기로 한 표기자이며 ‘貴’는 일람표에 있는 音假名이지만 ‘三’은 다른 고유명사에서 音假名으로 쓰인 것으로 보이는 예를 찾아볼 수 없으므로 여기에서는 차자 표기로 간주하지 않는다.

71) ‘曆博士 / 固德 / 王保孫’, ‘易博士 / 施德 / 王道良’, ‘五經博士 / 王柳貴’ 등에는 부분적으로 馬淵和夫(1960), 大野透(1962), 木下禮仁(1961a)의 일람표에 포함된 표기자도 찾아볼 수 있으나 ‘王’이라는 성을 가진 중국식 3자 성명일 가능성이 커서 여기에서는 차자 표기로 간주하지 않는다. 欽明15年2月條에 나타나는 ‘採藥師 / 施德 / 潘量豊’의 ‘潘量豊’도 모두 일람표에서는 찾아볼 수 없는 표기자이며 이것 역시 차자 표기로 간주하지 않는다.

72) ‘醫博士 / 奈率 / 王有㥱陀’의 ‘㥱’은 일람표에 나타나지 않는다. 그러나 ‘王’, ‘有’, ‘陀’는 모두 馬淵和夫(1960), 大野透(1962), 木下禮仁(1961a)의 일람표에 포함되어 있기 때문에 남은 ‘㥱’도 音假名으로 간주한다.

欽明15-12	下-111	下部 / 杆率 / <u>汶斯干奴</u>[73]	かほうかんそちもんしかんぬ ('干'는 [集解][釋紀]에서는 '于')
欽明15-12	下-111	東方領 / 物部<u>莫哥武連</u>[74]	とうはうのあづかりもののべ のまがむのむらじ
欽明15-12	下-111	明王	めいわう
欽明15-12	下-111	餘昌	よしやう
欽明15-12	下-111	餘昌	よしやう
欽明15-12	下-111	餘昌	よしやう
欽明15-12	下-113	明王	めいわう(一本云)
欽明15-12	下-113	明王	めいわう(一本云)
欽明15-12	下-113	明王	めいわう(一本云)
欽明15-12	下-113	明王	めいわう
欽明15-12	下-113	明王	めいわう
欽明15-12	下-113	明王	めいわう
欽明15-12	下-113	明王	めいわう
欽明15-12	下-113	明王	めいわう
欽明15-12	下-113	餘昌	よしやう
欽明15-12	下-113	餘昌	よしやう
欽明15-12	下-113	餘昌	よしやう
欽明16-2	下-115	聖明王	せいめいわう
欽明16-2	下-115	聖王	せいわう
欽明16-2	下-115	餘昌	よしやう
欽明16-2	下-115	王子 / 惠	せしむくゑい
欽明16-2	下-115	王子 / 惠	せしむくゑい(其他)
欽明16-2	下-115	威德王	ゐとくわう('威'는 [北]에서는 '盛')
欽明16-2	下-115	惠	くゑい

---

73) '(下部 / 杆率) / 汶斯干奴'의 '汶'은 馬淵和夫(1960), 大野透(1962), 木下禮仁(1961a)의 일람
   표에 나타나지 않는다. 그러나 '斯', '干', '奴'가 모두 일람표에 포함되어 있고 '汶洲王'
   의 '汶'도 音假名으로 간주했기 때문에 '汶'도 音假名으로 간주한다.

74) 『日本書紀索引』에는 언급이 없으나 『일본서기』 본문에서는 '物部莫哥武連'이 백제 장수
   (將帥)로 나타나며 欽明4年9月條에 나타난 백제 사신인 '物部施德麻奇牟'가 '物部莫哥武
   連'과 동일한 인물로 볼 수 있기 때문에 백제 인명에 포함시킨다.

欽明16-2	下-115	惠	くゑい
欽明16-8	下-117	餘昌	よしやう
欽明17-1	下-117	<u>彌弖</u>	みて<彌氐>
欽明17-1	下-117	王子 / 惠	せしむくゑい
欽明17-1	下-117	<u>彌弖</u>75)	みて<彌氐>
欽明18-3	下-119	餘昌	よしやう
欽明18-3	下-119	威德王	ゐとくわう
欽明30-1	下-127	王辰爾	わうじんに

卷20

敏達元-5-15	下-133	王辰爾	わうじんに
敏達元-5-15	下-135	辰爾	じんに
敏達元-5-15	下-135	辰爾	じんに
敏達元-5-15	下-135	辰爾	じんに
敏達元-5-15	下-135	辰爾	じんに
敏達3-10-9	下-137	王辰爾	わうじんに
敏達12-7	下-143	達率 / <u>日羅</u>	だちそちにちら
敏達12	下-143	<u>奇奴知</u>	かぬち<哥奴知>
敏達12	下-143	<u>余怒</u>	よぬ
敏達12	下-143	恩率 / <u>德爾</u>76)	おんそちとくに
敏達12	下-143	<u>日羅</u>	にちら
敏達12	下-143	<u>日羅</u>	にちら
敏達12	下-143	<u>日羅</u>	にちら
敏達12	下-143	<u>日羅</u>	にちら
敏達12	下-143	<u>日羅</u>	にちら
敏達12	下-145	<u>日羅</u>	にちら

75) 『日本書紀索引』에는 언급이 없으나 『일본서기』 본문에 欽明天皇이 백제에 군사를 파견하여 그 군사가 도착한 장소가 '彌弖'로 되어 있기 때문에 일단 백제 지명으로 보는 것이 타당하다고 본다.

76) '恩率 / 德爾'의 '德'은 馬淵和夫(1960), 大野透(1962), 木下禮仁(1961a)의 일람표에 나타나지 않는다. 敏達12年條 '柂師 / 德率 / 次干德' 등에 쓰인 '德'은 音假名으로 간주한 바가 있으므로 여기에서는 音假名으로 간주한다.

敏達12	下-145	日羅	にちら
敏達12	下-145	日羅	にちら
敏達12	下-145	參官[77]	さむくわん
敏達12	下-145	柁師 / 德率 / 次干德[78]	かぢとりとくそちしかんとく ('干'은 [勢]에서는 '于')
敏達12	下-145	達率 / 日羅	だちそちにちら
敏達12	下-145	阿利斯登[79]	ありしと
敏達12	下-145	日羅[80]	にちら
敏達12	下-145	日羅	にちら
敏達12	下-145	日羅	にちら
敏達12	下-145	太佐平[81]	だいさへい
敏達12	下-147	德爾	とくに
敏達12	下-147	德爾	とくに
敏達12	下-147	德爾	とくに
敏達12	下-147	德爾	とくに
敏達12	下-147	余奴	よぬ

---

77) 康仁善(1995)과 『日本書紀索引』에서는 언급이 없다. 이것은 관직명인지 인명인지 분명하지 않으나 『일본서기』에서는 백제가 파견한 사신으로 되어 있기 때문에 일단 백제 인명에 포함시킨다. 같은 부분에 나타나는 '恩率'에 대해서도 백제의 관직명임이 분명하기 때문에 백제 인명에 포함시킨다. 다만 '參官'의 '參'과 '官'은 馬淵和夫(1960), 大野透(1962), 木下禮仁(1961a)의 일람표에 없고 다른 고유 명사 표기에서도 찾아볼 수 없으므로 여기에서는 차자 표기로 간주하지 않는다.

78) 康仁善(1995)에서는 언급이 없으나 『일본서기』 본문에서는 이것은 백제 사신 일행의 한 명으로 되어 있기 때문에 백제 인명으로 보는 것이 타당하다. '柁師 / 德率 / 次干德'의 '德'은 馬淵和夫(1960), 大野透(1962), 木下禮仁(1961a)의 일람표에 나타나지 않는다. 그러나 '次'와 '干'이 모두 일람표에 포함되고 있기 때문에 音假名으로 간주한다. 다른 고유명사의 '德'도 音假名으로 간주한다.

79) 康仁善(1995)에서는 언급이 없고 『日本書紀索引』에서는 加羅의 왕명으로 보고 있다. 垂仁紀에 加羅[意富加羅] 왕자로 "都怒我阿羅斯都", 繼體23年·24年條에 加羅王 왕명으로 '阿羅斯等'이 나오지만 여기에서의 '阿利斯登'은 백제 신하이며 뒤에서 언급하는 백제 신하 '日羅'의 부친으로 나타나기 때문에 加羅 왕·왕자와는 다른 인명으로 간주해야 할 것으로 본다. 일단 여기에서는 백제 인명에 포함시킨다.

80) 康仁善(1995)과 『日本書紀索引』에서는 언급이 없으나 앞에서 언급한 '阿利斯登'의 아들로 백제 신하로 나타나기 때문에 백제 인명으로 보는 것이 타당하다.

81) 康仁善(1995)과 『日本書紀索引』에서는 언급이 없으나 『일본서기』에서는 백제의 집정관(執政官)으로 되어 있으며 백제의 관직명에 '上佐平'이 있기 때문에 백제 인명에 포함시킨다.

敏達12	下-147	恩率	おんそち
敏達12	下-147	恩率	おんそち(舊本)
敏達12	下-147	日羅	にちら
敏達12	下-147	日羅	にちら
敏達12	下-147	日羅	にちら
敏達12	下-147	日羅	にちら
敏達12	下-147	參官	さむくわん(舊本)
敏達12	下-147	參官	さむくわん
敏達12	下-147	參官	さむくわん
敏達12	下-147	德爾	とくに
敏達12	下-147	德爾	とくに
敏達12	下-147	德爾	とくに
敏達12	下-147	恩率	おんそち
敏達12	下-147	恩率	おんそち
敏達12	下-147	日羅	にちら
敏達12	下-147	日羅	にちら
敏達12	下-147	參官	さむくわん
敏達12	下-147	參官	さむくわん

卷21

崇峻元-3	下-169	那率 / 福富味身[82]	なそちふくふみしん
崇峻元-3	下-169	爐盤博士 / 將德 / 白昧淳[83]	ろばんのはかせしやうとくはくまいじゆん('淳'은 [傍書]에서는 '淳')
崇峻元-3	下-169	德率 / 蓋文	とくそちかふもん
崇峻元-3	下-169	道嚴	だうごむ

---

82) '那率 / 福富味身'의 '身'은 馬淵和夫(1960), 大野透(1962), 木下禮仁(1961a)의 일람표에 나타나지 않는다. 그러나 '福', '富', '昧'가 모두 일람표에 포함되어 있기 때문에 '身'도 音假名으로 간주한다.

83) '(爐盤博士 / 將德) / 白昧淳'의 '白'은 馬淵和夫(1960), 大野透(1962), 木下禮仁(1961a)의 일람표에 없다. 그러나 앞의 '昧', '淳'이 일람표에 있는 音假名이기 때문에 '白'도 音假名으로 간주한다. 다른 고유명사에 쓰인 '白'도 音假名으로 간주한다.

崇峻元-3	下-169	令開	りやうけ
崇峻元-3	下-169	令斤	りやうこん
崇峻元-3	下-169	令威	りやうゐ
崇峻元-3	下-169	<u>拨貴文</u>	りようくゐもん('拨'은 [傍書]에서는 '陵')
崇峻元-3	下-169	<u>文賈古子</u>	もんけこし
崇峻元-3	下-169	寺工 / <u>太良未太</u>	てらたくみだらみだ
崇峻元-3	下-169	<u>昔麻帝彌</u>	しやくまたいみ
崇峻元-3	下-169	僧 / 聆照律師	ほふしりやうせうりつし
崇峻元-3	下-169	僧 / 惠總	ほふしゑそう<惠摠>
崇峻元-3	下-169	<u>陽貴文</u>	やうくゐもん<陵貴文>
崇峻元-3	下-169	瓦博士 / <u>麻奈文奴</u>	かはらのはかせまなもんぬ
崇峻元-3	下-169	恩率 / <u>首信</u>	おんそちすしん
崇峻元-3	下-169	惠宿	ゑしゆく
崇峻元-3	下-169	惠寔	ゑしよく
崇峻元-3	下-169	惠衆	ゑしゆ
崇峻元-3	下-169	畫士 / <u>白加</u>	ゑかきびやくか
崇峻元-3	下-169	善信	ぜんしん
崇峻元-3	下-169	恩率<u>首信</u>	おんそちすしん
崇峻3-3	下-169	善信	ぜんしん
崇峻3	下-169	媛 / 妙光	ひめめうくわう

卷22

推古3	下-175	惠聰	ゑそう
推古4-11	下-175	惠聰	ゑそう
推古5-4	下-175	王子 / 阿佐	せしむあさ
推古10-10	下-179	觀勒	くわんろく
推古10-10	下-179	觀勒	くわんろく
推古17-4	下-193	僧 / 道劢[84]	ほふしだうこん

---

84) 柳玫和(2000)는 고구려 인명으로 보고 있으나 백제 인명의 오기(誤記)로 보인다. 백제 인명에 포함시킨다.

推古17-4	下-193	<u>惠彌</u>	ゑみ
推古20	下-199	<u>味摩之</u>	みまし
推古20年	下-199	芝耆摩呂[85]	しきまろ
推古32-4-3	下-209	觀勒 / 僧	くわんろくほふし
推古32-4-17	下-209	觀勒 / 僧	くわんろくほふし

卷23

舒明2-3	下-229	大使 / 恩率 / <u>素子</u>[86]	おほつかひおんそちすし
舒明2-3	下-229	小使 / 德率 / <u>武德</u>	そひつかひとくそちむとく
舒明3-3	下-229	王 / 義慈	こきしぎじ
舒明3-3	下-229	王子 / 豊章	せしむほうしやう
舒明7-6	下-231	達率 / <u>柔</u>[87]	だちそちぬ

卷24

皇極元-2-2	下-237	琨崘[88]	こんろん＜崑崘＞

---

85) 柳玟和(2002)에는 언급이 없으나 『일본서기』 본문에는 백제에서 건너온 것으로 되어 있다. 일단 백제 인명으로 간주할 수 있으나 '芝耆摩呂'의 '芝', '耆', '呂'는 일람표에 나타나지 않는다. 이들은 일본 고유명사에서는 音假名으로 널리 쓰인 글자이지만 백제 고유명사에서는 音假名으로 쓰인 예가 없다. 따라서 '芝耆摩呂'는 일본에서 지어진 이름일 가능성이 크다고 보아 여기에서는 音假名으로 간주하지 않는다. 『일본서기』 본문에는 "時人號其人曰路子工亦名芝耆摩呂"라는 기사가 나온다. 다만 藤井茂利(1975)는 일본 차자 표기에서 '芝'가 音假名으로 쓰인 예가 극히 드물다는 이유로 이 인명 표기는 백제에서 이루어진 것으로 보고 있다.

86) 康仁善(1995)에서는 언급이 없으나 『일본서기』 본문에서는 '小使 / 德率 / 武德'과 같이 백제에서 파견된 사신으로 되어 있기 때문에 백제 인명에 포함시킨다.

87) 康仁善(1995)은 '柔等'과 같이 '等'까지를 인명으로 보고 있으나 여러 사신의 파견된 기사에서 인명 뒤에 '等'을 첨가하는 예를 『일본서기』에서 많이 찾을 수 있으므로 여기에서는 '柔'만을 인명으로 간주한다.

88) 康仁善(1995)과 『日本書紀索引』에서는 언급이 없으나 『일본서기』 본문에서는 '琨崘'이 백제 사신으로 되어 있으므로 백제 인명으로 간주한다. 다만 '琨崘'의 '琨'과 '崘'은 馬淵和夫(1960), 大野透(1962), 木下禮仁(1961a)의 일람표에 나타나지 않는다. 용자법으로 보았을 때 音假名으로 보기가 어려워 여기에서는 차자 표기로 간주하지 않는다.

皇極元-2-2	下-237	大佐平 / 智積	へいちしやく
皇極元-2-2	下-237	塞上89)	さいじやう
皇極元-2-2	下-239	翹岐90)	げうき
皇極元-2-2	下-239	內佐平 / 岐味91)	ないさへいきみ
皇極元-2-24	下-239	翹岐	げうき
皇極元-4-8	下-239	翹岐	げうき
皇極元-4-8	下-239	翹岐	げうき
皇極元-4-8	下-239	翹岐	げうき
皇極元-5-5	下-239	翹岐	げうき
皇極元-5-22	下-239	翹岐	げうき
皇極元-5-22	下-239	翹岐	げうき
皇極元-5-24	下-239	翹岐	げうき
皇極元-7-22	下-241	翹岐	げうき
皇極元-7-22	下-241	翹岐	げうき
皇極元-7-22	下-241	大佐平 / 智積	だいさへいちしやく(或本云)
皇極元-7-22	下-241	大佐平 / 智積	だいさへいちしやく
皇極元-7-22	下-241	兒 / 達率92)	こだちそち(或本云)
皇極元-7-22	下-241	恩率 / 軍善93)	おんそちぐんぜん(或本云)

89) 康仁善(1995)에서는 언급이 없으나 『續日本紀』 白雉元年2月15日條에서는 '城上'이라는 인명이 나타나며 백제 왕자 豊璋의 동생으로 되어 있다. 이 '城上'이 '塞上'과 같은 인물일 가능성이 있으므로 백제 인명에 포함시킨다. 다만 '塞上'의 '上'은 馬淵和夫(1960), 大野透(1962), 木下禮仁(1961a)의 일람표에 나타나지 않는다. '塞'는 다른 고유명사에서 音假名으로 간주하기로 한 표기자지만 '上'은 다른 고유명사에서 音假名으로 쓰인 예를 찾아볼 수 없다. 또한 이 인명은 백제의 왕자명이기도 하다. 여기서는 '塞上'을 차자 표기로 간주하지 않는다.

90) '翹岐'의 '翹'는 馬淵和夫(1960), 大野透(1962), 木下禮仁(1961a)의 일람표에 없다. 『일본서기』 본문은 皇極元年2月24條에서 이 인명이 王子名(義慈王의 아들)임을 밝히고 있기 때문에 여기에서는 차자 표기로 간주하지 않는다.

91) 康仁善(1995)에서는 언급이 없으나 『일본서기』 본문에 따르면 '岐味'는 백제 신하로 나타나기 때문에 백제 인명에 포함시킨다.

92) 康仁善(1995)에서는 언급이 없으나 『일본서기』 본문에서는 '大佐平 / 智積'의 아들로 나타나 백제 관직명임이 분명하기 하기 때문에 백제 인명에 포함시킨다.

93) '恩率 / 軍善'에 대해 柳玟和(2000)와 『日本書紀索引』에서는 백제 인명 표시가 있으나 康仁善(1995)에서는 언급이 없다. 백제 관직명·인명임이 분명하기 때문에 백제 인명에 포함시킨다. 다만 '軍善'의 '軍', '善'은 馬淵和夫(1960), 大野透(1962), 木下禮仁(1961a)의 일람표에 나타나지 않는다. '善'은 일람표에 나타나지 않지만 다른 고유명사에서 音假名

皇極元-7-22	下-241	智積	ちしやく
皇極元-8-6	下-241	參官	さむくわん
皇極元-8-6	下-243	參官	さむくわん
皇極元-8-13	下-243	達率 / 長福94)	だちそちちやうふく
皇極元-8-15	下-243	參官	さむくわん
皇極2-7-3	下-247	達率 / 武子	だちそちむし
皇極2-7-3	下-247	大使 / 達率 / 自斯	おほつかひだちそちじし
皇極2-7-3	下-247	副使 / 恩率 / 軍善	そひつかひおんそちぐんぜん
皇極2-7-3	下-247	自斯	じし
皇極2	下-253	太子 / 余豊	こんきしよほう

卷25

孝德(大化)元-7-2	下-271	大使 / 佐平 / 緣福95)	おほつかひさへいえんふく
孝德(大化)元-7-2	下-273	鬼部 / 達率 / 意斯96)	くゐほうだちそちおし
孝德(大化)元-7-2	下-273	佐平	さへい
孝德(大化)元-8-5	下-277	明王	めいわう
孝德(白雉)元-2-15	下-315	君 / 豊璋	せしむほうしやう
孝德(白雉)元-2-15	下-315	塞城97)	さいじやう

으로 간주하기로 한 바가 있다. 그러나 '軍'은 다른 고유명사에서 音假名으로 쓰인 것으로 보이는 예를 찾아볼 수 없다. 여기에서는 일단 둘 다 차자 표기로 간주하지 않는다.

94) 康仁善(1995)에서는 언급이 없으나 『일본서기』 본문에는 일본에 억류된 백제의 인질로 나타나 있어, 백제 관직명·인명임이 분명하기 때문에 백제 인명에 포함시킨다. 다만 '達率 / 長福'의 '長'은 馬淵和夫(1960), 大野透(1962), 木下禮仁(1961a)의 일람표에 나타나지 않고 다른 고유명사에서 音假名으로 쓰인 것으로 보이는 예도 없다. '福'은 일람표에 있는 音假名이지만 여기서는 '長福'을 차자 표기로 간주하지 않는다.

95) '(大使 / 佐平) / 緣福'의 '緣'은 音假名으로 쓰인 것으로 보이는 예를 찾아볼 수 없다. '福'은 馬淵和夫(1960), 大野透(1962), 木下禮仁(1961a)의 일람표에 있는 音假名이지만 여기서는 '緣福'을 차자 표기로 간주하지 않는다.

96) 康仁善(1995)에서는 언급이 없다. '鬼部'는 백제의 관직명인지 분명하지 않으나 '達率'은 백제의 官位임이 분명하기 때문에 '鬼部 / 達率 / 意斯'는 백제 인명에 포함시킨다. 같은 부분에 나타나는 '佐平'에 대해서도 『日本書紀索引』과 康仁善(1995)에 언급이 없으나 같은 이유로 백제 인명에 포함시킨다.

97) '塞城'의 '城'은 馬淵和夫(1960), 大野透(1962), 木下禮仁(1961a)의 일람표에 없다. 이 인명은 皇極元年2月2日條에 나타나는 '塞上'과 같은 것으로 보이며, 이것은 백제의 왕자명

孝德(白雉)元-2-15　　下-315　忠勝　　　　　　　　ちうしよう

卷26

齋明元	下-329	副使/東部/恩率/<u>調信仁</u>[98]	そひつかひとうほうおんそち でんしんに(其他)
齋明元	下-329	大使/西部/達率/余宜受[99]	おほきつかひせいほうだちそ ちよげず(其他)
齋明4	下-337	義慈/王	ぎじわう(或本云)
齋明6-7-16	下-345	國弁成[100]	こくべんじやう(伊吉連書)
齋明6-7-16	下-345	大佐平/沙宅千福[101]	だいさへいさたくせんふく(伊 吉連書)
齋明6-7-16	下-345	太子/隆[102]	こにせしむりう(伊吉連書)
齋明6-9-5	下-345	<u>怒受利山</u>[103]	のずりのむれ(或本云)

이기 때문에 차자 표기로 간주하지 않는다.

98) 康仁善(1995)에서는 언급이 없으나『일본서기』본문에 따르면 '調信仁'은 '大使/西部/
達率/余宜受'와 함께 파견된 백제 사신으로 되어 있으며 백제 인명에 포함시킨다. 다만
'(副使/東部/恩率)/調信仁'의 '調'는 馬淵和夫(1960), 大野透(1962), 木下禮仁(1961a)의
일람표에 나타나지 않는다. 그러나 뒤의 '信', '仁'이 모두 일람표에 있는 音假名이기 때
문에 '調'도 音假名으로 간주한다.

99) '大使/西部/達率/余宜受'의 '余'는 일람표에 나타나지 않는다. '宜', '受'는 馬淵和夫
(1960), 大野透(1962), 木下禮仁(1961a)의 일람표에 있는 音假名이지만 '余'氏姓을 가진
인명은 대부분 '余○○'라는 형식을 갖추고 있으므로 중국식 三字姓일 가능성이 크다. 여
기에서는 '余'氏姓을 가진 인명은 차자 표기로 간주하지 않는다. 따라서 齋明6年9月5日條
의 '達率/餘自進' 및 '佐平/自進', 天智2年9月24日條의 '佐平/余自信', 天智8年條의 '佐
平/余自信', 天智10年1月條의 '佐平/余自信' 등도 모두 차자 표기로 간주하지 않는다.

100) '國弁成'의 '國', '弁', '成'은 일람표에 나타나지 않는다. 다른 고유명사에서 音假名으로
쓰인 것으로 보이는 용례를 찾아볼 수 없으므로 여기에서도 音假名으로 간주하지 않는다.

101) 康仁善(1995)에서는 언급이 없으나『일본서기』본문에서는 백제 멸망 이후 일본에 피
신한 백제 신하로 되어 있으므로 백제 인명에 포함시킨다. '大佐平/沙宅千福'의 '沙宅'
은 欽明4年2月條의 '上佐平/沙宅己婁'의 예에 따라 '沙宅' 부분은 차자 표기로 간주하
지 않는다. 또한 '千'은 馬淵和夫(1960), 大野透(1962), 木下禮仁(1961a)의 일람표에 없
고 다른 고유명사에서 音假名으로 쓰인 것으로 보이는 용례도 없기 때문에 '千福' 부분
도 音假名으로 간주하지 않는다.

102) 康仁善(1995)에서는 언급이 없으나『일본서기』본문에서는 백제 멸망 이후 일본에 피
신한 백제 왕자로 되어 있으므로 백제 인명에 포함시킨다.

齋明6-9-5	下-345	怒受利山	のずりのむれ(或本云)＜怒受利之山＞
齋明6-9-5	下-345	尾資之津	びしのつ
齋明6-9-5	下-345	達率 / 餘自進	だちそちよじしん(或本云)
齋明6-9-5	下-345	達率[104]	だちそち
齋明6-9-5	下-345	沙彌覺從[105]	さみかくじゅ
齋明6-9-5	下-345	西部 / 恩率 / 鬼室福信[106]	さいほうおんそちくゐしつふくしん
齋明6-9-5	下-345	任射岐山[107]	にざぎのむれ
齋明6-9-5	下-345	任敍利山[108]	にじよりのむれ(或本云)
齋明6-9-5	下-345	都都岐留山	つつきるのむれ(或本云)
齋明6-9-5	下-345	中部 / 久麻怒利城	ちうほうのくまのりのさし
齋明6-9-5	下-347	福信	ふくしん
齋明6-9-5	下-347	福信	ふくしん
齋明6-9-5	下-347	佐平 / 福信	さへいふくしん
齋明6-9-5	下-347	佐平 / 自進	さへいじしん
(齋明6-9-5	下-345	春秋智[109]	しゆんしうち)

---

103) 『日本紀索引』에서는 언급이 없으나 『일본서기』 본문에서는 "新羅王春秋智率兵馬, 軍于怒受利之山", "怒受利山, 百濟之東堺也"로 되어 있으므로 백제의 산성임이 분명하다.

104) 康仁善(1995)과 『日本紀索引』에서는 언급이 없으나 백제 관직명임은 분명하기 때문에 백제 고유명사에 포함시킨다.

105) 康仁善(1995)에서는 언급이 없으나 『일본서기』 본문에서는 백제 사신으로 되어 있으므로 백제 인명에 포함시킨다. '沙彌覺從'의 '覺', '從'은 일람표에 나타나지 않는다. 古典文學大系本에서는 '沙彌'를 범어(梵語)에서 유래된 말로 보고 있다. 또한 '覺', '從'이 다른 고유명사에서 音假名으로 쓰인 용례를 찾아볼 수 없고 용자법으로 보아서 音假名으로 간주하기도 어렵다. 여기에서는 音假名으로 간주하지 않는다.

106) '(西部 / 恩率) / 鬼室福信'의 '室'은 馬淵和夫(1960), 大野透(1962), 木下禮仁(1961a)의 일람표에 나타나지 않는다. 다만 '鬼', '福', '信'이 모두 일람표에 있는 音假名이기 때문에 '室'도 音假名으로 간주한다.

107) '任敍利山'의 '任'은 馬淵和夫(1960), 大野透(1962), 木下禮仁(1961a)의 일람표에 나타나지 않는다. 그러나 '敍', '利'는 모두 일람표에 있는 音假名이기 때문에 '任'도 音假名으로 간주한다.

108) '任射岐山'의 '任', '射'는 馬淵和夫(1960), 大野透(1962), 木下禮仁(1961a)의 일람표에 나타나지 않는다. 다만 齋明6年9月5日條에 나타나는 '任敍利山'의 '任'을 音假名으로 간주한 바가 있으므로 남은 '射'도 音假名으로 간주한다.

109) 『日本紀索引』에서는 '春秋智'에 대해 백제 인명 표시가 있으나 신라 인명[金春秋]임

齋明6-10	下-347	國弁成	こくべんじやう
齋明6-10	下-347	達率 / 正珍110)	だちそちしやうちん(或本云)
齋明6-10	下-347	沙喙111)	さたく
齋明6-10	下-347	孫登	そんとう
齋明6-10	下-347	豊璋	ほうしやう(或本云)
齋明6-10	下-347	王 / 義慈	こきしぎじ
齋明6-10	下-347	王子 / 余豊璋	せしむほうしやう('璋'은 [北][勢][閣]에서는 '障')
齋明6-10	下-347	王子 / 豊璋	せしむほうしやう
齋明6-10	下-347	子 / 隆	こりう
齋明6-10	下-347	佐平 / 鬼室 / 福信	さへいくゐしつふくしん
齋明6-10	下-347	佐平 / 貴智	さへいくゐち(或本云)
齋明6-10	下-347	佐平 / 貴智	さへいくゐち
齋明6-10	下-347	佐平 / 千福	さへいせんふく
齋明6-10	下-347	妻 / 恩古112)	めおんこ
齋明6-10	下-347	塞上	さいじやう(或本云)
齋明6-10	下-347	叔父 / 忠勝	おじちうしよう
齋明6-10	下-347	王子 / 豊璋	ほうしやう
齋明6-12-24	下-347	福信	ふくしん
齋明7-4	下-349	君 / 糺解113)	こきしくげ(日本世記)

은 분명하기 때문에 백제 인명에서 제외한다.

110) '達率 / 正珍'의 '正', '珍'은 馬淵和夫(1960), 大野透(1962), 木下禮仁(1961a)의 일람표에 나타나지 않는다. '正', '珍'은 다른 고유명사 표기에서 찾아볼 수 없기 때문에 여기에서는 차자 표기로 간주하지 않는다.

111) '沙喙'의 '喙'은 일람표에 나타나지 않는다. 이 지명은 원래 신라의 '六部'의 하나인 '沙喙'을 가리키는 것이지만 『일본서기』 본문에서는 백제 동부(東部) 지역을 가리키는 맥락으로 쓰이고 있다. '沙喙'은 『삼국사기』에서는 '沙梁部'로 되어 있다. 여기에서는 차자 표기로 간주하지 않는다.

112) '妻 / 恩古'의 '恩'은 馬淵和夫(1960), 大野透(1962), 木下禮仁(1961a)의 일람표에 나타나지 않는다. '恩'이 다른 고유명사 표기에서 音假名으로 쓰인 것으로 보이는 예가 없기 때문에 여기에서는 音假名으로 간주하지 않는다.

113) '糺解'의 '糺'는 馬淵和夫(1960), 大野透(1962), 木下禮仁(1961a)의 일람표에 나타나지 않는다. '糺解'는 백제왕인 '餘豊璋'을 가리키는 것으로 '餘豊璋'의 별칭으로 보인다. 『삼국사기』에도 義慈王의 아들로 '豊'이 등장하는데 '餘豊璋'과 '糺解'는 武寧王과 '斯麻'의 관계와 같이 휘명(諱名)으로 보인다. 여기에서는 일단 音假名으로 간주한다.

齋明7-4	下-349	福信	ふくしん
齋明7-4	下-349	福信	ふくしん(日本世記)
齋明7-4	下-349	王子 / 糺解	せしむくげ
齋明7-11-7	下-351	福信	ふくしん(日本世記)
齋明7-11-7	下-351	福信	ふくしん(日本世記)
齋明7-11-7	下-351	佐平 / 福信	さへいふくしん(日本世記)

卷27

天智卽位前紀9	下-353	福信	ふくしん
天智卽位前紀9	下-353	王子 / 豊璋	せしむほうしやう
天智卽位前紀9	下-353	豊璋	ほうしやう
天智卽位前紀12	下-355	加巴利濱	かはりのはま
天智元-1-29	下-355	佐平 / 鬼室福信	さへいくゐしつふくしん
天智元-3	下-355	(疏)留城	そるさし<疏留城>
天智元-5	下-355	福信	ふくしん
天智元-5	下-355	福信	ふくしん
天智元-5	下-355	豊璋	ほうしやう
天智元-5	下-355	豊璋	ほうしやう
天智元-5	下-355	豊璋	ほうしやう
天智元-6-28	下-355	達率 / 萬智[114]	だちそちまち('智'는 [北][勢][閣]에서는 '知')
天智元-12	下-357	佐平 / 福信	さへいふくしん
天智元-12	下-357	州柔	つぬ
天智元-12	下-357	豊璋	ほうしやう('豊璋'은 [北][勢][閣]에서는 없음)
天智元-12	下-357	避城[115]	へさし('避'는 [北][勢][閣]에서

---

114) 康仁善(1995)에서는 언급이 없으나『일본서기』본문에서는 백제 신하로 되어 있으므로 백제 인명에 포함시킨다.

115) '避城'의 '避'는 馬淵和夫(1960), 大野透(1962), 木下禮仁(1961a)의 일람표에 나타나지 않는다. 鮎貝房之進(1937)은 '避城'을 神功49年3月條에 나타나는 '辟中', '辟支' 등과 같이 전라북도 金堤의 옛 지명 '碧骨'을 나타낸 것으로 보고 있다. 즉 '避', '辟', '碧' 등이 모두 같은 음을 나타낸 音假名으로 본 것이다. 여기에서는 그의 주장에 따라 일

			는 '辟')
天智元-12	下-357	避城	へさし
天智元-12	下-357	避城	へさし('避'는 [北][勢][閣]에서는 '辟')
天智元-12	下-357	州柔	つぬ
天智元-12	下-357	避城	へさし('避'는 [北][板]에서는 '辟')
天智2-2-2	下-357	達率 / 金受116)	だちそちこむじゆ
天智2-2-2	下-357	安德	あんとく
天智2-2-2	下-357	州柔	つぬ
天智2-2-2	下-357	避城	へさし('避'는 [北][板]에서는 '辟')
天智2-2	下-357	佐平 / 福信	さへいふくしん
天智2-5	下-359	糺解	くげ
天智2-5	下-359	糺解	くげ
天智2-5	下-359	福信	ふくしん
天智2-5	下-359	石城117)	しやくさし
天智2-6	下-359	福信	ふくしん
天智2-6	下-359	福信	ふくしん
天智2-6	下-359	達率 / 德執得118)	だちそちとくしふとく
天智2-6	下-359	福信	ふくしん

단 '避' 부분을 音假名으로 본다.

116) 康仁善(1995)과 『日本書紀索引』에서는 언급이 없으나 『일본서기』 본문에서는 백제 신하로 되어 있으므로 백제 인명에 포함시킨다. '達率金受'의 '金'은 馬淵和夫(1960), 大野透(1962), 木下禮仁(1961a)의 일람표에 나타나지 않는다. 그러나 天智10年1月條에 나타나는 '金羅金須'의 '金'을 音假名으로 간주한 바가 있으므로 여기에서는 音假名으로 간주한다.

117) '石城'의 '石'은 馬淵和夫(1960), 大野透(1962), 木下禮仁(1961a)의 일람표에 나타나지 않는다. '石'은 다른 고유명사 표기에서 音假名으로 쓰인 예로 찾아볼 수 없고 音假名인지도 분명하지 않다. 鮎貝房之進(1937)는 『東國輿地勝覽』에 나타나는 "石城縣…本百濟珍惡山"으로 보고 충청남도 夫餘 남방의 石城縣에 비정했으나 역시 차자 표기인지 분명하지 않다. 여기에서는 차자 표기로 간주하지 않는다.

118) '達率 / 德執得'의 '執'은 馬淵和夫(1960), 大野透(1962), 木下禮仁(1961a)의 일람표에 나타나지 않는다. 그러나 '德'은 이미 다른 고유명사에서 音假名으로 간주하기로 한 표기자이며 '得'은 일람표에 포함되어 있는 音假名이므로 '執'도 音假名으로 간주한다.

天智2-6	下-359	執得[119]	しふとく
天智2-6	下-359	豊璋	ほうしやう
天智2-8-13	下-359	白村[120]	はくすき
天智2-8-13	下-359	州柔	つぬ
天智2-8-17	下-359	白村	はくすき
天智2-8-17	下-359	州柔	つぬ
天智2-8-27	下-359	豊璋	ほうしやう
天智2-9-13	下-361	弓禮[121]	てれ
天智2-9-7	下-361	州柔	つぬ
天智2-9-7	下-361	州柔	つぬ
天智2-9-7	下-361	枕服岐城	しんぷくぎさし
天智2-9-11	下-361	弓禮城	てれさし
天智2-9-11	下-361	牟弓[122]	むて
天智2-9-24	下-361	弓禮城	てれさし
天智2-9-24	下-361	谷那晋首[123]	こくなしんす
天智2-9-24	下-361	達率 / 木素貴子	だちそちもくそくゐし
天智2-9-24	下-361	憶禮福留[124]	おくらいふくる

---

119) 『日本書紀索引』에서는 언급이 없으나 『일본서기』 본문에서는 백제 신하로 되어 있으므로 백제 인명에 포함시킨다.

120) 『日本書紀索引』에서는 백제 표시가 없으나 『일본서기』 본문에서는 백제 지명으로 되어 있으므로 백제 지명에 포함시킨다. '白村'의 '白'은 이미 다른 고유명사에서 音假名으로 간주했으나 '白村' 자체가 차자 표기인지 분명하지 않다. '白村'은 『삼국사기』에 나타나는 '白沙'와 같은 지명으로 보이며 용자법으로 보아서 차자 표기로 보기가 어렵다. 여기에서는 차자 표기로 간주하지 않는다.

121) '弓禮'의 '弓'은 馬淵和夫(1960), 大野透(1962), 木下禮仁(1961a)의 일람표에 나타나지 않는다. 日本古典文學大系 『일본서기』에서는 '弓禮'를 '冬老縣(전라남도 鳥城)'으로 비정하는 주장을 소개하고 있다. '弓禮'를 '冬老'의 같은 지명의 차자 표기로 본다면 '弓'를 音假名으로 보아도 무방하다고 본다.

122) 『日本書紀索引』에서 任那 지명으로 보고 있다. 그러나 『일본서기』의 본문에 따르면 이 부분의 기사는 백제와 일본의 군사와 백제의 신하들이 피신하는 내용이기 때문에 백제 지명인 것으로 보인다. 또한 欽明17年1月條에 나타나는 '彌弓'와 같은 지명일 가능성도 있기 때문에 백제 지명에 포함시킨다.

123) '谷那晋首'의 '晋'은 馬淵和夫(1960), 大野透(1962), 木下禮仁(1961a)의 일람표에 나타나지 않는다. 다만 '谷', '首'는 다른 고유명사에서 모두 音假名으로 간주했고 '那'는 일람표에 있는 音假名이기 때문에 '晋'도 音假名으로 간주한다.

124) 康仁善(1995)에서는 언급이 없으나 『일본서기』 본문에서는 백제 신하로 되어 있으므로

天智2-9-24	下-361	佐平 / 余自信[125]	さへいよじしん
天智3-3	下-361	善光 / 王	ぜんくわうわう
天智4-2	下-363	鬼室集斯[126]	くゐしつしふし
天智4-2	下-363	達率[127]	だちそち
天智4-2	下-363	佐平 / 福信	さへいふくしん
天智4-8	下-363	達率 / 答㶱春初[128]	だちそちたふほんしゆんそ
天智4-8	下-363	達率 / 四比福夫[129]	だちそちしひふくぶ
天智4-8	下-363	達率 / 憶禮福留[130]	だちそちおくらいふくる
天智6-11-9	下-367	法聰[131]	ほふそう
天智6-11-9	下-367	熊山[132]	ゆうせん
天智6-11-9	下-367	熊津[133]	ゆうしん
天智6-11-13	下-367	法聰	ほふそう
天智7-4-06	下-369	末都師父	まつしぶ
天智7-4-16	下-369	末都師父	まつしぶ

백제 인명에 포함시킨다.

125) 康仁善(1995)에서는 ‘進’으로 되어 있으나 이것은 ‘信’의 오기(誤記)이다.

126) ‘鬼室集斯’의 ‘室’, ‘集’은 일람표에 나타나지 않는다. 다만 齋明6年9月5日條에 나타나는 ‘西部 / 恩率 / 鬼室福信’의 ‘室’은 音假名으로 간주한 바가 있고, ‘鬼’, ‘斯’는 모두 일람표에 나타나는 音假名이기 때문에 ‘集’도 音假名으로 간주한다.

127) 康仁善(1995) 및 『日本書紀索引』에서는 언급이 없으나 『일본서기』 본문에는 백제 신하로 되어 있으므로 백제 인명에 포함시킨다.

128) ‘達率 / 答㶱春初’의 ‘春’, ‘初’는 馬淵和夫(1960), 大野透(1962), 木下禮仁(1961a)의 일람표에 나타나지 않는다. ‘答㶱春陽’이라는 인명이 『續日本紀』에 등장하기 때문에 ‘答㶱’은 성에 해당되는 것으로 보인다. ‘春’, ‘初’는 다른 고유명사 표기에서 찾아볼 수 없기 때문에 여기에서는 일람표에 나타나는 ‘答㶱’만을 차자 표기로 간주한다.

129) 『日本書紀索引』에는 백제 표시가 없으나 백제 신하인 것으로 생각되기 때문에 백제 인명에 포함시킨다.

130) 康仁善(1995) 및 『日本書紀索引』에는 언급이 없으나 『일본서기』 본문에서는 백제 신하로 되어 있으므로 백제 인명에 포함시킨다.

131) 康仁善(1995) 및 『日本書紀索引』에는 언급이 없으나 『일본서기』 본문에서는 “熊津都督府熊山縣令上柱國司馬”라는 관직을 갖고 있으며 당나라가 점령지인 웅진에 설치한 통치 기관에 소속한 것으로 보인다. 古典文學大系 『일본서기』에서는 백제인일 가능성을 제기하고 있기 때문에 일단 백제 인명에 포함시킨다.

132) ‘熊山’의 ‘熊’, ‘山’은 일람표에 나타나지 않는다. 용자법으로 보아서 音假名으로 인정하기 어렵다.

133) ‘熊津’의 ‘熊’는 일람표에 나타나지 않는다. 용자법으로 보아서 音假名으로 인정하기 어렵다.

天智8	下-373	佐平 / 余自信	さへいよじしん
天智10-1	下-377	炑日比子[134]	ほんにちひし
天智10-1	下-377	角福牟[135]	ろくふくむ
天智10-1	下-377	鬼室集斯	くゐしつしふし
天智10-1	下-377	鬼室集信	くゐしつしふしん
天智10-1	下-377	金羅金須[136]	こむらこむす
天智10-1	下-377	吉大尙[137]	きちだいじやう
天智10-1	下-377	達率 / 谷那晋首	だちそちこくなしんしゆ
天智10-1	下-377	達率 / 德頂上[138]	だちそちとくちやうじやう
天智10-1	下-377	達率	だちそち
天智10-1	下-377	答炑春初	たふほんしゆんそ
天智10-1	下-377	木素貴子	もくすくゐし
天智10-1	下-377	沙宅紹明[139]	さたくぜうみやう

---

134) 天智10年1月條에 나타난 '炑日比子', '贊波羅', '金羅金須'를 '炑日比子'·'贊波羅金須', 내지는 '炑日比子'·'贊波羅'·'金羅'·'金須'로 해석하는 견해도 있으나 여기에서는 일단 古典文學大系本 『일본서기』의 해석에 따르기로 한다. '炑日比子'는 『日本書紀索引』에 백제 인명 표시가 없고, '贊波羅'·'金羅金須'에 대해서는 康仁善(1995) 및 『日本書紀索引』 양쪽에 언급이 없으나, 이 기사는 백제에서 피신한 백제인들에게 관직을 하사하는 내용이기 때문에 이들은 백제 인명으로 생각된다. 또한 天智10年1月條에 나타나는 '憶禮福留'는 康仁善(1995)에 언급이 없고, '許率母', '吉大尙', '達率 / 德頂上', '達率' 등은 康仁善(1995) 및 『日本書紀索引』 양쪽에 언급이 없으나, 『일본서기』 본문에서는 관직을 하사 받은 백제인으로 되어 있기 때문에 모두 백제 인명에 포함시킨다.

135) '角福牟'의 '角'은 馬淵和夫(1960), 大野透(1962), 木下禮仁(1961a)의 일람표에 나타나지 않는다. 그러나 '福', '牟'는 모두 일람표에 있는 音假名이기 때문에 남은 '角'도 音假名으로 간주한다.

136) '金羅金須'의 '金'은 馬淵和夫(1960), 大野透(1962), 木下禮仁(1961a)의 일람표에 나타나지 않는다. 그러나 '羅', '須'가 일람표에 포함되고 있기 때문에 '金'도 音假名으로 간주한다.

137) '吉大尙'의 '尙'은 馬淵和夫(1960), 大野透(1962), 木下禮仁(1961a)의 일람표에 나타나지 않는다. 그러나 '吉', '大'는 모두 일람표에 있는 音假名이기 때문에 '尙'도 音假名으로 간주한다.

138) '達率 / 德頂上'의 '頂', '上'은 馬淵和夫(1960), 大野透(1962), 木下禮仁(1961a)의 일람표에 나타나지 않는다. 다른 고유명사에서 音假名으로 쓰인 용례 또한 찾아볼 수 없으므로 여기에서는 音假名으로 간주하지 않는다.

139) '沙宅紹明'의 '沙宅'은 欽明4年12月條의 '上佐平 / 沙宅己婁'의 예에 따라 '沙宅' 부분은 차자 표기로 간주하지 않는다. 또한 '紹', '明'은 馬淵和夫(1960), 大野透(1962), 木下禮仁(1961a)의 일람표에 없고 다른 고유명사에서 音假名으로 쓰인 것으로 보이는 용례도

天智10-1	下-377	<u>憶禮福留</u>	おくらいふくる
天智10-1	下-377	佐平 / 余自信	さへいよじしん
天智10-1	下-377	<u>贊波羅</u>	さんはら
天智10-1	下-377	<u>許率母</u>140)	こそちも('母'는 [北][閣][勢]는 '母母')
天智10-2-23	下-377	<u>臺久用善</u>141)	だいくようぜん
天智10-6-15	下-377	<u>羿眞子</u>142)	げいしんし
天智10-11-10	下-379	沙宅孫登143)	さたくそんとう

卷29

天武(下)2-閏6-6	下-413	大佐平144)	だいさへい
天武(下)2-閏6-6	下-413	沙宅昭明	さたくせうみやう
天武(下)2-8-25	下-415	佐平145)	さへい
天武(下)3-1-10	下-415	王 / 昌	こきししやう
天武(下)4-1	下-417	王 / 善光	こきしぜんくわう

없기 때문에 '紹明' 부분도 音假名으로 간주하지 않는다.

140) '許率母'의 '率'은 馬淵和夫(1960), 大野透(1962), 木下禮仁(1961a)의 일람표에 나타나지 않는다. 그러나 '許', '母'가 일람표에 포함되어 있기 때문에 '率'도 音假名으로 간주한다.

141) '臺久用善'의 '臺'는 馬淵和夫(1960), 大野透(1962), 木下禮仁(1961a)의 일람표에 나타나지 않는다. 그러나 '久', '用', '善'은 모두 일람표에 있기 때문에 '臺'도 音假名으로 간주한다.

142) '羿眞子'의 '羿'는 馬淵和夫(1960), 大野透(1962), 木下禮仁(1961a)의 일람표에 나타나지 않는다. 그러나 '子'는 일람표에 있는 音假名이며 '眞'도 다른 고유명사에서 音假名으로 간주하기로 한 바가 있으므로 남은 '羿'도 音假名으로 간주한다.

143) 康仁善(1995)에서는 언급이 없으나 『일본서기』 본문에서는 백제 신하로 되어 있으므로 백제 인명임이 분명하기 때문에 백제 인명에 포함시킨다. '沙宅孫登'의 '沙宅'은 欽明4年 12月條의 '上佐平 / 沙宅己婁'의 예에 따라 '沙宅' 부분은 차자 표기로 간주하지 않는다. 또한 '孫'은 馬淵和夫(1960), 大野透(1962), 木下禮仁(1961a)의 일람표에 없고 다른 고유명사에서 音假名으로 쓰인 것으로 보이는 용례도 없기 때문에 '孫登' 부분도 音假名으로 간주하지 않는다.

144) 康仁善(1995) 및 『日本書紀索引』에서는 언급이 없으나 『일본서기』 본문에서는 백제 신하로 되어 있으므로 백제 인명에 포함시킨다.

145) 康仁善(1995) 및 『日本書紀索引』에서는 언급이 없으나 『일본서기』 본문에서는 백제 신하로 되어 있으므로 백제 인명에 포함시킨다.

天武(下)6-5-3	下-429	率母	そちも('母'는 [傍書]에서는 '丹') ＜率丹＞
天武(下)12-7	下-459	道藏146)	だうざう
天武(下)14-10-4	下-473	常輝147)	じゃうくゐ
天武(下)14-10-8	下-473	僧/法藏	ほふしほふざう
天武(下)14-11-24	下-473	法藏法師148)	ほうざうほふし
天武(下)朱鳥元-5-9	下-477	億仁149)	おくに
天武(下)朱鳥元-9-30	下-483	王/良虞	こきしりゃうぐ
天武(下)朱鳥元-9-30	下-483	王/善光	こきしぜんくわう

卷30

持統2-5-8	下-493	敬須德那利150)	きゃうすとくなり
持統2-7-20	下-493	沙門/道藏151)	ほふしだうざう
持統5-1-7	下-507	南典	なむてん
持統5-1-7	下-507	良虞	りゃうぐ
持統5-1-7	下-507	王/余禪廣	こきしよぜんくわう

---

146) 康仁善(1995)에는 언급이 없으나 『일본서기』 본문에서는 백제 승려로 되어 있으므로 백제 인명에 포함시킨다.

147) 康仁善(1995) 및 『日本書紀索引』에는 언급이 없으나 『일본서기』 본문에서는 백제 승려로 되어 있으므로 백제 인명에 포함시킨다.

148) 康仁善(1995)에는 언급이 없으나 天武14年10月4日條에서 '法藏'은 백제 승려로 나타나 있기 때문에 백제 인명[법명]이 분명하다.

149) 康仁善(1995)에서는 언급이 없으나 『일본서기』 본문에서는 "侍醫百濟人"으로 되어 있으므로 백제 인명에 포함시킨다. 다만 '億仁'의 '億'은 馬淵和夫(1960), 大野透(1962), 木下禮仁(1961a)의 일람표에 나타나지 않는다. '仁'은 馬淵和夫(1960), 大野透(1962), 木下禮仁(1961a)의 일람표에 있는 音假名이지만 '億'은 다른 고유명사 표기에서 찾아볼 수 없기 때문에 일단 音假名으로 간주하지 않는다.

150) 『日本書紀索引』에서는 백제 인명 표시가 없으나 『일본서기』 본문에서는 '백제(인)'으로 되어 있으므로 백제 인명에 포함시킨다. '敬須德那利'의 '敬'은 馬淵和夫(1960), 大野透(1962), 木下禮仁(1961a)의 일람표에 나타나지 않는다. 그러나 '須', '那', '利'가 모두 일람표에 포함된 音假名이며 '德'도 다른 고유명사에서 音假名으로 간주된 바가 있으므로 '敬'도 音假名으로 간주한다.

151) 康仁善(1995)에는 언급이 없으나 『일본서기』 본문에서는 '百濟沙門'으로 되어 있으므로 백제 인명에 포함시킨다.

持統5-1-7	下-507	遠寶[152]	をんほう
持統5-1-13	下-509	王 / 禪廣	こきしぜんくわう
持統5-5-21	下-509	淳武微子[153]	じゆんむみし
持統5-9-4	下-511	書博士 / 末士善信[154]	てかきのはかせばつしぜんしん
持統5-12-2	下-513	呪禁博士 / 木素丁武	じゆこむのはかせもくそちやうむ
持統5-12-2	下-513	沙宅萬首[155]	さたくまんしゆ
持統6-2-11	下-513	陰陽博士 / 法藏	おむやうのはくしほふざう
持統7-1-15	下-519	王 / 善光	こきしぜんくわう
持統8-3-16	下-525	土羅羅女[156]	つららめ
持統10-1-11	下-529	王 / 南典	こきしなむでん

---

152) 康仁善(1995) 및 『日本書紀索引』에는 언급이 없으나 일본서기 본문에서는 백제 왕족 및 신하에게 官位를 하사하는 내용이기 때문에 백제 인명인 것으로 보인다.

153) 『日本書紀索引』에는 언급이 없으나 『일본서기』 본문에는 '백제(인)'으로 되어 있기 때문에 백제 인명에 포함시킨다.

154) 康仁善(1995) 및 『日本書紀索引』에는 언급이 없으나 『일본서기』 본문에서는 '書博士百濟(人)'으로 되어 있으므로 백제 인명에 포함시킨다. '(書博士) / 末士善信'의 '善'은 馬淵和夫(1960), 大野透(1962), 木下禮仁(1961a)의 일람표에 나타나지 않는다. 그러나 '末', '士', '信'이 모두 音假名으로 일람표에 나타나기 때문에 남은 '善'도 音假名으로 간주한다. 다른 고유명사에 나타난 '善'도 音假名으로 간주한다.

155) '沙宅萬首'의 '宅'은 馬淵和夫(1960), 大野透(1962), 木下禮仁(1961a)의 일람표에 나타나지 않는다. 欽明4年12月條의 '上佐平 / 沙宅己婁'의 예에 따라 '沙宅' 부분은 차자 표기로 간주하지 않는다. '萬'은 일람표에 있는 音假名이며, '首'는 다른 고유명사 표기에서 音假名으로 간주한 바가 있으므로 여기에서도 音假名으로 간주한다.

156) 『日本書紀索引』에는 언급이 없으나 『일본서기』 본문에서는 백제인으로 되어 있으므로 백제 인명에 포함시킨다. 다만 '土羅羅'의 '土'는 馬淵和夫(1960), 大野透(1962), 木下禮仁(1961a)의 일람표에 없으나 '羅'가 일람표에 있는 音假名이기 때문에 '土'도 音假名으로 간주한다.

참고문헌

〈한국어 문헌·논문〉

강길운(1978), 「百濟語의 系統論」, 『百濟研究』 9, 충남대 백제연구소.

康仁善(1986), 『上代日本語의 借字表記 研究』, 서울대학교 박사학위논문.

康仁善(1995), 「日本 文獻에 나타난 古代 韓國 人名 索引」, 『素谷 南豊鉉先生 回甲紀念論叢』, 太學社.

姜信沆(1991), 「古代國語의 音節末 子音에 대하여」, 『大東文化研究』 25, 大東文化研究院(成均館大學校 동아시아연구원).

김동서(1982), 『한국어 변천사』, 형설출판사.

金芳漢(1983) 『韓國語의 系統』, 民音社.

김수경(1989), 『고구려·백제·신라 언어연구』, 한국문화사.

金完鎭(1980), 『鄕歌解讀法研究』, 서울대학교 출판부.

都守熙(1977), 『百濟語研究』, 百濟文化史.

都守熙(1984), 「百濟語의 「己」에 대하여」, 『새결 朴泰權先生回甲紀念論叢』, 제일문화사.

都守熙(1989), 「百濟語의 「泉·井」에 대하여」, 『百濟語研究 (II)』, 百濟文化開發研究院.

都守熙(1994), 「百濟 地名 「奈己(已·巳)」에 대하여」, 『百濟語研究 (III)』, 百濟文化開發研究院.

都守熙(1994), 「百濟의 「王名·人名」에 관한 연구 (I)」, 『百濟語研究 (III)』, 百濟文化開發研究院.

文璇奎(1972), 「/t/ 入聲音의 /ㄹ/音化攷」, 『漢陽大論文集』 6, 漢陽大學校.

미즈노 슌페이(1987a), 「일본 上代文獻에 나타난 '聯合假名'에 대하여」, 『松田柳玗善教授停年紀念國語國文學論叢』, 全南大學校出版部.

미즈노 슌페이(1987b), 「일본 上代文獻에 나타난 '聯合假名'에 대하여」, 『誠齋李敦柱先生回甲紀念 國語學研究의 새 지평』, 太學社.

미즈노 슌페이(1999), 「『日本書紀』에 나타난 한반도 관련 고유명사의 특이성에 대한 小考」, 『日本語文學』 7, 日本語文學會.

박동규(1995), 『고대국어 음운연구 I』, 전주대학교 출판부.

朴炳采(1968), 「古代三國의 地名語彙攷－삼국사기 지리지의 복수 지명을 중심으로」, 『白山學報』 5, 白山學會.

朴炳采(1971), 『古代國語의 硏究』, 高麗大學校 出版部.

朴炳采(1982), 『古代國語漢字音의 硏究 音韻篇』, 고려대학교 출판부.

朴炳采(1989), 『국어발달사』, 세영사.

朴炳采(1990), 『古代國語學硏究』, 고려대학교 민족문화연구소.

박창원(2002a), 『고대국어 음운』, 태학사.

박창원 외(2002b), 『국어 음운 연구사 (1)』, 태학사.

손희하(1991), 『새김 어휘 연구』, 전남대학교 박사학위논문.

宋 敏(1978), 「韓國漢字音과 萬葉假名 o段 母音의 音聲資質」, 『언어학』 3, 한국언어학회.

梁柱東(1942・1962), 『增訂古歌研究』, 一潮閣.

柳玟和(2002), 『『日本書紀』, 朝鮮固有名表記字의 硏究』, 혜안.

兪昌均(1975), 「百濟 人名表記에 나타난 用字法의 檢討」, 『語文學』 제33집.

兪昌均(1983), 『韓國古代漢字音의 硏究 Ⅰ』, 啓明大學校出版部.

兪昌均(1983), 『韓國古代漢字音의 硏究 Ⅱ』, 啓明大學校出版部.

兪昌均(1991), 『삼국시대의 漢字音』, 民音社.

兪昌均(1994), 『鄕歌批解』, 螢雪出版社.

李丙燾(1976), 「蘇那曷叱智考」, 『韓國古代史研究』, 博英社.

尹幸舜(1997), 「日本書紀 諸寫本에 나타나는 古代韓國語의 성격」, 『日本文化學報』 4, 한국일본문화학회.

李根雨(1994), 『『日本書紀』에 인용된 百濟三書에 관한 연구』, 韓國精神文化研究院 韓國學大學院, 박사학위 논문

李基文(1967), 「韓國語形成史」, 『韓國文化史大系 Ⅴ』, 高麗大學校 民族文化研究所.

李基文(1972), 『國語史槪說』, 塔出版社.

李基文(1991), 『國語 語彙史 研究』, 東亞出版社.

李敦柱(1979・1990), 『訓蒙字會漢字音研究』, 弘文閣.

李敦柱((1979・1992), 『漢字學總論』, 博英社.

李敦柱((1995), 『漢字音韻學의 理解』, 탑출판사.

李炳銑(1985), 「古代 入聲韻尾 t의 r音化」, 『어문논집』 24・25, 고려대학교 국어국문연구회.

李崇寧(1982), 『新羅時代의 表記法體系에 관한 試論』, 탑출판사.

李鍾徹(1983), 『鄕歌와 萬葉集歌의 表記法 比較研究』, 集文堂.

장세경(1988a), 「『일본서기』에 실린 한국 인명 중 동일인 인명의 이표기에 대한 연구」, 『韓國學論集』 14, 漢陽大學校韓國學研究所.

장세경(1988b), 「『일본서기』의 한국 왕명 표깃자 연구」, 『애산학보』 제6집, 애산학회.

장세경(1990), 「고대차자 복수 인명표기 연구」, 국학자료원.

장세경(1991), 「백제 인명 표기자 연구―『일본서기』의 한국 인명 표기자와의 비교」, 『東方學志』 71・72호, 연세대학교 출판부.

정　광(1994), 「국어 계통론의 문제점」, 『어문논집』, 국학자료원.

최남희(1999), 『고대국어 표기 한자음 연구』, 박이정.

崔殷燗(1998), 「古代韓・日漢字表記法硏究 Ⅰ」, 『漢陽日本學』 6, 漢陽日本語學會.

崔根泳・崔源植・金英美・朴南守・權悳永・田美姬(1994), 『日本六國史 韓國關係記事 譯註』, 駕洛國史蹟開發硏究院.

천소영(1990), 『古代國語의 語彙硏究』, 고려대학교 민족문화 연구소.

〈일본어・중국어 문헌〉

鮎貝房之進(1937・1987), 『日本書紀朝鮮地名攷』, 國書刊行會(復刊版).

有坂秀世(1955), 『上代音韻攷』, 三省堂.

有坂秀世(1957), 『國語音韻史の硏究』, 增補新版, 三省堂.

尹幸舜(1991), 「『日本書紀』古寫本に存する字音語について上―朝鮮系の固有名詞を中心として」, 『大學院硏究年報』 20號, 中央大學(文學硏究科).

尹幸舜(1994), 「日本書紀古寫本に見える「城」の訓法」, 『朝鮮學報』 151, 朝鮮學會.

小倉進平(1940), 「日本紀における外來語硏究」, 『國學院雜誌』 46ノ2(『小倉進平博士著作集』, 收錄), 國學院大學.

井上秀雄(1978), 『任那日本府と倭』, 寧樂社.

犬飼隆(1984), 「[書評] 姜斗興『吏讀と萬葉假名の硏究』」, 『國語學』 138, 國語學會.

犬飼隆(1989), 「有韻尾字による固有名詞の表記」, 『木簡硏究』, 木簡學會.

犬飼隆(1992), 「萬葉假名の漢字音からの離れ―陽聲字の萬葉假名による固有名詞表記」, 『上代文字言語の硏究』, 笠間書店.

犬飼隆(2005), 「古代の「言葉」から探る文字の道―日朝の文法・發音・文字」, 『古代日本文字の來た道』, 大修館書店.

大野晋(1953), 『上代假名遣いの硏究』, 岩波書店.

大野透(1962), 『萬葉假名の硏究』, 明治書院.

王　力(1980), 『漢語史稿』(上冊), 中華書局.

春日政治(1933), 「假名發達史序說」 『岩波講座 日本文學』, 岩波書店.

姜斗興(1982), 『吏讀と萬葉假名の硏究』, 和泉書院.

金澤庄三郎(1910), 「日韓の古地名について」, 『史學雜誌』 21-1, 史學會.

金澤庄三郎(1955), 「朝鮮の漢字音について」, 『國語學』 21, 國語學會.

木下正俊(1954), 「唇內韻尾が省略される場合」, 『萬葉』 10, 萬葉學會.

木下禮仁(1961a), 「『日本書紀』にみえる『百濟史料』の史料的價値について」, 『朝鮮學報』 20・21, 朝鮮學會.

木下禮仁(1961b), 「「百濟史料」についての一整理」, 『文化史學』 16, 文化史學會.

木下禮仁(1964), 「『日本書紀』素材への一つの試み－朝鮮史料剔出の可能性とその限界」, 『日本書紀研究』 1, 塙書房.

金思燁(1981), 『古代朝鮮語と日本語』, 六興出版.

河野六郎(1964), 「朝鮮漢字音の研究」, 『朝鮮學報』 32, 朝鮮學會.

河野六郎(1976), 「日本吳音について」 『言語學論叢』, 最終號.

小島憲之・木下正俊・佐竹昭廣(編)(1981), 『萬葉集 (1)』(日本古典文學全集), 小學館.

佐藤武義(1988), 「古代の漢字とことば」, 『漢字講座』 5, 明治書院.

辛容泰(1982), 「三國史記地理志地名の研究」, 『言語』 11卷 7號, 大修館書店.

高松政雄(1986), 『日本漢字音概論』, 風間書房.

築島裕(1981), 『假名』(日本語の世界 5), 中央公論社.

鶴 久(1977), 「萬葉假名」, 岩波講座, 『日本語 8 文字』, 岩波書店.

沼本克明(1995), 「吳音・漢音分韻表」, 『日本漢字音史論輯』, 汲古書店.

藤堂明保(1980), 『中國語音韻論』, 光生館.

橋本進吉(1949), 『文字及び假名遣の研究』, 岩波書店.

橋本進吉(1950), 『國語音韻史の研究』, 岩波書店.

服部四郎(1957), 『日本語の系統』, 岩波書店.

服部四郎(1976), 「上代日本語の母音體系と母音調和」, 『言語』 5卷 6號, 大修館書店.

平野邦雄(1972), 「日本書紀にあらわれた古代朝鮮人名」, 『續日本古代史論集 (上)』, 吉川弘文館.

藤井茂利(1969), 「上代日本語文獻に見える漢字「叱」について」, 『福田良輔教授退官記念論叢』, 九州大學文學部國語國文學研究室.

藤井茂利(1974a), 「深攝に屬する朝鮮漢字音」, 『國語國文薩摩路』 18, 鹿兒島大學法文學部國語國文學研究室.

藤井茂利(1974b), 「上代日本文獻に見える「魚韻」の漢字－朝鮮漢字音との關連について」, 『語文研究』 37, 九州大學國語國文學會.

藤井茂利(1974c), 「日本漢字音と朝鮮漢字音－『千字文』の漢字を中心に」, 『鹿兒島大學法文學部紀要文學科論集』 9, 鹿兒島大學法文學部.

藤井茂利(1977), 「萬葉集の音假名と朝鮮漢字音」, 『鹿兒島大學法文學部紀要文學科論集』 12, 鹿兒島大學法文學部.

藤井茂利(1978), 「推古時代の音假名と朝鮮漢字音」, 『春日和男教授退官記念論集』, 櫻楓社.

藤井茂利(1979), 「日本書紀に見える「耽羅」の名稱－濟州方言に關わりを持たせつつ」, 『國語

國文薩摩路』23・24, 鹿兒島大學法文學部國語國文學研究室.

藤井茂利(1991), 「推古朝遺文の假名と朝鮮漢字音」, 『鹿兒島大學法文學紀要』(文學科論集) 11, 鹿兒島大學法文學部.

藤井茂利(1996), 『古代日本語の表記法研究』, 近代文藝社.

松浦加壽美(1990), 「古代地名表記と漢字音」 『古典研究』 17, ノートルダム淸心女子大國文科.

馬淵和夫(1960), 「日本語・音韻の歷史・上代」, 『國文學解釋と鑑賞』 25卷 10號, 至文堂.

馬淵和夫(1962), 「古代朝鮮語と古代日本語の音韻組織の對比について」, 『未定稿』 第10號, 未定稿の會.

馬淵和夫(1971), 「『三國史記』, 『三國遺事』にあらわれた古代朝鮮の用字法について」, 『言語學論叢』 11, 東京敎育大.

馬淵和夫(1982), 「稻荷山古墳出土鐵劍金象嵌銘の日本語表記史上の位置」, 『日本學誌』, 啓明大學校日本文化研究所.

馬淵和夫・洪思滿・李寅泳・大橋康子(1978), 「『三國史記』記載の百濟地名より見た古代百濟語の考察」, 『文藝言語研究・言語篇』 3, 筑波大學.

三品陽(1953), 「借音假名としての唇內入聲音」, 『愛媛國文研究』 2, 愛媛國語國文學會.

三品彰英(1962), 『日本書紀朝鮮關係記事考證』 上卷, 吉川弘文館.

森博達(1977), 「『日本書紀』歌謠における萬葉假名の一特質－漢字原音より觀た書紀區分論」, 『文學』 45卷 2號, 岩波書店.

森博達(1985), 「「倭人傳」の地名と人名」, 『日本の古代』(倭人の登場) 1, 中央公論社.

森博達(1985), 「古代の音韻と『日本書紀』區分論」, 『日本の古代』(ことばと文字) 14, 中央公論社.

森博達(1988), 「日本語と中國語の交流」, 『日本の古代』, 中央公論社.

森博達(1991), 『古代の日本書紀の成立』, 大修館書店.

山口角鷹(1985), 「止攝字和音考－假名と韻鏡」, 『日本漢字史論考』, 松雪堂出版.

湯澤質幸(1996), 『日本漢字音史論考』, 勉誠社.

賴惟勤(1968), 「日本漢字音」, 『中國文化叢書』, 大修館書店.

李根雨(1991), 「百濟記の主役」, 『古代日本と東アジア』, 小學館.

李鍾徹(1992), 「上代の日韓兩國表記法の比較研究 (Ⅵ) 推古遺文での「鳥」「都」「奴」「布」の表寫について」, 『福岡大人文論叢』 23-4, 福岡大.

柳玟和(1991), 「『日本書紀』記載の朝鮮固有名詞表記－hとkの問題をめぐって」, 『試論』 1號, 奈良女子大學.

柳玟和(1993), 「『日本書紀』記載の朝鮮固有名一覽表」, 『人文論叢』, 부산대학교.

柳玟和(1994), 「『日本書紀』記載の朝鮮固有名詞表記－本文の表記字を對象として」, 『朝鮮學報』 153號, 朝鮮學會.

柳玟和(1999),「『日本書紀』の百濟史書にみえる日本固有名表記」,『日本語學研究』 1, 韓國日本語學會.

六國史索引編集部(1969),『日本書紀索引』, 吉川弘文館.

〈부록 참고문헌〉

권인한(1998),「한자음의 변화」,『국어사연구』, 태학사.

김동소(1982),『한국어 편천사』, 형설출판사.

김영진(2002),『국어사 연구』, 이회.

金完鎭(1980),『鄕歌解讀法研究』, 서울대학교 출판부.

都守熙(1977),『百濟語研究』, 百濟文化史.

都守熙(2005),『百濟語 語彙 研究』, 제이앤씨.

미즈노 슌페이(1997a),「일본 上代文獻에 나타난 '聯合假名'에 대하여」,『松田柳玗善敎授停年紀念國語國文學論叢』, 全南大學校 出版部.

미즈노 슌페이(1997b),「일본 上代文獻에 나타난 '聯合假名'에 대하여」,『誠齋李敦柱先生回甲紀念 國語學研究의 새 지평』, 太學社.

박동규(1995),『고대 음운연구 I』, 전주대학교 출판부.

朴炳采(1968),「古代三國의 地名語彙攷-삼국사기 지리지의 복수 지명을 중심으로」,『白山學報』 5, 白山學會.

朴炳采(1971),『古代國語의 研究(音韻篇)』, 高麗大學校 出版部.

박창원(2002),『고대국어 음운 (1)』, 태학사.

宋 敏(1978),「韓國漢字音과 萬葉假名 o段 母音의 音聲資質」,『언어학』 3, 한국언어학회.

宋 敏(2000),『古代 地名語 研究』, 전남대학교 출판부.

嚴翼相(1990),「中國 上古音과 百濟 漢字音」,『中國語文學』 12, 중국어문학회.

嚴翼相(2003),「中國 음운학적 관점에서 본 百濟 漢字音 성모 체계」,『百濟論叢』 7, 百濟文化開發研究院.

兪昌均(1983),『韓國古代漢字音의 研究 II』, 啓明大學校出版部.

兪昌均(1991),『삼국시대의 한자음』, 民音社.

李基文(1967),「韓國語形成史」,『韓國文化史大系』 V, 高麗大學校 民族文化研究所.

李敦柱(1981),「지섭 한자음과 / ㅇ / 음의 반영」,『한글』 173・174, 아우름.

李敦柱(1990),「鄕歌 用字 중의 '賜'字에 대하여」,『國語學』 20.

李敦柱(1995),『漢字音韻學의 理解』, 탑출판사.

李炳銑(1982),『한국 고대 국명 지명 연구』, 현설출판사.

李崇寧(1982),『新羅時代의 表記法體系에 관한 試論』, 탑출판사.

李正龍(2002), 『韓國 古地名 借字表記 研究』, 景仁文化社.

李鐘徹(1978), 「推古遺文에서의 '烏', '都', '奴', '布'의 表寫에 對하여」, 『人文論叢』 第2輯, 서울大學校 人文大學.

장세경(1988a), 「『일본서기』에 실린 한국 인명 중 동일인 인명의 이표기에 대한 연구」, 『韓國學論集』 14, 漢陽大學校 韓國學研究所.

장세경(1988b), 「『일본서기』의 한국 왕명 표깃자 연구」, 『애산학보』 제6집, 애산학회.

장세경(1990), 『고대차자 복수 인명표기 연구』, 국학자료원.

조경하(2002), 「고대국어 자음체계」, 『국어 음운 연구사 (1)』, 태학사.

조규태(1986), 『고대 국어의 음운 연구』, 효성여대 박사학위논문.

조대하(2004), 「古代 韓日漢字音의 比較研究」, 『日本語文學』 第20輯, 한국일본어문학회.

犬飼隆(1993), 「古事記のオの假名の二種の字體」, 『上代文字言語の研究』, 笠間書店.

犬飼隆(2000), 「朝鮮半島外交の中の文字」, 『古代日本の文字世界』, 大修館書店.

犬飼隆(2005), 「古代の「言葉」から探る文字の道-日朝の文法・發音・文字」, 『古代日本文字の來た道』, 大修館書店.

高松政雄(1986), 『日本漢字音概論』, 風間書房.

大野晋(1953), 『上代假名遣いの研究』, 岩波書店.

大野透(1962), 『萬葉假名の研究』, 明治書院.

藤井茂利(1974), 「上代日本文獻に見える 「魚韻」の漢字-朝鮮漢字音との關連について」, 『語文研究』 第37號, 九州大學國語國文學會.

藤井茂利(1975), 「推古朝遺文の假名と朝鮮漢字音-「之韻」に屬する漢字を中心にして」, 『鹿兒島大學法文學部紀要』(文學科論集) 第11號, 鹿兒島大學法文學部.

藤井茂利(1978), 「推古時代の音假名と朝鮮漢字音」, 『春日和男教授退官記念論集』, 櫻楓社.

藤井茂利(1991), 「推古朝遺文の假名と朝鮮漢字音」, 『鹿兒島大學法文學紀要』(文學科論集) 11, 鹿兒島大學法文學部.

馬淵和夫(1982), 「稻荷山古墳出土鐵劍金象嵌銘の日本語表記史上の位置」, 『日本學誌』, 啓明大學校 日本文化研究所.

濱田敦(1986), 「海東諸國紀に記録された日本の地名等について」, 『國語史の諸問題』, 和泉書院.

濱田敦(1986), 「海行摠載に散見する日本語彙」, 『國語史の諸問題』, 和泉書院.

山口角鷹(1985), 「止攝字和音考-假名と韻鏡」, 『日本漢字史論考』, 松雪堂出版.

森博達(1991), 『古代の音韻と日本書紀の成立』, 大修館書店.

沼本克明(1986), 『日本漢字音の歴史』, 東京堂出版.

辻星兒(2004), 「朝鮮時代初期の文獻に記録された日本語について」, 『日本言語文學』 第5輯, 일본언어문학회.

有坂秀世(1955),『上代音韻攷』, 三省堂.
井上秀雄(1994),「文字文化の展開」,『古代東アジアの文化交流』, 溪水社.
沖森宅也(2003),『日本語の誕生－古代の文字と表記』, 吉川弘文館.